新工会会计制度下基层工会财务管理研究

田欣　著

吉林大学出版社
·长春·

图书在版编目（CIP）数据

新工会会计制度下基层工会财务管理研究 / 田欣著 . --
长春 : 吉林大学出版社 , 2022.10
ISBN 978-7-5768-1012-7

Ⅰ . ①新… Ⅱ . ①田… Ⅲ . ①基层组织 – 工会工作 –
财务管理 – 研究 – 中国 Ⅳ . ① D412.67

中国版本图书馆 CIP 数据核字（2022）第 205014 号

书　　名　新工会会计制度下基层工会财务管理研究
　　　　　XINGONGHUI KUAIJI ZHIDU XIA JICENG GONGHUI CAIWU GUANLI YANJIU

作　　者　田欣
策划编辑　矫正
责任编辑　矫正
责任校对　田茂生
装帧设计　久利图文
出版发行　吉林大学出版社
社　　址　长春市人民大街 4059 号
邮政编码　130021
发行电话　0431-89580028/29/21
网　　址　http://www.jlup.com.cn
电子邮箱　jldxcbs@sina.com
印　　刷　永清县畔盛亚胶印有限公司
开　　本　787mm × 1092mm　　1/16
印　　张　14
字　　数　200 千字
版　　次　2023年5月　第1版
印　　次　2023年5月　第1次
书　　号　ISBN 978-7-5768-1012-7
定　　价　68.00 元

前　言

党的十八大以来，以习近平同志为核心的党中央就做好工会工作发表了一系列重要论述，为党的工人运动事业健康发展提供了强大的思想理论指导，党的群团工作会议为做好新时代的工会工作指明了方向。当前，随着各级党政机构和社会组织对工会工作愈加重视，赋予了工会组织更多的资源和手段，使各级工会经济实力明显增加，用于困难职工帮扶、劳模困难补助、职工医疗互助、送温暖等工作的专项资金逐年增加，同时也受到社会各界高度重视。在新时代，随着工会经济活动的日益频繁，规范工会经济行为、保障工会经费依法依规有效使用显得尤为重要和紧迫。

《工会会计制度》作为工会会计日常核算管理的法规性依据，是会计活动必须遵循的行为规范和标准。改革开放以来，随着我国经济的高速发展，工会维护职工权益的职能日渐突出，党和政府支持工会协调劳动关系的力度加大。工会财务改革不断向深度和广度推进，相继出台了改革工会经费收缴体制、税务代收工会经费等一系列政策措施。例如：2009 年，财政部印发了《工会会计制度》，大大提高工会会计的知名度；2014 年，中华全国总工会下发《关于加强基层工会经费收支管理的通知》，结合中央提出的“八项规定”提出了“严格控制工会经费开支”和工会经费“八不准”；2017 年，财政部正式颁布《政府会计制度》，对工会财务核算理念产生重大影响；2017—2020 年，中华全国总工会先后发布《基层工会经费收支管理办法》《工会预算管理办法》《工会预算稳定调节基金管理暂行办法》等一系列制度办法，对工会经费收支管理、工会预决算管理等提出了新要求。

近年来我国经济迅猛发展，工会事业持续推进，工会财务管理发生了较大变化，为与工会有关规章制度相协调，进一步规范工会会计核算，提高会计信息的管理作用，适配工会的工作特点，财政部于 2021 年 4 月修订发布《工会会计制度》（财会〔2021〕7号），并于2022年1月1日起开始执行。新工会会计制度立足管理现状，坚持问题导向，充分继承与创新发展并重，适当借鉴政府会计准则相关改革理念，特别对基层工会进行了简化核算，设置了简化版的会计科目和会计报表。

基层工会财务管理工作作为基层工会管理工作的关键内容，对于基层工会的发展有着非常关键的作用。那么，在新工会会计制度下，基层工会财务如何收好用好管好工会经费，做好基层工会财务管理工作，以便解决在财务管理过程中出现的问题，确保基层工会资金能够被合理应用呢?

基于此，本书以新《工会会计制度》为视角，研究基层工作财务管理问题。

在章节设置上，全书分为八章。首先，从工会的内涵着手，对工会财务管理相关内容及理论基础进行概述，为全书的研究奠定理论基础；其次，对新《工会会计制度》重大变化内容进行梳理，剖析其对基层工会财务管理体系产生的影响，并对推进实施该制度提出有针对性的对策与建议；在此基础上，分别从财务预算管理、绩效管理、内部控制体系建设、资产管理和财务信息化管理五个维度探讨在新工会会计制度下基层工会如何加强财务管理，充分发挥工会经费使用效能；最后，以L省为例，结合工会经费使用的基本情况和财务管理现状，对基层工会财务管理工作进行总结和展望。

近年来，工会经费的体量越来越庞大，新时代的职工参与监督意识越来越高，完善工会财务管理有利于工会经费的管理，有利于实现服务职工的目的，有利于为发展群团事业贡献力量。工会作为群团组织，这些年财务管理工作也取得了一些显著的进步，但是群团财务在研究中确实被学者鲜少关注，尤其是基层工会财务管理少之又少。本书在前人研究的基础上，以新《工会会计制度》为视角，在一定程度上对基层工会的财务管理体系建设进行了探索，具有一定的参考意义。但是，由于笔者研究水平和各种因素的影响，本书仍存在许多不足，在今后的工作中笔者将通过学习领会新工会会计制度，结合自己的一些工作经验，持续关注基层工会财务管理问题，并期望将来能够令工会的财务管理工作逐渐完善。

目 录

第一章　工会财务管理概述

随着社会主义市场经济体制的不断改革，工人阶级力量不断壮大，工会组织不断完善，全国的工会经费收入有了大幅度增长。工会经费取之于民，故而应该用之于民，近几年，随着工会经费收入的跨越式增长，如何加强对其监管的力度，切实有效地充分发挥其作用，成为越来越引人关注的问题。

现代企业背景下，财务管理工作尤为重要。工会财务管理是工会工作中的主要内容。规范基层工会财务管理工作，能够使基层工会财务管理更加科学、合理、规范，提高基层工会工作的整体活力。

本章从工会的内涵着手，简述工会的职能及运行机制、工会的经费来源与支出、工会财务管理的内涵与特征，以及工会财务管理的理论基础。

一、工会的内涵、职能及运行机制

（一）工会的内涵

1. 工会

英国著名工联主义专家韦伯（Webb）夫妇在其著作《英国工会运动史》中提到，工会作为工人的一种继续存在的团体，成立目的就是维护或改善自身的劳动生活状态。①

知名的工会法专家史太璞阐述“工会”成立缘由时强调：工人之所以成立永续的结合团体（工会组织），其主要目的还是维持改善劳动条件。②

《牛津法律大辞典》将“工会”定义为现代工业条件下，雇佣工人进

① 韦伯夫妇. 英国工会运动史 [M]. 陈建民，译. 北京：商务印书馆，1959：156.

② 史太璞. 我国工会法研究 [M]. 北京：商务印书馆，1943：23.

行自我保护的社团。[①]

马克思、恩格斯认为工会作为工人阶级自己的组织，代表着工人阶级的利益。工会将工人阶级作为一个阶级组织起来，是组织工人群众进行反资本斗争的杠杆，又是无产阶级接受教育的学校。列宁在苏共代表大会也多次强调工会是一个群众性组织，向具有不同阶级觉悟程度的全部无产者敞开大门。[②]

2001 年的《中华人民共和国工会法》修正案、2003 年的《中国工会章程（修正案）》对“工会”做了明确的界定，强调工会作为工人阶级的群众组织，由职工自愿结合参与。中国工会在党的领导下，作为党联系职工群众的桥梁和纽带，代表着全体会员职工的利益，是国家政权的重要社会支柱。

2. 中国特色社会主义工会

中国特色社会主义工会是 2005 年由王兆国首次提出，是适应时代要求、符合中国国情、体现工会工作规律的发展范式，是中国工会必须要坚持的发展道路。中国特色社会主义工会道路的选择是由中国工会所处的外界环境决定的，具体原因包含以下四个方面。

其一，中国工会的社会主义性质。中国作为社会主义国家，国家的国体是人民民主专政，中国工会的属性自然是由中国的国家性质决定。在中国，工会的性质与无产阶级政党、人民民主专政的国家性质，以及中国特色社会主义制度都存在着紧密的内在逻辑关联。因而，中国工会的天然属性就具有社会主义性质。中国工会必须不断坚持、发展自身的社会主义属性，始终在党的坚强领导下建设有中国特色的社会主义工会，发挥其制度的巨大力量和优势。中国工会要牢固树立四个意识——政治意识、大局意识、核心意识、看齐意识，牢牢把工会发展鲜明的阶级性、广泛的群众性和高度的政治性相统一。

其二，中国工会坚持党的领导。中国工会具有高度的政治性，是由工

① 沃克. 牛津法律大辞典 [M]. 北京社会与科技发展研究所，译. 北京：光明日报出版社，1988：88.

② 苏共中央马克思列宁主义研究院. 苏联共产党代表大会、代表会议和中央全会决议汇编 [M]. 中共中央马克思恩格斯列宁斯大林著作编译局，译. 北京：人民出版社，1956：75.

会与党和国家政权的特殊关系决定的。中国工会是在中国共产党领导下的群团组织，以党的理论作为指导，将党的纲领作为自身纲领，为实现党的伟大目标而不懈奋斗，发挥着党联系职工群众的作用；中国工会的职工可以依法参与国家事务管理、经济文化事业及社会事务管理，积极维护本国的社会主义制度，在国家政权体系内起着重要的社会作用。

其三，中国工会的高度统一。有 97 年历史的中国工会，始终坚持统一的方针，把广大职工群众最广泛地组织起来。中华人民共和国成立以后及改革开放以来，随着职工队伍不断壮大，工会组织迅速发展，组织率持续提高，组织体制更加健全，工会组织的统一性及工人阶级的团结性得到进一步体现。“组织起来、切实维权”成为了工会实际工作的总方针。

其四，中国工会坚持马克思主义指导地位。坚持科学社会主义在马克思主义中的核心地位。坚持社会主义，要把马克思主义基本原理因地制宜地实践到中国的具体实际，从立场、观点、方法的统一中把握马克思主义的精髓和实质，始终用马克思主义的指引方向，始终保持头脑清醒、立场坚定、态度鲜明，同各种错误倾向做坚决斗争，始终掌握好中国工会前进的方向。

3. 基层工会

我国推行全国总工会制度，将相关产业与地方紧密相连，共同组织领导，在基层建立基层工会，相近的行业联合建立产业工会，按照行政区划建立地方总工会。具体来说，我国工会体系有从中华全国总工会到省级地方工会再到市级、县级和同级产业工会、基层工会，共五级工会。

基层工会的含义在与其相关的法律及章程中都有严格的规定。它是指建立在各种所有制的企事业单位和机关中的工会组织，在整个体系中它是最基础的存在。因此，本书所说的基层工会是在工会组织体系中的基本单位，尤其是与政府机关相关的工会组织。基层工会的形式主要有以下几种。

一是基层工会委员会，相关企事业单位或机构，首先人数是超过 25 人以上的，在上级工会中获得批准，再经由会员代表选举产生。

二是基层工会联合委员会，是通过民主选举最终形成的与本单位紧密相连的机构。规定一定的区域，制定相应的原则，严格执行工会任务，具有区域性及行业性。

三是联合基层工会委员会，因单位的会员人数相对较少，单独建立基础工会委员会无法进行，会就近选择合适的行业进行联合，成立基层工会委员会。联合形式的基层工会并不是完全独立的，因此被称作“工会分会”或“小组”。

四是其他新兴工会，近年来都在不同程度上实现了发展，进行了组织形式的创新。并通过不断的探索建立了与楼宇、市场、施工等相关的新型基层工会。多种形式的工会组织因地制宜，根据实际需求进行更新，因此大量的、不同地域，各行各业，分散、流动的职工纳入工会中来，为维护职工群众的合法权益提供了组织保证。街道工会属于基层工会，即是工会组织在城市的街道层级中成立的工会组织，管辖范围包括街道本身事业单位工会，辖区下社区（村）工会或联合会，辖区内企业工会，是基层职工群众自愿结合并成为职工利益的直接代表。

基层工会的组织领导机构的构成有：①会员大会或会员代表大会；②工会委员会，包括基层工会委员会和分厂、车间、科室工会委员会；③常务委员会；④经费审查委员会；⑤女职工委员会[①]。其主要人员构成有工会主席、组织委员、宣传委员、文体委员、生活财务委员、女职工委员。

（二）工会的职能

1. 中国工会的发展历程及其职能的演变

中国工会职能的发展，是随着中国共产党、中国工人阶级的政治诉求和经济诉求不断演变的，这使对中国工会职能的研究，在中华人民共和国成立前就体现出了明显的政治性。中华人民共和国成立以后，尤其是改革开放以来，对经济利益诉求的研究则成为它研究内容的侧重点。中国工会职能演化随着经济社会发展逐渐形成独特的政策方略和中国经验。

（1）中华人民共和国成立前的中国工会及其重要职能

五四运动后，中国工人阶级以独立的姿态登上政治舞台，伴随着中国工人阶级成长诞生的中国工会，在中国共产党领导的工人运动中逐渐发展壮大。中国共产党的成立，促使中国工人运动有了崭新的奋斗目标，也为

① 中华全国总工会. 中华人民共和国工会法. 中华全国总工会网站. http：//www.acftu.org.cn/zhengwuxinxi/zhengcefabu/226_721866.html.

中国工会的成立与发展揭开了新篇章。中华全国总工会的成立，标志着在中国共产党领导下，全国工会实现了组织上的团结统一，成为共产党联系广大工人阶级的桥梁和纽带。

①中国工会的诞生背景

1840年鸦片战争后，中国逐渐沦为半殖民地半封建社会。工人阶级是中国近代化发展的历史进程中催生的全新阶级，工人阶级伴随着近代资本主义机器大生产而产生，随着洋务运动中官办企业，以及外商企业、外资企业的产生发展而逐步发展壮大，中国的产业工人从甲午战争爆发前的十万余人，发展到五四运动前夕的260万人。

中国工人阶级诞生后，经过早期的艰辛探索与自发斗争，在积累了一定工人运动经验的基础上，产生了对组建集中代表工人阶级利益的工人团体（工会组织）的需求与渴望。1920年，中国北方工人阶级建立了一个职业工会——京奉铁路唐山制造厂工会，它主要是由产业工人组成，为产业工人谋求利益、充分体现工人阶级自觉的近代工会组织，是河北地区建立的最早产业工会，也是中国北方地区较早成立的近代产业工会之一。京奉铁路唐山制造厂工会成立以后，唐山各产业相继成立了工会组织，促使当地5万名产业工人实现了阶级的联合，从此谱写了中国工人运动史上新的辉煌篇章。

1921年，在上海胜利召开了中国共产党第一次全国代表大会，大会使中国共产党成立后“主要领导、推进和组织工人运动”的中心工作、“成立产业工会”的基本任务得到了进一步明确，也着重指出“共产党要在工会中灌输以阶级斗争为主的精神”。作为中国工人阶级先锋队的中国共产党，它的成立标志着中国工人阶级在它的带领下已由“自在阶级”逐渐向“自为阶级”开始转变，开启了工人在党的领导下团结起来、工会组织在党的领导下凝聚起来的新时代。

1921年8月，中国劳动组合书记部成立。中国劳动组合书记部作为全国工人运动的领导机关，是组织和领导工人斗争的重要力量。从1922年1月开始到1923年2月结束，中国工人运动迎来了第一次高潮，历时一年零一个月，在工人运动如海潮此起彼伏之时，工会组织迅速发展壮大。为团结联合当时国内各种劳工团体，集中力量开展工人运动，中国劳动组合书记部于1922年5月在广州机器工会礼堂召开了第一次全国劳动大会。它创造了中国工人阶级联合起来的新纪元，从此，工人阶级开始走向联合，开始更加团结。全国组建工会、以产业为主的全国工会组建原则在第一次全国劳动大会上得以通过，推动当时各地工会运动的蓬勃发展，较好地促进了工会的联合与统一，标志着在中国共产党和中国劳动组合书记部的领导下，全国的工人组织开始迈向团结统一。

1922年7月，中共二大在上海组织召开。中共二大制定了党的纲领，并提出了党的基本任务，讨论通过了《关于工会运动与共产党的决议案》(以下简称《决议案》)。在对中国工人运动的现状进行深入分析的基础上，《决议案》指出：由工人阶级自愿结合的群众组织是工会的基本属性，它教育会员，是提高工人阶级觉悟的大学校，并确定了工会的性质、方针和任务。中共二大通过的《决议案》确立了党对工会的领导作用，开创了党关于工会问题的理论研究，推动了工会运动的开展。

1923年2月4日至9日，为抗议京汉铁路总工会成立大会遭反动军警暴力阻挠，在中国共产党的领导下，京汉铁路工人2万余人举行了总同盟罢工，成为中国工人运动第一次高潮的顶点。罢工失败后，工人运动暂时转入低谷。1924年2月上旬，全国铁路工人代表大会在北京秘密召开，会议决定成立中华全国铁路总工会，通过加入万国运输工人联合会的决议。《全国铁路总工会成立宣言》在大会上得以通过，确定全国铁路总工会的宗旨为："改良全体铁路工人的生活，提升他们地位，谋全体之福利；通过感情联络，化除地域界限，实行互助，消除工人互相之间的争端；增强知识，提升工人阶级的觉悟；促进工人之间建立密切的关系"，宣言同时指出："工人亦国民一分子，以能力之所及参加所有救国救民及外人之侵略和反抗军阀官僚之横暴等民众运动，参加并积极促进之"。[①] 中国工人的力量在不断地集聚，中国工人运动从各自为战的盲目自发的无组织状态，逐渐显示出强大的组织性和团结性。

②中华全国总工会的诞生

1925年5月1日至7日，以铁路总工会为代表的四个工会在广州筹备

① 李玉赋. 新编中国工人运动史：上卷 [M]. 北京：中国工人出版社，2020：76-78.

召开了第二次劳工大会，本次大会响应广大工人阶级的号召，组建中华全国总工会，为工人阶级的联合运动提供了组织上的支持，为全国工会的团结统一奠定了基础，形成工人运动协同发展、联合一致的新局面。大会高票通过了总工会基本章程，章程深刻指出，总工会坚持团结全国工人宗旨，致力于为工人谋求幸福。

得益于中国共产党的成长壮大和先进指导思想的广泛传播，得益于各地工人运动实践的经验积累和总结，国内工人阶级逐渐意识到自身阶级力量的重要性，逐渐明确了战斗方向、形成运动纲领，最终实现与中国革命的融合统一。工人阶级在无数次的运动实践中发展壮大，思想觉悟也有了很大提升，逐渐意识到阶级使命和阶级重任，有了清晰的斗争目标和明确的奋斗方向。中华全国总工会在一定程度上解决了各地组织斗争相互割裂、凝聚力量不足的问题，使国内各地工会组织实现了空前的大团结、大统一。此后爆发的一系列大规模工人运动，都充分展现了工人运动的先进性和组织性。

自成立之初，中华全国总工会就积极作为、主动担责，号召各地工人阶级投身到伟大的革命实践中去。“五卅运动”、省港大罢工就是在中华全国总工会的组织号召下发起的声势浩大的反帝运动，在世界各国都引发了强烈反响。北伐期间，为了搞好协同配合活动，上海地区爆发了三次大规模工人武装运动，在很大程度上打压和震慑了帝国主义势力。显然，自成立之初，中国工会就与民族革命事业、国家解放事业密切相连，始终坚持中国共产党的领导，为党的纲领路线的实现而不懈奋斗。

③中华人民共和国成立前中国工会的特点及其主要职能

半殖民地半封建社会条件下成长起来的中国工会，在新民主主义革命时期长期受到压迫和剥削，因此，它特别具有革命的坚定性和彻底性，更具有高度的组织性和纪律性。新民主主义革命时期的中国工会与西方工会阶级基础相同，但由于不同的社会和历史条件、社会主要矛盾的差异，因此，与西方工会有着本质的区别，具体表现在两点：一是中国工会具有工会组织的统一性，坚决维护工人阶级的团结统一，伴随着工会组织不断发展壮大，组织体系逐渐健全、基础日渐巩固，确立了地方与产业相结合的工会组织领导原则，统一的工会组织与工人阶级的团结都展现出来；二是工会作为中国共产党的“传输带”，是中国共产党在工厂教育组织工人群众的重要组织，随着各类工人学校的创办，工人阶级的思想觉悟和文化素养得到了提升，工会组织已然成为中国共产党巩固阶级基础、启蒙工人阶级意识的重要力量。

我国早期工人阶级社团组织基本上还受行帮、会党的影响和束缚，根本上说还具有较浓厚的封建色彩，这个阶段工人阶级团体的职能特点是自发组织和自我保护。中华全国总工会是在党领导下成立起来，它明确了中国工会的主要职能：对工人教育为主，图谋福利。图谋工人福利成为中国工会的宗旨，如安源路矿工人俱乐部创办了中国第一个工人消费合作社，缓解困难工人的经济贫困。但随着近代中国斗争的不断激化，中华全国总工会带领工人阶级围绕中国革命的中心任务也在不断变化，先后经历了北伐战争、土地革命战争、抗日战争，并投入建立中华人民共和国的伟大斗争当中，最终完成了反帝反封建民主革命胜利的伟大使命。中国共产党早期遭受严重挫折，中国工会运动也同时造成了重大损失，主要内因是以王明为代表的“左”倾机会主义和以陈独秀为代表的右倾机会主义错误路线；主要外因是封建势力和帝国主义的强大、国民党新军阀的叛变，然而，在中国共产党的领导下，中国工人阶级由工会组织领导，进行了百折不挠的英勇斗争。抗日战争爆发以后，革命工会组织发动工人群众在十分艰苦的环境下对敌人展开了各种形式、具有显著效果的斗争，为日本侵略者被彻底消灭做出了极大贡献。之后的解放战争中，工会组织在解放区内动员广大工人群众开展了生产运动，工人武装自卫队的建立，使广大职工群众有了强烈的参军热情，对人民解放战争做出了积极贡献；国民党统治区内，通过革命工会对工人阶级、各阶层人民群众开展的“反饥饿、反内战、反迫害”运动，以及开展的中国内政不允许美帝国主义干涉的爱国民主运动，确立了第二条反对美蒋的战线。1948 年 8 月，第六次全国劳动大会在哈尔滨召开，这次大会是中国工人运动史上一次代表广泛、人数众多的劳动大会。这次大会重新建立了中华全国总工会，全国工会组织终于实现了统一，为工人运动方针和工会理论在革命转变时期发展奠定了基础，同时，也为中华人民共和国成立后开展工会工作奠定了坚实的基础。在中国共产党的领导和中华全国总工会的组织发动下，中国工人阶级为建立中华人民共和国，实现了新民主主义革命的最终胜利。

（2）改革开放前的中国工会及其主要职能

中华人民共和国成立后到1978年中国工会九大的召开，中国工会主要经历了两个发展阶段：第一阶段是在中华人民共和国成立后，伴随着中国工人阶级成为国家的领导阶级，工会组织进入蓬勃发展期，工会组织服务国家发展大局的作用显现，这一时期“以生产为主，生产、生活、教育三位一体”是工会工作的主要职能；第二阶段是在20世纪50年代中后期，中国工会进入停滞不前的状态，工会职能得不到正常履行。

①工人阶级成为领导阶级

中华人民共和国成立，标志着工人阶级由革命的领导阶级成长为国家政权的领导阶级，确立了工人阶级在国家政治生活中的主人翁地位。在劳动者与国家利益一致的发展时期，劳动关系单一，鼓励劳动者为促进经济建设贡献力量成为工会的主要职责，工会兼顾其他职能同时以“建设”职能为重点。在计划经济体制和“单位制”的制度环境下，企业不仅履行经济功能，还要履行政治职能，因此劳动者同企业之间形成强烈的人身依附关系，在所谓企业与劳动者“利益一致”的劳动关系下，工会作为劳动者利益代表的角色及所发挥的作用显著弱化，而更多地作为企业行政与经济管理的附庸，承担政治和经济动员的职能，而不是维护职工的基本权益。

②计划经济条件下中国工会的特点

中华人民共和国成立后，工人阶级作为领导阶级，执掌国家政权，工会组织蓬勃发展。除台湾地区、西藏以外，截至1952年，全国各省都已建立地方工会组织，工会组织吸纳了全国产业工人的90％以上作为工会会员，在中华人民共和国的政权建设和经济发展中，20.7万个工会基层组织，1 002.3万名工会会员发挥了积极作用。无论是支援抗美援朝还是参与土地改革、镇压反革命和“三反”“五反”运动，工会组织积极组织职工开展爱国增产运动和社会主义劳动竞赛，以此号召广大工人阶级以极大的热情积极参与恢复和发展国民经济上来，发挥工人阶级的主人翁作用，为巩固新中国政权，恢复社会主义经济做出了积极贡献。

随着反右斗争的扩大化，在“以阶级斗争为纲”的错误政治路线影响下，工会工作开始迷失方向。1958年下半年，中华全国总工会的部分领导人面对相继开展的“大跃进”和“人民公社化”运动，叫响“工会斗争目标为工会组织消亡”的口号，对工会组织发展的趋势做出严重的误判。截至 1958 年底，仅仅半年的时间，全国 40 % 的县工会被取缔，大多的县工会也相继停止活动。1960 年，城市人民公社大力兴办之时，刚刚被纠正的工会消亡论及取消工会组织的风潮，又被“少谈工会、多谈公社”论调替代，直到 1962 年才得以较为彻底地纠正。但接下来的“文化大革命”，导致工会处于彻底瘫痪的状态。

中国工会组织等社会组织受当时计划经济的惯性影响，主要依托行政力量推动工作，通过党政力量和相关资源加以推进并发挥作用。历史地看，这一格局的形成有其合理性，为中华人民共和国成立初期国民经济迅速恢复和发展提供了组织力量，在一定程度上发挥着其不可替代的优势和独特作用。

③计划经济条件下中国工会的职能

中国工会的主要职能。1950 年 6 月，第一部《中华人民共和国工会法》（以下简称《工会法》）颁布实施，它是中华人民共和国成立后我国最先颁布的三部法律之一。根据第一部《工会法》确立了“以生产为主，生产、生活、教育三位一体”的工会工作方针，并要求工会组织积极探索中华人民共和国成立后的主要工作路径。在《工会法》第二章规定工会的职能是“工会要保护工人及职工群众的利益，履行监督出资方或行政方有效改善工人、职工群众的物质生活与文化生活的责任”，同时，工会也有教育职工的职责。

十年“文革”使全国工会失去了原有的职能作用，工会职能被异化。1966 年 5 月，“文化大革命”在全国发动，一个月后，中华全国总工会停止工作，同时，各地方工会和基层工会逐渐被“工代会”取代，开始大抓阶级斗争。直到粉碎“四人帮”以后，重新整顿和恢复工会组织，在中国工会第九、十、十一次全国代表大会后，工会工作逐步走上正轨，工会组织不断发展、会员人数快速增加，从 1957 年到 1984 年，会员人数从 1 630 多万人增加到 8 029 万余人。针对这一时期的中国工会，邓小平一针见血地指出，这么多年来，“四人帮”扶植一批坏人，掌控着工会组织，使工会工作完全瘫痪，成为他们进行篡党夺权的工具。[①]

（3）新时期的中国工会及其主要职能

1978 年中国工会九大以来，中国工会开始在适应社会主义市场经济体制转型的基础上，积极研究新的政治、经济条件下工会工作的规律和特点，努力探索中国特色社会主义工会新思路新作为，逐渐构筑了以“八个坚持”为主体的中国特色社会主义工会发展道路。

①挑战与机遇并存的中国工会

改革开放后，我国由国家、企业和职工利益一体型的、国家统筹统包的计划经济模式向以市场作为配置社会资源基础性手段的，国家、企业和职工利益差异化的，劳动关系多层次、多元化发展的市场经济体制转变。经济结构的调整也相应推动了社会结构的转型，并最终推动了国家治理方式的转换，也为社会组织的发展提供了更多的空间。在这一快速转型过程中，随着国有企业改制大幕的拉开，在形成独立市场主体和“减员增效”等国有企业改革目标的引领下，国有企业劳动关系在打破“铁饭碗”“铁工资”“铁交椅”的同时，职工身份和地位也由此发生深刻变化，一方面，劳动关系的市场化和契约化使国有企业职工逐渐脱离劳动就业“终身制”的原有计划经济体制下“统包统配”的体制庇护；另一方面，“抓大放小”和“减员增效”，也使大批国有企业职工卷入下岗失业的浪潮。据不完全统计，在 20 世纪 90 年代，全国大约有国有和集体企业的 4 000 万职工下岗失业，仅东北地区的下岗职工就有 500 万。由于社会保障等相关配套性制度体系的不尽完善，经济体制转轨与国有企业改制进程，加剧了企业与劳动者之间的利益冲突，而彼时的工会作为国企改革中的组织者、宣传者和协调者，需要及时地发挥其维护、参与、教育、建设的职能作用，在这一进程中，国家也要求工会组织积极发挥其组织优势，在推动社会和谐稳定中积极作为。

随着中国社会主义市场经济的不断发展，政府控制和干预的劳工行政模式，已经无法适应劳动关系发展的新趋势。社会主义市场经济的发展要求劳动关系的形成和调整主要通过合同的方式来实现，工会主要扮演促进

① 邓小平. 1978 年 10 月 11 日中国工会第九次代表大会上的致词 [M]//《中国工会重要文件选编》编辑组. 中国工会重要文件选编. 北京：机械工业出版社，1990：4.

劳动关系双方对话协商的服务型角色，让企业、劳动者和工会等利益相关方真正意义上成为劳动关系的主体，并在劳动关系的协调治理中发挥更加积极的作用，既是经济社会转型过程中劳动关系深刻调整的必然要求，也是新时期我国工会在劳动关系发展变化条件下积极履行各项职能所面临的重要议题。

党的十一届三中全会以后，在经济转轨与社会转型的大环境下，中国工会从政党体系、国家体系逐步进入社会体系、市场体系中，中国工会拉开了走“中国特色社会主义工会发展道路”的序幕。2005 年 7 月，中华全国总工会十四届执委会主席团第六次全会审议通过了《关于坚持走中国特色社会主义工会发展道路的决议》，首次较明确和系统地提出建设中国特色社会主义工会的问题；2012 年 1 月，中国工会第十五届执委会第六次全会审议通过了《关于学习宣传实践中国特色社会主义工会发展道路的决议》，从理论的层面对社会主义工会内涵作出进一步明确，简称“八个坚持”，即坚持中国共产党的领导、坚持中国工会的社会主义性质、坚持发展工人阶级先进性、坚持构建和谐劳动关系、坚持维护职工群众合法权益、坚持完善社会主义劳动法律体系、坚持推动形成国际工运新秩序、坚持以改革创新精神加强自身建设。中国特色社会主义工会发展道路，是一个重大的工会理论创新，具有鲜明的中国特色、社会主义性质和时代特点。

②新时期中国工会的特点

按党中央要求工会尽快恢复组织建设，强化工会工作职能指示精神，1978 年 10 月，中华全国总工会第九次代表大会在北京召开，大会提出重建在“文化大革命”中基本陷于瘫痪的工会组织和发挥工会的职能作用的工作目标，进一步落实“以生产为中心，生产、生活、教育三位一体”的工作方针，有效地推进了受“文革”影响严重的工会组织逐步走上正轨，发挥作用。1983 年 10 月召开的中华全国总工会第十次代表大会明确提出了工会工作的方针，以建设“四个现代化”为中心，努力为职工说话办事，切实维护职工合法权益，进一步强调了工会的性质，工会是代表工人阶级利益、为职工群众办事的群众组织。[①] 此时期的中国工会要有所突破、有所

① 高爱娣. 改革开放 30 年来工会工作方针的发展演进 [J]. 中国劳动关系学院学报，2008（5）：6-10.

改革，改革的方向可分为以下三点。

一是改革创新，寻求突破。随着劳动关系归属企业化、劳动关系运行市场化和劳动关系规范契约化，劳动关系矛盾越来越突出，中国工会从改革开放初的恢复期快速进入转型期，为寻求发展空间，夯实组织的合法性基础，工会必须进行改革与创新。中国工会九大，邓小平指出了“工会组织不再是可有可无的组织”；1990 年中国工会十二大在报告中指出：“中国工会在理论上有新的发展，实践上有新的突破，工作领域有新的扩展，社会作用明显的增强”[①]，工会组织已逐步改变了可有可无的状况。

二是职责明晰，道路明确。《工会法》2001 年颁布修正案，明确规定，工会基本职责是维护职工合法权益。中国特色社会主义工会发展道路，对中国工会多年来，尤其是在改革开放以来工会工作的经验成果进行了总结，中华全国总工会进一步明确和完善了建设中国特色社会主义工会的理论体系和实践框架，对未来工会走什么路、举什么旗、建什么样、怎样建设都进行了详细的解答。党中央高度评价了中国特色社会主义工人运动发展道路，对中国特色社会主义工会发展道路是中国特色社会主义道路的重要组成部分给予充分肯定，全面总结了新的历史时期中国工会的性质和特点，充分保障中国各级工会组织和工会工作能始终沿着正确方向前进。

三是夯实基础，强化维权。按照发展社会主义市场经济的要求，为准确把握职工队伍的变化情况，中华全国总工会提出工会工作方针为“组织起来，切实维权”，工作方针的明确，全面反映了社会主义市场经济条件下工会工作的特点和规律。“组织起来”就是团结动员广大职工群众发挥工人阶级的主力军作用，在全面建成小康社会中建功立业，充分发挥工人阶级先进性，使工人阶级始终站在时代的前列；就是要最大限度地把广大职工组织到工会组织中来，增强党的阶级基础和扩大党的群众基础。“切实维权”是适应完善社会主义市场经济体制的要求，是协调社会利益关系和劳动关系，构建社会主义和谐社会的现实需要。中国工会的特点就在于能够在协调各方利益的基础上促进劳动关系的和谐稳定，通过劳动合同、集体合同和职代会三个主要形式，把工会的主张和职工的意愿变成社会各

---

① 苏立清，张秋俭．工会干部培训教程 [M]．北京：中国工人出版社，2002：98.

方的共识，不断推动劳动关系的和谐稳定及和谐企业、和谐社会的建构。

③新时期中国工会的职能

全国七届人大五次会议于1992年4月3日通过了中国历史上第二部《工会法》，明确规定了工会在新的历史时期的职能。第一，规定了工会组织职工参与管理的职责；第二，规定了工会的两个维护职责；第三，规定了工会动员职工参与经济建设职责；第四，规定了工会对职工的教育职能。从改革开放后召开的工会九大到1988年召开的工会十一大，再到1992年《工会法》修订，工会的职能得到了恢复和发展，中国工会在新的历史条件下努力探索改革创新，取得了重要的阶段性成果，确立了建设、维护、教育、参与等四项工会的基本职能。

改革开放之后，党和国家的工作中心进行了转移，为此，工会加大了对职工各项合法权益的维护，特别是那些从企业生产资料所有权分离出来的职工的保护，工会三大工作任务也转变为四项基本职能。工会组织为团结动员广大职工贯彻党在社会主义初级阶段的基本路线，全力在社会主义市场经济建设中发挥作用，工会四项职能先后经历了“建设、维护、参与、教育”，向“维护、建设、参与、教育”，再向以维护为基本职责的“维护、建设、参与、教育”的调整，从而更好地维护职工权益。

“维护、建设、参与、教育”四项基本职能，首先重点突出了“维护”这一工会维护劳动者合法权益的基本职责。《中华人民共和国劳动法》于1994年颁布，作为我国最基本的劳动法律法规，对中国工会做出了非常简明而科学的界定，工会就是职工的组织从法律层面被确定，“职工有权依法参加和组织工会”，工会的职责就是代表和维护劳动者的合法权益。尉健行同志在全国总工会十二届执委会二次会议上，结合当时劳资关系、社会形势的现状，提出了“以贯彻实施劳动法为契机和突破口，带动工会各项工作，推动自身改革和建设，努力把工会工作提高到一个新水平，在改革发展稳定中更好地发挥作用”[①]的总思路。这个总体思路的核心内容就是要突出维护职工合法权益这一职能。2001年10月，在九届全国人大常委会二十四次会议上通过了《工会法》修正案，明确规定了“维护职工合法

① 尉健行. 以贯彻实施《劳动法》为契机推动工会改革和建设在改革发展稳定中更好地发挥作用——在全国总工会十二届二次执委会上的讲话[J]. 中国工运，1995（1）：9.

权益是工会基本职责”。从此，工会组织维护服务职工的各项探索进入崭新的发展阶段。2005 年，在全总十四届七次主席团会议上，首次提出的中国特色社会主义工会维权观，它是对工会突出维护职能内涵的丰富与深化，坚持了竭诚为职工群众服务的维权宗旨。

服务型工会理念的提出。2008 年中国工会十五大上，习近平同志代表党中央的讲话中提出，“要着眼于把工会建设成为学习型、服务型、创新型的工人阶级群众组织，不断创新组织体制、运行机制和活动方式。”[①] 这不仅是党对新时期工会工作的殷切期望和要求，也为工会自身建设指明方向和目标。中国工会第十五次代表大会首次提出了“服务型工会”理念，开启将服务型工会建设作为工会职能建设重点的新发展阶段，在工会历史上具有里程碑的意义。随后全国各级工会组织开展的“面对面、心贴心、实打实，服务职工在基层”活动，范围明确、重点突出，服务工作有针对性，得到社会各界的广泛好评，特别是广大职工群众的欢迎，有效地提升了工会组织的内在活力和社会形象。

（4）新时代的中国工会及其主要职能

党的十八大以来，中国共产党以巨大的政治勇气和强烈的使命担当，取得了全方位的、开创性的成就，推动中国特色社会主义进入新时代。中国工会深入学习贯彻习近平新时代中国特色社会主义思想特别是关于工人阶级和工会工作的重要论述，以党的群团工作会议精神作为推进新时代中国工会发展的基石，全面推动工会工作的创新发展。

①党的历史上第一次群团工作会议

第一次由党中央组织召开的群团工作会议，于 2015 年 7 月在北京召开，这是中国共产党历史上首次召开此类会议，习近平总书记在会议上强调，作为亿万人民的共同事业，坚持中国特色社会主义，群团工作使命重大。各级各类群团组织，一定要做到锐意进取、扎实肯干、解放思想、努力创新，切实保持和增强党的群团工作和群团组织的政治性、群众性、先进性，组织动员广大人民群众更加紧密地团结在党的周围，把广大人民群众对美好

① 习近平. 在夺取全面建设小康社会新胜利中充分发挥工人阶级主力军作用——在中国工会第十五次全国代表大会上的祝词 [J]. 中国工运，2008（11）：9.

生活的追求汇聚成强大动力。[1]党的群团会议全面分析研判了新形势下群团工作遇到的新情况、新问题，推进《关于加强和改进党的群团工作的意见》的落实，为群团组织改革创新，开创党的群团工作新局面指明方向。

党的群团工作要在新形势下得到不断强化，不断改进提高。工会组织要走在时代前列，始终团结和动员职工坚持围绕中心服务大局建功立业，工会工作才有生命力。中华全国总工会以推进改革创新为引领，促进各级工会深化改革，增强“三性”，不断增强工会组织的吸引力和凝聚力，确保职工队伍和社会和谐稳定。

党历史上首次召开的这次群团工作会议，表明在新形势下，党高度重视并将有力推动群众组织在整合社会传统、动员广大职工群众等方面的优势，更标志着群团组织对社会变革的探索将进入新阶段。

②新时代中国工会的特点

深化改革，强化服务。以习近平同志为核心的党中央在党的十八大以来高度重视工会的群众性问题，深刻指出中国工会群众性的不足，着重强调工会组织要注重解决脱离群众等存在的问题，要通过持续推进群团改革，竭诚为职工群众服务的重要途径有效地解决这些问题。习近平总书记提出：工会“要坚决履行维护职工合法权益的基本职责，把竭诚为职工群众服务作为工会一切工作的出发点和落脚点。”[2]不仅创新发展了新时代工会职能的理论，同时，为工会强化服务实践指明了正确的方向。

坚定的政治性、牢固的先进性和不断增强的群众性。要切实保持和增强政治性，政治性是工会组织的灵魂，关键是坚持党的领导，各级工会要肩负起带领职工群众听党话、跟党走的政治任务，把广大职工群众紧密团结在党的周围，以围绕中心、服务大局为己任，坚守为服务职工群众的工作生命线；要切实保持和增强先进性，把保持和增强先进性作为工会组织重要着力点，把实现中华民族伟大复兴中国梦而奋斗的时代主题作为新时代工人运动的主题，把握党和国家工作大局，团结带领广大人民群众走在

① 习近平在中央党的群团工作会议上强调：切实保持和增强政治性先进性群众性开创新形势下党的群团工作新局面 [N]. 工人日报，2015-07-08（1）.

② 习近平. 在庆祝“五一”国际劳动节暨表彰全国劳动模范和先进工作者大会上的讲话 [N]. 人民日报，2015-04-29（2）.

发展前列，在国家经济社会发展稳定中建功立业。始终站在党和人民的立场，坚持为党分忧、为民谋利；要切实保持和增强群众性，群众性是工会组织的根本特点，开展工作和活动要以群众为中心，密切联系职工群众，努力争做“全心全意为人民服务宗旨的忠实践行者、党的群众路线的坚定执行者、党的群众工作的行家里手”，[①]要强化服务意识，提升服务能力，挖掘服务资源，努力为群众排忧解难，成为群众最可信赖的娘家人。

③新时代中国工会的职能

中国工会第十六次代表大会于2013年召开，会议在系统总结工作实践和相关活动成效的基础上，明确提出了工会的根本宗旨：全心全意为职工群众服务，各级工会组织牢固树立职工利益至上的理念及“职工有困难找工会”的相关制度安排[②]，并对努力构建服务职工工作体系做出部署，为工会更好地服务职工，充分履行工会服务职能提升到了一个全新的高度。2013年，中国工会第十六次代表大会工作报告全面总结五年来工会工作经验做法，将工会“服务职能”具体阐述为“在全面落实全心全意为职工服务的根本宗旨基础上，面对职工群众在经济社会发展中的多层次需求，工会组织充分发挥优势，运用自身拥有和可协调的资源，建构满足职工多层次需求的现代综合服务体系”[③]。2018年，中国工会召开第十七次代表大会明确了今后五年工会工作的主要任务，努力提升职工群众获得感、幸福感、安全感，全力做好工会维权服务工作是重要的任务之一，大会同时界定了新时代中国工会的基本职能。中国工会第十七次代表大会通过了新修订的《中国工会章程》。《中国工会章程》中确定中国工会的基本职责是维护职工合法权益、竭诚服务职工群众。中国工会在不同历史时期肩负着不同的任务，履行不同的职能，中国工会十七大对工会职能的调整，是改革开放以来的第四次。

中国工会十七大确立工会基本职能为“维护职工合法权益、竭诚服务

① 习近平. 在中央党的群团工作会议上的讲话 [J]. 中国妇运，2015（8）：5.

② 李建国. 高举旗帜 改革创新 团结动员亿万职工在实现中国梦历史进程中充分发挥主力军作用——在中国工会第十六次全国代表大会上的报告 [J]. 中国工运，2013（11）：8-13.

③ 李建国. 高举旗帜 改革创新 团结动员亿万职工在实现中国梦历史进程中充分发挥主力军作用——在中国工会第十六次全国代表大会上的报告 [J]. 中国工运，2013（11）：10.

职工群众”。要求中国工会以全面履行各项职能为基础，未来将更加突出履行维权服务的基本职能。工会工作的内容也将在全面统筹推进的基础上，着重做好维权与服务方面的工作，开启了中国工会新的篇章。

2. 基层工会职能

（1）工会职能

通过前文对我国工会的发展历程和职能演变的叙述，我国工会的基本职能如下。

一是参与职能。组织职工积极参与国家和社会事务管理，发表自己的建议；在企事业单位中实行民主监管与监督，充分维护职工的权益，依法进行，采用科学合理的形式推动企事业的发展。

二是维护职能。工会存在的基本职责就是以职工为主要对象，帮助职工解决难题，充分维护职工的合法权益。工会在职工的合法权益上发挥有效性，那么就促进了党与群众交流沟通，为大局的稳定即执政党地位的巩固奠定良好的基础。

三是建设职能。就我国基本国情来看，人民群众的物质文化生活在不断提升，但是社会生产力却处在严重不足的阶段。对于这些矛盾的解决，需要进行改革开放，推动社会生产力的发展。经济与社会生产力的提升代表着职工的利益得到了完善。因此，工会必须以长远的眼光来分析问题，积极引导广大职工参与经济建设，为社会的发展做出贡献。

四是教育职能，工会在教育方面主要以思想政治及文化技术为准，采用不同的形式推动职工的进步。四项基本职能贯穿各级工会组织履职始终。

（2）基层工会的职能

通过查阅和梳理现有文献，笔者发现还没有学者或相关条例对“基层工会职能”进行界定。本书通过对各类资料的查阅和分析，不同学者对不同地域内基层工会职能的界定各不相同。笔者认为“基层工会职能”是指参与职能、维护职能、建设职能和教育职能这四项基本职能，同时职能的内容和表现形式为下述几种。

严格执行相关会议的决议，并充分履行上级工会做出的决定，做好基础工作的日常引领；充分依法实行民主管理与监督，通过职工代表和其他形式维护职工的合法权益；参与处理人事相关的问题，如劳动关系及争议，在企事业单位间建立协商制度，完善行政工作，合理解决与职工利益相关的问题，并执行监督；积极引导职工参与相关竞赛，充分发挥主观能动性，开展技术性强的协作活动，适时提出合理化的建议，帮助职工在技能上实现革新，总结相关活动的经验，并推广出去，深入职工内部；对于在生产工作上有突出表现的职工，必须给予表彰，适时给予培养机会，做到有效管理；注重职工的思想政治教育，引导职工参与健康的文化体育活动，为职工提供更多的学习科学技术文化的机会，推动文化、教育、体育事业的整体发展；对相关法律法规进行监督，严格贯彻执行；协助完善行政工作，落实劳动保险及保护，推动职工集体福利事业的发展，提升职工的生活水平；注重女职工特殊权益的维护，与一切危害女职工生命、精神安全的行为做斗争，不得出现对女职工歧视、伤害、言语侮辱等现象；针对工会的组织建设提出合理化的建议，推动民主制度与生活的完善，将积极分子融为一体，推动工会队伍的发展；做好对新会员的接收与教育；合理分配工会经费的使用，科学管理工会财产和工会的企事业[①]。

（三）工会的运行机制

1. 国外工会的运行机制（部分国家）

（1）英国工会的运行机制

英国工会主要是通过与政府谈判来保护职工的合法权益，同时吸引更多职工加入工会。所以英国工会的主要工作也就是与政府谈判。20 世纪 90 年代后，英国工会的力量日益壮大，达到顶峰，从而出现了全国性与政府谈判的情况，为此，英国政府专门指定了一个国家层面的专家委员会，这个由专家、学者组成的国家级委员会先是审核了工资标准，然后才与工会进行正式的工资谈判。工会代表通过参加这样的工资谈判，可以明确地提出工人的实际困难。同时工会代表也是工人群众的一员，更能够最大限度地为工人争取利益。目前，英国工会与政府的全国性工资谈判中，大都是公共部门职工的工资集体谈判，几乎还没有涉及私营企业职工的工资集体谈判。

① 中国工会章程. 政策文件. 中华全国总工会网站. http：//www.acftu.org/template/10041/file.jsp？ aid=88507.

英国工会针对会员不断减少的情况，也采取了很多措施。例如：扩大不同行业、不同部门职工的工资集体谈判；为职工提供培训来避免或减少职工失业；增加服务内容，提高服务水平；注重发展会员和新建工会；促进职工和雇主建立伙伴关系，减少职工与雇主的冲突；同时在自身建设和发展上，加强制度、财务等各方面的管理。

（2）德国工会的运行机制

德国工会非常注重借助法律的力量，通过立法来维护职工的权益。在德国工会的顽强斗争下，德国议院先后于1952年和1976年分别通过了《企业法》和《共决法》。这两部法律为保障德国工人的权利提供了法律依据。

《企业法》规定了企业成立“企业委员会”的必要条件是企业雇佣职工的数量达到5名以上，如果企业雇佣5名以上员工而不成立“企业委员会”，企业将会受到严厉的处罚。企业委员会由工会代表组成，享有五项权利：了解情况权；监督权；咨询建议权；参与决定权；签订企业协议权。

《共决法》规定，企业必须成立“监事会”，而监事会要求由相同数量的股东代表和职工代表组成。监事会要选出1名“中立者”来担任监事，而这名监事必须有劳资双方各3名成员同意才能担任。监事会在企业中享有很大权力：第一，审批企业的经营政策，并监督企业的经营管理；第二，能够任免经理会成员；第三，进行企业的财务审计工作；第四，批准企业年终报告；第五，批准实施企业协议外的社会福利措施等。

（3）日本工会的运行机制

日本工作中的工匠精神为日本经济的发展提供了良好的社会氛围，每个人都崇尚在工作中精益求精，这样日本对于职工权益的维护就显得尤为重要。日本工会每年2月到4月都会举办集体工资协商会谈。在通货膨胀影响的前提下日本职工工会把谈判的重点放在如何提高实际工资，而不被通货膨胀所侵蚀，目的就是促进日本职工的社会保障，和谐劳资关系，稳定经济增长。

2. 我国工会的运行机制

根据《工会法》的规定，我国工会分为三个级别，即中华全国总工会、地方各级（区、产业）总工会和基层（街乡）工会委员会。上级指导下级工作。在我国，若想建立工会组织，则必须报上级工会并经过上级工会的批准。

一般工会，应当设立主席、常务副主席、工会干部有关职位，工会在具体管理上则实行“四个一”，即建会、入会、办卡、缴费。我国工会各级组织必须按照民主集中制的原则建立。每级工会组织都会由会员大会或会员代表大会民主选举产生一个工会委员会，同时有权撤换或罢免其所选举的代表或者工会委员会组成人员。

在我国，国有企业的工会委员会负责职工代表大会的日常工作，行使民主管理权力，检查和督促职工代表大会决议的执行。集体企业的工会委员会，应当支持和组织职工参加民主管理和民主监督，维护职工选举和罢免管理人员、决定经营管理的重大问题的权力。企事业单位研究经营管理和发展的重大问题应当听取工会的意见；召开讨论有关工资、福利、劳动安全卫生、社会保险等涉及职工切身利益的会议，必须有工会代表参加。

作为群团组织，听从党的领导，紧紧围绕在党的周围，发挥群团组织黏合剂的缓和联系作用，为建设创新工会、暖心工会添砖加瓦。

二、工会的经费来源与支出

（一）我国工会的经费来源

工会收入按照《工会法》的相关规定，是指各级工会组织依据有关政策在开展业务活动的过程中，所收取的一种非偿还性的资金。按照它的经济性质进行分类，收入可以分为以下八项，即拨缴经费收入、事业收入、会费收入、政府补助收入、行政收入、上级补助收入、投资收益及其他收入。作为各个工会组织开展活动的资金来源，各级工会组织应广开财源，并且严格执行有关规定做到应收尽收，从而使工会活动得到应有的资金保障。工会收入有四个基本特点：依法取得；非偿还性；主要以货币资金为主；使得工会的资产得到增加，负债有所减少。

从工会收入的来源进行分类，其收入主要有四种来源：源于职工的只有一个会费收入，也就是从职工收取得来；源于行政上的收入，有三个来源，即拨缴的经费收入、行政补助收入和政府补助收入；源于上级的有一个上级补助收入；源于本级的收入，具体有投资收益、事业收入和其他收入等。

在目前的工会经费来源中，一个主要来源还是源于会员按规定缴纳的会费，依据中华全国总工会的规定，每位会员每个月需要按个人工资收入的 0.5 % 计算并缴纳工会会费，各种奖金、补助费、救济费和退休金等，均不缴纳会费，同时无固定的收入会员，每个月则可以按照上月的实发工资进行计算并缴纳。通过缴纳会费，增强每个会员的联系，并且也增强群团组织的归属感。会费有利于基层工会开展职工服务活动。每月 10 日内，基层单位应将各分工会会费收齐，依据《基层工会会费收缴汇总表》，会员可以查看自己的缴费记录，同时有利于工会财务编制凭证。

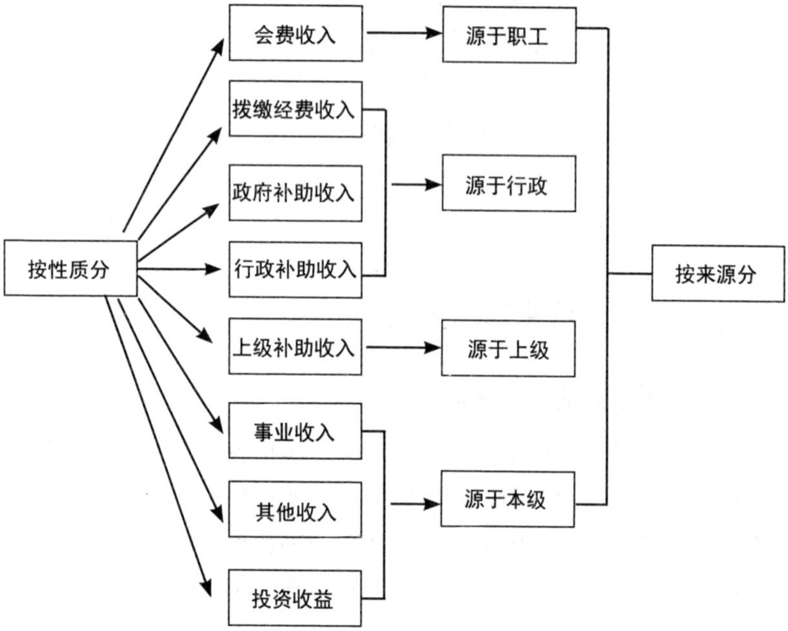

图1-1 工会收入来源分类图

根据《工会法》，凡是建立工会组织单位，应于每月 15 日以前按照上月工资总额的 2 % 向工会拨缴当月的工会经费；其中企事业单位拨缴的经费在税前列支，全体职工指的是本单位支付工资的全部职工。目前，我国对于工会经费拨缴有其特殊的形式，作为最基本的形式就是由各地的地方税务部门进行工会经费的代征，这种经费代征是经过各省级人民政府的有关规定批准的，即税务机关对工会经费的代征合法合理，符合相关要求。由地税部门代为征收，一是有利于发挥税务强制性的特点，工会经费被税务强制性代为征收，保证了工会经费正常收缴；二是通过代征能够增强各企业依法缴纳会费的法治意识；三是代征简化了工会会费的收缴程序，企业在上缴企业所得税等各项税款的同时，一并缴纳工会经费，这种收缴方式简单而且高效；四是对各级工会所组织的活动提供了良好的基础，充分发挥了工会在我国和谐社会构建过程中的重要作用；五是税务机关代征，方便对工会经费的税前扣除进行专业化的管理，从而有效防止国家税收的流失，同时也保证工会经费安全上缴。

工会经费的分成比例如下。

区县总工会及其所属各级基层工会：市总工会留成 10 %；区县总工会留成 20 %；街道乡镇总工会留成 10 %，其以下各级工会流程合计 60 %。

市总管理的局、集团、公司工会、经费独立产业工会：市总工会留成 2 %；局、集团、公司、产业工会本级留成 10 %，其以下各级工会经费留成合计 70 %。

市总直管基层工会：市总工会保留其中的 30 %，基层工会保留其中的 70 %。在政策制定上，工会经费具有一定的偏向性，具体表现为其向基层工会倾斜，从而确保工会经费直接用于职工服务。

（二）我国工会的经费支出

1. 工会经费支出分类

若按经济性质进行分类，工会经费可以分为八项支出，具体表现在：职工活动支出；行政支出；业务支出；维权支出；补助下级支出；事业支出；资本性支出和其他支出。若是按照经费的用途进行分类，则其支出有用于职工的，如职工活动支出、维权支出；用于本级组织的，有业务支出、行政支出、资本性支出和其他支出；用于补助下级的，有事业支出和补助下级支出。

加强工会经费支出管理是建设中国特色社会主义工会的重要保证；通过对工会经费进行严格的管理可以保证工会工作任务的实现，确保其应尽的社会公益职责，增进全社会的福祉，提高工会资金使用效率，可以进一步防止浪费；是工会系统构建“惩治和预防腐败体系建设”的需要。

工会会计常讲一句话：收入看来源，支出看用途。如图 1-2 所示：

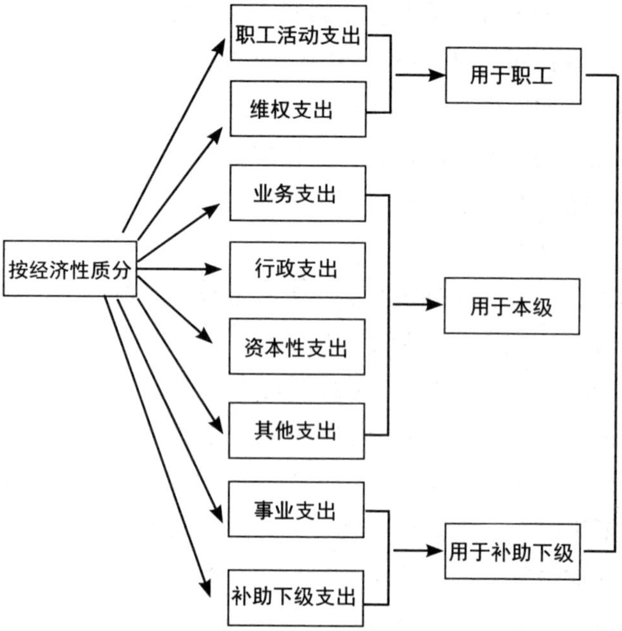

图 1-2 工会经费支出分类图

2. 工会经费支出管理制度应注意的问题

首先，严格按照支出预算的安排，确保各项支出在内容、时间和在基金总量上保持一致，确保支出预算在工会各项支出活动中的“刚性约束”；二是按照“一支笔”审批的原则，各级工会应建立和完善与支出业务相关的授权标准、支付程序、支付审核及资金办理的相关业务。

其次，在工会资金审批流程示意图中，有关支出控制有几个关键点：一是所申请的资金是否有预算，如果没有预算，需要按照规定予以调整，否则不予批准；二是负责审批的人是否有权限，如果没有，需要按规定程序将支出业务交由有审批权限的人审批；三是财务部门根据有关审批结果，办理资金支付。在具体的支付过程中，财务机构应该按照规定，对审批权限、额度、支付内容等相关内容进行复制，如果不符合要求，财务部门可以拒绝支付或者要求申请人按规定重新办理手续。

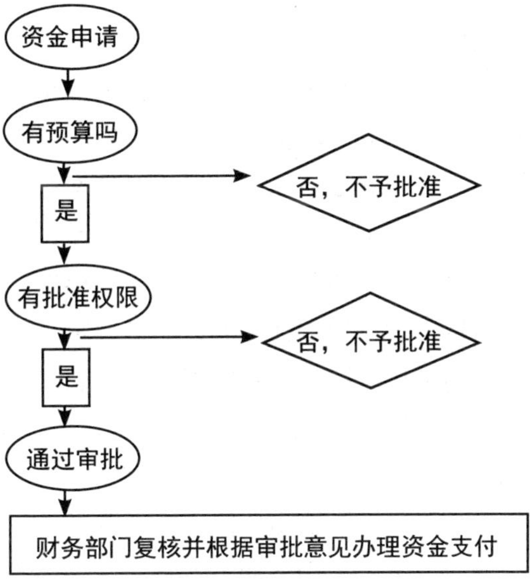

图 1-3 工会资金审批流程支出控制

再次，建立和完善相关业务的报销管理，尤其是要明确报销业务的审批权、报销程序和责任。

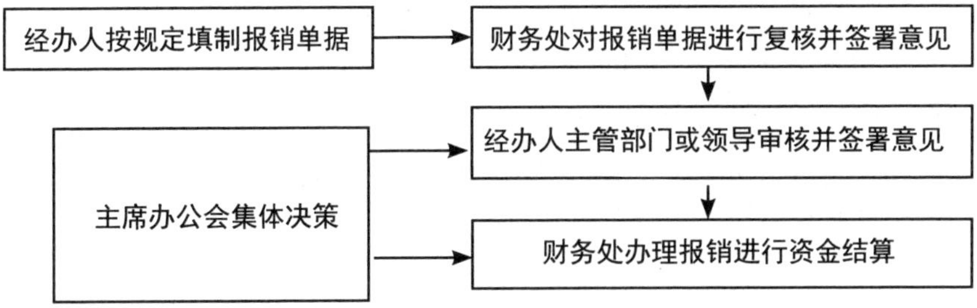

图 1-4 工会报销流程支出控制

图 1-4 中，财务部门在对报销单据审核时，应重点关注单据的规范性、合法性和业务内容的真实性等。如果支出业务属于预付资金一类，还应该根据审批的结果，办理资金结算，剩余资金应及时收回，不应长期挂账。

最后，按照不相容职务分离的原则，将业务支出的相关岗位进行分离，严禁由一个人全程办理与支出相关的所有业务环节。

（三）我国工会经费使用的原则

1. 经费独立原则

各级工会是依据中华全国总工会关于工会法人登记管理的规定，取得法人资格，依法享有民事权利、承担民事义务，同时依据财政部、中国人民银行的规定，设立工会经费银行账户，对工会经费进行独立核算。各基层工会应依《工会法》中“工会应当根据经费独立原则，建立预算、决算和经费审查监督制度”和“工会的财产、经费和国家拨给工会使用的不动产，任何组织和个人不得侵占、挪用和任意调拨”的规定，开立账户独立核算工会经费，不允许本单位机关财务或党团等其他组织财务合并账户集中核算，也不允许将工会财务纳入当地会计结算中心管理。

2. 遵纪守法原则

工会组织应依据《工会法》规定，依法组织收入，执行中华全国总工会及财政部门关于政府性资金支出的规定，遵守中央“八项规定”，严肃财经纪律，加强工会经费收入支出管理。

3. 民主公开原则

县以上总工会作为政府部门，提高资金使用效率，提高会计信息质量，经同级工会委员会及经费审查委员会审核同意后，同步政府部门将预算决算及专项资金绩效情况定期向社会公开；基层工会应依靠会员管好用好工会经费，年度经费收支情况应定期向会员大会、会员代表大会报告，建立经费收支信息公开制度。各级工会主动接受会员监督，接受上级监督，接受国家审计监督。

4. 预算管理原则

各级工会应按照《中华人民共和国预算法》（以下简称《预算法》）和《工会预算管理办法》的要求，将全部收入纳入预算管理。经费年度收支预算应报同级工会委员会和经费审查委员会审查同意，上报主管工会批准。

三、工会财务管理的内涵、特征

（一）工会财务管理的内涵

财务管理是根据财经法规制度，按照财务管理的原则，组织企业财务活动，处理财务关系的一项经济管理工作。工会财务管理就是按照工会法规章程制度和管理的原则，处理好工会财务关系的经济管理工作。

工会财务工作的具体内容是：收好、用好、管好工会经费。一是对工会经费的收集，经费应当由各级通过各个渠道进行收缴，同时在收集的过程中注意保持收缴流程的痕迹，并对其进行保护，不私设账户收缴。二是用好工会经费，就是要按照工会职权，切实体会到职工的痛点、把握职工关心的热点问题，发挥工会经费服务职工、服务基层的特点。三是管好工会经费，就是探索工会财务管理的体制机制建立，完善现代化管理手段，依据章程和法律保管好工会经费，在可能的情况下确保经费保值甚至增值。

工会财务工作是工会重要的经济工作之一，它贯串于工会组织的产生、存在和发展，承担着收好、用好、管好工会经费的任务。在工人运动的兴起、工会组织建立及发展壮大中，工会财务工作不断适应形势要求逐步形成自己的工作指导思想和特点，为工人阶级实现其历史使命提供重要的物质保障。

恩格斯在《英国工人阶级状况》一书中指出，工会产生后，工会组织成立“基金会”，建立“簿记”，“用金钱帮助失业工人”，“成立一个委员会来收取每周的会费和监督这些会费的开支，使其合乎工会的利益”。毛泽东同志在中国工人运动早期也曾指出：“工会是工人组织的，所以工人应该自己养活工会，更进则准备罢工基金和选举基金。我以为无论如何，第一步要办到加入工会的工人每人必须出最低限度的月捐，少至一个铜元都可；第二步办到自己养活工会。这一点很要紧。”[①] 由此体现出工会对其经费收、管、用的这三大任务。并明确以用好工会经费为最终目的，按照“统筹兼顾、保证重点”的原则，在历史上的各个时期为工会重点工作提供有力保证。

改革开放以来，随着中国工会的经济实力不断增强，依法聚财的工作有了长足的进步，而科学理财、合理用财的工会财务思想显得尤其重要，做好工会经费与资源的使用工作，推动工会财务工作改革创新，使工会财务更好地适应深化改革的新形势，成为工会工作的新课题。

---

① 中共中央文献研究室，中央档案馆. 建党以来重要文献选编：一九二一——一九四九 [M]. 中央文献出版社，2011：50.

（二）我国工会财务管理的特征

同企业财务管理相比，工会财务管理具有自身的特殊性。

1. 工会财务管理目标上的特殊性

企业经营的目的就是盈利，其做事情的出发点也都是为了盈利，因此企业进行财务管理的目的就是必须保证企业能够盈利，在制定财务管理规划时也必须优先考虑这一要求。企业财务管理目标随着时代不同，也在不断变化。在财务管理发展初期，最具代表性的四种观点是利润最大化、每股盈余最大化、股东财富最大化和相关者利益最大化，现在一些新的观点认为是企业财务管理要坚持企业价值最大化原则和企业资本可持续有效增值原则。不管是哪种观点，都要保证企业现在或是未来能够盈利，并有足够的资金使企业持续经营下去。

工会作为非营利性机构，其财务管理目标主要表现在以下方面。一是财务管理独立化。在工会财务管理中，要设立独立的银行账户。工会经费的来源与支出都有明确的范围。二是财务管理预算化。工会预算属于行政事业型单位预算，受国家《预算法》的制约，工会工作中出现的所有支出都必须要纳入预算，年底的决算表与年初的预算表要进行对比分析。三是财务管理规范化。工会组织的特殊性质使得其财务管理的规章制度要严格遵守国家相关政策来制定，财务制度一旦制定完成，就必须严格认真执行，并遵守相关财务纪律。

2. 工会财务管理方式上的特殊性

一般认为，企业财务管理方式主要是财务管理人员针对企业经营目标，结合财务管理活动的具体情况，对企业资金的筹集、生产资金的投入、产品成本费用的形成等企业经营管理活动进行财务预测、财务决策、财务控制、财务计量、财务分析、财务报告和财务监督。而工会财务管理在方式上要做到突出监督和预算。在监督上，要定期公布账目，接受会员监督和经费审查委员会审查，同时一切费用都需要按照预算来执行。

3. 工会财务管理内容上的特殊性

企业财务管理的主要内容是资金的筹集、投资、运营和股利分配。在操作过程中，企业为了提高资金的使用效率，就尽可能地加快资金循环的周期，但也会同时考虑资金成本等问题。而工会财务管理的主要内容是资产管理和支出管理。资产管理主要是指按照国家规定的使用原则对资金进行使用。支出管理主要是如何确保支出做到公正透明、依法依规、规范合理。

4. 工会财务管理环境上的特殊性

企业的财务管理环境又称“理财环境”，它对企业的经营生产活动的影响很大。企业要求企业的财务决策能够适应企业外部条件的要求和变化。企业财务管理环境涉及范围很广，其中最重要的是法律环境、金融市场环境和国内外经济环境。就工会财务管理而言，有关工会财务管理的法律法规主要是《工会法》，金融市场环境和经济环境等对工会财务管理的影响不大，影响工会财务管理的主要因素有政府的经济政策、工会财会人员素质的高低等。

四、工会财务管理的理论基础

（一）新公共管理理论

20 世纪 70 年代以来，随着社会经济的不断发展，一场针对政府公共管理的改革潮流席卷了许多西方国家，新公共管理理论应运而生。新公共管理理论从经济学和企业管理理论中获得主要理论支持，其主要特点是，主张引入私人部门的管理方式，公民作为“顾客”，政府的社会职责是根据顾客需求提供服务，并促进政府服务质量的提高。主张重新定位政府的角色，从等级制转为参与和协作，提高服务供给的效率。主张实行严明的绩效目标控制，并根据目标对完成情况进行测量。以提高公共管理水平和公共服务质量为特征的管理主义，以顾客为导向的政府职能定位，以绩效管理为管理导向，实行政府产出控制，将政府资源配置和绩效管理相衔接，转变传统官僚制管理只关注投入而不关心产出的弊端，有效地提高政府资源配置效率和生产效率，快速回应社会公众需求，提供更多公共选择的机会。新公共管理理论具有以下特征：

1. 强调职业化管理

每一个政府人员都必须清楚自己该做什么、如何去做、向谁负责，而不是传统的简单听命于领导的行政官员。一个责任政府应该是权责明确的，服务成本和效率是可以衡量和比较的。应当关注权威与责任的对应，以此作为提高绩效的关键环节。

2. 明确的绩效管理

相比于传统的公共行政管理，新公共管理更重视产出和结果。部门和个人的业绩同样重要，需要更加系统全面地加以衡量，并作为各项奖励的主要依据。这种将资源分配与绩效目标结合的方式将促进资源的配置优化①。

3. 高效率的预算体系

预算资金是政府履职的物质基础和体制保障。在新公共管理中，项目预算将取代传统预算，以此为导向，更加关注公共部门直接提供服务的效率和质量。这种管理方式强调效率、结果和服务质量，可以更为灵活地探索代替直接供应公共产品的方法，提供成本节约的政策结果，有利于提高政府的责任度和透明度。

4. 管理者与公民的关系改变

市场竞争机制、顾客至上等理念的引入改变了公民的被动服从地位，促进政府从管理型向服务型转变，公民向顾客的转变要求公共管理有更明确的责任制，重视公民意见，回应公民要求，积极主动地提供更加透明多样化的公共服务，以不断提高公众满意度。

对于当前中国政府的改革探索来说，新公共管理理论中的合理因素具有不言而喻的实践意义。一是必须加大政府体制创新力度，切实转变政府职能。当前我国行政体制改革主要着眼点还是机构撤并和人员裁减，政府与社会关系的旧模式仍未彻底打破，政府仍然垄断着公共物品和服务的供给。在新一轮的机构改革和行政体制改革的过程中，可以借鉴西方新公共管理运动所取得的经验，加快创新步伐，早日建立起一个与市场经济发展相适应的灵活高效的政府管理体制。二是引入绩效预算理念，在政府组织中确立节约成本和提高效益的激励机制。三是增强公务员的“管理”和“服务”意识，重塑政府与社会的关系。现阶段公共管理中存在的官僚主义、公共责任意识薄弱等消极现象与政府机构及其工作人员没有摆正自身位置有密切关系。要根据市场敬意要求，着力于建立一种新型的政府与社会的关系，

① 齐芳. 简析行政事业单位基建项目支出预算管理中存在的问题及对策[J]. 会计师，2017(14)：60-61.

克服目前这种关系中存在的种种弊端，努力提高管理水平和服务质量。

新公共管理理论为本书的研究提供了以下思路：一是工会项目支出预算管理应当是权责明确的，部门管理权力应当下放，部门的中层领导要担负更大的责任，参与更多的决策，并对相关事务负起个人责任；二是要制定出业绩指标，对计划方案进行系统评估，也可以比以前更为严格地确定政府计划是否实现依据绩效目标的实际完成程度对其进行科学测量和客观评价；三是建设效率政府必须要有高效率的预算体系作为基础。在新公共管理中，项目预算将取代传统预算，资源的分配依据不是政府的主观想法，而是项目的实际情况。

（二）委托代理理论

委托代理理论是新制度经济学中的一个重要理论，主要研究信息不对称条件下市场参与者的经济关系及相应的激励约束机制问题。当财产所有者无法直接经营和管理所掌握的财富和资源，导致财产所有权和经营管理权分立时，财产所有者和经营者之间就会产生委托代理关系。在信息不对称的条件下，如何根据已有的信息设计最优激励合同，以促使代理人的效用最大化，从而实现委托人的利益最大化是委托代理理论研究的主要问题。

委托代理理论最早被应用于讨论公司出资者和经营者之间的关系，但随着公共管理理论的发展，许多学者认为这项理论也可以用于研究政府与公众的关系。王金秀（2000）提出，可以构建一个“政府式”委托代理的理论模型，以此来揭示政府治理和政府改革的有效机制。政府必须根据立法程序确定和批准的政府预算来组织各项资金的收支，公众必须依据经立法程序确定的法律法规缴纳税收，并享有监督政府的权利[①]。人民（委托人）的利益是极为分散的，且其行政能力较弱，政府（代理人）在公共项目运作中则具有明显的信息、资源等优势。这必然会导致政府缺乏提高运行效率的内在动力和外在约束。而“聚众人之财，办众人之事”的预算不仅体现了公众与政府之间对“公共资源”的委托代理关系，而且体现了对“公共权力”的委托代理关系，因此预算信息公开是公众对政府活动进行监督

① 王金秀．政府预算机制研究 [M]．北京：中国财政经济出版社，2000：24-39.

和控制的前提。

这种委托代理关系同样存在于工会中。第一层是广大职工与工会之间的委托代理关系。广大职工以企业为单位，按照《工会法》的规定缴纳工会经费，市总工会不仅要替广大职工管好钱，各业务部门更应按照职工需要用好钱。中华全国总工会改革提出，要将工会经费进一步向基层工会倾斜，正是从这一考虑出发的。第二层是工会内部具体业务部门与财务部门之间的委托代理关系。由于信息不对称，传统的预算理念中，业务部门总认为，预算的作用就是向财务要钱。要到了就是赚了，要不到就不做事，财务对预算的要求是对业务部门的为难。这种认知上的错误导致业务部门的低效化，甚至还导致了业务部门和财务部门的对立。

委托代理理论对本书研究的启示有以下几点。一是部门要意识到自己委托人和代理人的双重地位。财务部门负责工会经费的分成核算和统一管理，而承担为职工群众用钱的具体职能的是业务部门。业务部门和财务部门的预算管理目标是一致的，用好钱不仅是财务部门的责任，更是业务部门的责任。业务部门只有认清了自己的职责，和与财务部门的关系，才能重视预算，才能认真对待预算编制，使经费发挥出更大效用。二是良好的预算管理体系要有明确的制度保障作为基础。政府预算是作为经法定程序批准的配置全社会资源计划，以权力为轴心。如果没有一系列严谨的、环环相扣的法律制度作为保障，要保证政府预算活动能够“以公共需要为本”，代表最广大人民群众的根本利益是十分困难的。因此，法制是政府预算契约的安排形式，政府内部的经费使用标准、程序、资金来源都应由法规规定或受法律控制。三是要加强监督，建立健全信息反馈机制。政府的活动必须置于公众的监督和控制之下，即公众应参与和监督整个预算过程。

（三）控制论

控制论的奠基人是美国数学家诺伯特·维纳（Norbert Wiener），他在《控制论或关于在动物和机器中控制和通信的科学》一书中提出，不同的系统具有相同的控制机制。表现在组织管理中，则是通过信息反馈来完成。信息反馈可以消除偏差，将企业行为保持在可控范围内，从而达到控制的目的。现代管理学接受并发展了这一概念。在现代管理学中，控制是指为了保证组织目标的顺利实现而制订的各项计划或标准，包括预算在内。管理人员按照这些计划对工作进行评价，并及时修正过程中出现的各项误差[①]。

控制理论指出了完善项目支出预算控制流程的重要性。控制就是一个流程，这个流程可以划分为事前控制、事中控制和事后控制三个部分。以项目支出预算控制为例，“事前控制”指的是组织建立一套完整的管理流程，如预算目标的确定、预算的编制方式、预算调整或追加的程序等；“事中控制”是要求组织成员严格按照制定的预算来执行项目支出，不能随意更改支出方向、支出方式、支出金额等；在“事后控制”阶段，组织将持续履行分析和监督职能，完善整改，修正问题，并反馈在下一轮的控制中。

（四）交易成本理论

交易成本的概念最早出现在新制度经济学的鼻祖罗纳德·科斯（Ronald Coase）1937 年的一篇论文中，他认为：“市场的运行是有成本的，要想节约某些市场运行成本，可以通过将资源集中起来，并允许某个权威（或企业家）来统一支配的方式进行。”[②]科斯认为交易成本包括发现价格的成本、谈判成本、签订契约的成本、契约的履行成本。简而言之，它是使用价格机制的成本，包括运输成本、佣金、谈判所花费的时间、包括关税在内的各种税收。当然，交易成本还涉及如中间人作用、交换媒介等产权的决定问题[③]。张五常（2010）将交易成本的内涵扩大化，把交易成本视为包括信息成本、谈判成本、拟定和实施契约的成本、界定和控制产权的成本、监督管理的成本和制度结构变化的成本在内的一系列制度成本[④]。

交易成本理论说明交易活动是稀缺的并且是有风险的，因为交易存在成本，所以就有如何合理配置资源以减少这种成本的探索。在传统经济学理论中，交易成本是不被考虑的，对交易成本的承认使得经济学对现实获得了新的解释力[⑤]。学界大多将交易成本分为两类：一类是以谈判、签约、

① 王金秀. 政府预算机制研究 [M]. 北京：中国财政经济出版社，2000：24-39.

② 罗锐韧. 哈佛管理全集 [M]. 北京：企业管理出版社，1999：40.

③ 同②。

④ 张五常. 佃农理论 [M]. 北京：中信出版社，2010：156-159.

⑤ 威廉姆森，温特. 企业的性质：起源、演变和发展 [M]. 姚海鑫，邢源源，译. 北京：商务印书馆，2007：56-63.

履约、监督等为代表的必要交易成本；另一类是产权关系模糊、信息不对称、契约关系不确定等规则缺位和有限理性所导致的非必要交易成本，是制度中存在着但应将其消除的成本。

交易成本理论解释了本书研究的现实需求：政府部门的项目支出行为存在着大量机会主义行为及寻租设租的可能，为增加交易成本提供了可能。政府部门应该像企业一样讲究成本收益，在预算管理过程中以最大限度降低公共产品提供和服务的非必要交易成本作为预算管理改进的目标。

第二章　新《工会会计制度》的实施对基层工会财务管理的影响

近年来，随着我国工人运动事业的蓬勃发展和工会改革持续深化，工会财务管理体系发生较大变化。为适应工会财务改革的需要，进一步规范工会会计核算，提高会计信息质量，财政部于2021年4月发布新修订的《工会会计制度》，从2022年1月1日起在全国各级工会组织范围内实施。本章结合近年来中华全国总工会下发的《工会预算管理办法》《基层工会经费收支管理办法》《基层工会预算管理办法》《工会预算稳定调节基金管理暂行办法》等制度规定贯彻执行情况和基层工会实际，对新《工会会计制度》重大变化内容进行梳理，对基层工会财务管理体系产生的影响进行分析，并提出有针对性的对策与建议。具体包括四个方面的内容：新《工会会计制度》的修订背景及重要意义；新旧《工会会计制度》的区别和衔接；新《工会会计制度》对基层工会财务管理的影响；推进实施新《工会会计制度》的建议。

一、新《工会会计制度》的修订背景及重要意义

（一）新《工会会计制度》的修订背景

1. 适应新时代对工会财务工作提出的新要求

原来的《工会会计制度》（以下简称“原制度”）是2010年正式实施的，实施以来对工会财务工作起到了积极的促进作用。但近年来尤其是党的十八大以来，我国工会事业蓬勃发展，工会工作呈现新的趋势和特点，工会财务工作环境也随之发生较大变化，主要表现在以下方面。一是工会

财务改革不断深化。2018 年中国工会十七大明确提出，新时代中国工会的基本职责是维护职工合法权益、竭诚服务职工群众，并对工会经费、资产管理、经费审查监督等作出具体规定。二是《政府会计制度》颁布实施。2017 年财政部正式颁布《政府会计制度》，对工会财务核算理念产生重大影响。三是工会财务管理体制发生新变化。2017—2020 年，中华全国总工会先后发布《基层工会经费收支管理办法》《工会预算管理办法》《工会预算稳定调节基金管理暂行办法》等一系列制度办法，对工会经费收支管理、工会预决算管理等提出了新要求。

为了适应新时代对工会财务工作提出的新要求，充分借鉴政府会计准则和制度的先进理念，规范工会会计核算，提高会计信息质量，财政部在 2021 年 4 月修订发布了《工会会计制度》（以下简称“新制度”），自 2022 年 1 月 1 日起在全国各级工会组织范围内实施。

2. 从工会财务实践角度解读制度修订的必要性

原制度为 2010 年 1 月 1 日施行，适用于全国各级工会。原制度的施行，在过去 10 多年间服务工会发展大局中发挥了重要作用，但是伴随工会业务的发展和各类会计制度改革的逐步深化，工会财务管理中存在的一些问题亟待解决。比如，基层工会财务核算尽量简化问题，县级以上工会与同级财政经费预决算数据对接问题，经济分类实质核算问题，结余资金中的结转资金归类问题，预算程序与超预算的收支和结余问题，等等。这些问题不同程度影响了会计信息的质量，如何解决这些问题，如何在管理需要与核算成本间进行有效平衡，这是工会财务人员一直在思考和探索解决的问题，在此背景下，财政部出台了新制度。

3. 工会组织从会计核算角度对号入座

据统计，全国范围内有近 250 万家工会组织，从会计核算角度可以将这些工会组织分为三个主要类型。一是基层工会。这一类工会组织基本办公条件和人员由行政保障，工会业务简单，一般多为基本工会业务的收支。二是县级以上工会。这一类工会组织参照行政机关进行管理，业务相对复杂，除本级工会收支业务外，工会组织需要承担部分或者全部基本办公支出，担负着本地区工会经费收支管理、本地区组织经费收入、平衡不同预算年度收支等职能。三是各级企业集团工会。这些工会组织业务类型相对简单，与基层工会相近，但是管理范围和管理体制相对复杂，与县级以上工会相近。

这三种不同类型的工会组织在会计核算和财务管理上差别较大，新制度体现了工会组织的这一特点，县级以上工会和基层工会在科目设置上“区别”对待，对基层工会设置了简化版的会计科目、会计报表，进行简化核算。此外，新制度针对县级以上工会的实际业务特点和范围，将其核算体系设置进行扩充和细化。

工会财务人员在学习新制度时，可以针对自身所在组织的实际情况对号入座，有目的性、有针对性地认真仔细研读，学深悟透、入脑入心，学用结合、学以致用，提高学习实效。

（二）新《工会会计制度》修订的重要意义

在我国，工会是党联系职工群众的桥梁与纽带，工会工作一直得到了党和各级政府的高度重视。由于我国工会是独立的社团组织，《工会法》中明确规定了工会经费应当进行独立管理。根据工会的性质和业务特点，需要有专门的会计制度来规范全国各级工会组织的会计行为。《中华人民共和国会计法》（以下简称《会计法》）第八条中规定：“国家实行统一的会计制度。国家统一的会计制度由国务院财政部门根据本法制定并公布。”

正是因为工会自身所具有的重要性和特殊性，因而研究《工会会计制度》具有很明显的实际意义。新制度在原制度的基础上，结合形势发展的变化和国家有关制度等进行了较大修改。新制度的出台，确立了工会加强财务会计管理的坚实基础，成为全面提高工会财务会计工作的新契机，对做好新时代工会工作具有重要而深远的意义。

1. 适应工会业务发展的需要，进一步规范各级工会组织的会计行为

原制度已经执行了十余年，其间我国社会和经济形势迅速发展，工会业务活动和财务管理体制发生很大变化。工会维护职工权益的职能突出，党和政府支持工会协调劳动关系的力度不断加大。工会财务改革不断向深度和广度推进，陆续出台了一系列政策措施。新制度适应了工会财务改革和工会工作的时代变化，如注重核算与管理科学性，提升会计信息质量；完善核算体系，加强经费管理，使工会财务管理向制度化、规范化、精细化方向发展。从制度上给予了统一规范，真实全面地反映了各级工会的各

项经济活动全貌，为各方面决策提供了真实可靠的信息，为财务监督提供了支持，有利于促进各级工会组织规范会计基础工作，必将进一步规范各级工会的会计行为，提高财务管理的水平。

2. 提高工会会计权威性和信息质量，扩大工会会计的影响力

作为职工群众合法权益的代表者和维护者，党联系职工群众的桥梁与纽带，工会工作具有其自身的特殊性。依据《工会法》的规定，各级工会长期实行有别于其他行政机关和社会组织的工会经费管理体制，以及由中华全国总工会组织制定的财务、审计和资产管理与监督的规章制度。因此，除工会组织以外，其他社会各界对工会财务与会计活动知之甚少，工会会计的权威性和社会影响受到限制。新制度在归纳、吸收工会会计工作多年行之有效经验的基础上，按照国家会计法和会计制度等法律法规的要求进行了规范和完善。新制度具备的规范化特征，提高了工会会计信息的质量和透明度，不仅有利于工会财务人员掌握会计处理程序，也有利于非工会系统财会人员、审计人员了解和把握工会会计知识，为基层工会的兼职会计人员学习熟悉、行业间会计交流和审计提供了便利，也有利于国家职能机构和社会各界监督，必将促进工会财务会计的工作健康和规范发展，提升它在社会经济生活领域中的影响力。同时，工会的会计制度作为国家统一会计制度的组成部分，也会成为财政部门组织会计人员继续教育的内容，有利于工会财务人员与外界交流。

3. 增加政府、职工群众和社会对工会的了解和支持

新时代工会作为职工群众合法权益的代表者和维护者，是协调各方关系、维护社会稳定的重要力量。工会具有特殊性，尤其是工会经费，按照《工会法》和《中国工会章程》的规定，工会系统根据经费独立原则，建立预算、决算和经费审查监督制度。此次《工会会计制度》的修订突出了对重点工作资金投入的反映，明确突出了对“维权支出”等工会业务的核算，集中反映各级工会组织组建、维权的资金投入情况。新制度对基层工会组建、困难职工帮扶等有统一明确的核算口径和支出渠道。通过“维权支出”科目等核算内容，可以反映工会围绕大局、配合党政工作的投入情况，为职工服务的力度，有利于政府、职工群众和社会加深对工会的了解和给予大力的支持。新制度在原有支出核算基础上，新增“职工服务支出”科目，

用于核算开展职工劳动和技能竞赛活动、职工创新活动、建家活动等支出，强化工会服务职能定位，并在县级以上工会，增设“职工活动组织支出”科目，用于核算工会组织为开展职工教育、文体、宣传、劳模疗休养活动发生的支出，进一步体现工会的组织功能。

4. 高度突出了工会的工作特色

最早的工会会计制度是1998年颁布的，自1999年1月1日起执行的。在制度运行11年后，也就是2009年，工会会计制度才迎来首次修订，自2010年1月1日起开始执行。伴随着新时代下工会组织面临的新形势、新问题，首次修订的会计制度也已运行了12年之久，有必要进行再次修订。此次会计制度的重新修订，高度符合工会高质量发展需求，进一步适应了工会经费拨缴方式及业务活动内容等方面的变化需求。

新制度高度突出了工会的工作特色，遵循依法依规、问题导向、继承发展、务实简化四个原则，针对各级工会不同业务特点来满足核算管理需求，成功借鉴了政府会计改革的先进理念，实现了与政府会计制度的完美衔接。

5. 引入和推广新理念，进一步规范了工会财务管理

新制度充分吸收和借鉴政府会计改革的先进理念，对资产和负债要素的定义及确认条件进行了调整；引入政府会计准则制度中资产计价的相关内容；引入成本绩效管理的相关理念，设置成本费用表，为县级以上工会的成本管理奠定了基础。

新制度调整了会计科目和账务处理。删除科目：“增收留成基金”“财务专用基金”“后备金”；增设科目：“预算稳定调节基金”“无形资产”“待处理财产损溢”“长期待摊费用”“累计折旧”“累计摊销”“财政拨款结转”“财政拨款结余”；调整部分账务处理：结余资金分为结转、结余资金分别核算；调整资产基金的核算内容，库存物品、无形资产、长期待摊费用占用净资产纳入资产基金核算；工会的基本建设项目纳入工会大账核算；基层工会依法开展的特殊业务按照县级以上工会会计科目进行会计处理；对拨缴经费收入的核算基础进行了部分调整，仅在年末存在应收未收经费时采用权责发生制，其余时点均采用收付实现制。

根据资产管理规定，对工会的资产进行区分。县级以上工会应当根据实际情况在资产类科目下设置“国有资产”“工会资产”明细科目，分别

核算工会依法确认的国有资产和工会资产；对于同时使用财政拨款和工会资金购建的资产，应当设置备查簿登记资金来源及其金额和比例，以更好地满足行政事业性国有资产报告等工作需要。

新制度细化了支出科目明细核算；将“政府补助收入”科目细分为财政拨款收入、非同级财政拨款收入进行明细核算；县级以上工会在支出类科目下按照“财政拨款”和“工会资金”进行明细核算；“财政拨款”明细科目按照预决算管理要求进一步明细核算。

新制度将基层工会主要适用的会计科目从42个精简到24个；删除“往来款项明细表”“经费收缴情况表”，切实减轻工会会计人员的工作量；将“应付工资（离退休费）”“应付地方（部门）津贴补贴”“应付其他个人收入”科目合并为“应付职工薪酬”科目；将“固定基金”“在建工程占用资金”“投资基金”等非货币性资产占用净资产合并为“资产基金”科目等。

通过借鉴、调整和区分，新制度进一步简化和细化相关科目，适用范围更广、内容更健全，充分衔接财务和资产管理需求；同时，完善资产负债定义，优化资产负债要素设置，更接近政府会计体系、贴近工会实际。总体来看，新制度充分考虑新形势下工会业务的新需要，也充分考虑工会预决算管理和资产管理实际，同时信息化、成本绩效等新理念的引入和推广，也进一步规范了工会财务管理。

二、原《工会会计制度》与新《工会会计制度》的区别和衔接

（一）原制度与新制度的区别

1. 核算范围及会计期间的不同

新制度不仅明确了制度适用范围包括基层和县级以上工会，还指出工会所属的事业单位、企业及挂靠工会管理的社会团体不执行新的工会会计制度。会计期间有年度和中期（半年度、季度）的划分，修订为至少分为年度和月度，取消了半年度和季度的提法。

2. 会计科目不同

新制度新增、归并了部分会计科目。资产类新增5个、归并1个会计科目。

增加了累计折旧、无形资产、累计摊销、长期待摊费用、待处理财产损溢等5个会计科目，将借出款科目归并入其他应收款科目。负债类新增1个、归并4个会计科目。参照政府会计制度新设应付职工薪酬科目，把原制度的应付工资（离退休费）、应付地方（部门）津贴补贴、应付其他个人收入等3个会计科目归并进来核算，将借入款科目归并入其他应付款科目。

净资产类新增6个、归并5个会计科目。新设资产基金、预算稳定调节基金科目，把原制度的固定基金、在建工程占用资金、投资基金等3个科目归并到资产基金进行核算；删除了后备金和结余科目，增加了工会资金结转和结余、财政拨款结转和结余4个科目进行核算；专用基金不再明细核算增收留成基金和财务专用基金。

收入和支出类新增4个会计科目。新增动用预算稳定调节基金会计、安排预算稳定调节基金会计2个会计科目，参照政府会计制度用“附属单位上缴收入”替代了“事业收入”，用“对附属单位的支出”替代了“事业支出”，使得核算内容更加科学、准确。将原制度的职工活动支出重新划分为反映基层工会开展相关活动的“职工活动支出”，反映县级以上工会组织开展相关活动的“职工活动组织支出”，直接通过会计科目区分出基层工会和县级以上工会开展职工教育、文体、宣传等活动的支出。将原制度的“业务支出”用“职工服务支出”替代，用于反映工会开展职工劳动和技能竞赛、创新、建家、书屋、互助保障等活动支出（见表2-1）。

表 2-1　原制度与新制度会计科目比对

单位：个

类别	新会计制度	原会计制度
资产类	16	12
负债类	5	8
净资产类	7	6
收入类	9	8
支出类	11	8
合计	48	42

3. 会计报表的变化

新制度包括5张会计报表和附注，而原制度下只有4张会计报表。新制度明确要求工会至少编制月度、年度的资产负债表、收入支出表，对季度、半年度报表不做强制要求，可以根据工作需要编制。财政拨款收入支出表、国有资产情况表、成本费用表分别反映县级以上工会年度财政拨款的收支和结转结余情况、年末持有国有资产情况、某一会计期间的成本费用情况，除成本费用表外，其余两张表只编制年度的报表。另外，新制度增加了年度会计报表附注，主要包括是否遵循工会会计制度的声明、整体财务状况和预算执行、重要会计政策估计及变更、报表重要项目、重要资产处置及损失、名义金额计量、以前年度结转结余调整等情况的具体说明。

由于原制度下资产负债表和收入支出表各有 1 张附表用于详细说明科目资金往来，其中：往来款项明细表用于反映按明细项目列示的年度资产类（借出款、应收上级经费、应收下级经费、其他应收款）、负债类（借入款、应付上级经费、应付下级经费、其他应付款、代管经费）资金往来情况；经费收缴情况表用于反映应收经费、应付经费及上下级经费往来情况。这些具体情况完全可以通过新制度的会计报表附注来说明，因此，新制度删除了往来款项明细表、经费收缴情况表两张附表（见表 2-2）。

4. 对固定资产核算有了新变化

工会固定资产的单位价值确认标准提高了，由“一般设备单位价值 500 元以上、专用设备单位价值 800 元以上”调整为“通用设备单位价值 1 000 元以上、专用设备单位价值 1 500 元以上”。

原制度对固定资产并不需要计提折旧，新制度要求计提折旧。折旧计提时点参照了政府会计制度，遵循“新增当月开始计提，减少当月不再计提”的原则。新制度规定对文物陈列品、动植物、图书档案、单独计价入账土地及名义金额计量的固定资产不计提折旧，规定的工会固定资产折旧年限表与《政府会计准则第 3 号——固定资产》应用指南中的折旧年限是完全一致的。

表 2-2 原制度与新制度会计报表比对

新会计制度		原会计制度	
名称	编制期	名称	编制期
工会 01 表：资产负债表	月度、年度	工会 01 表：资产负债表	月报，年报
工会 02 表：收入支出表	月度、年度	工会 02 表：收入支出表	月报，年报
工会附 01 表：财政拨款收入支出表	年度	工会 01 表附表 1：往来款项明细表	年报
工会附 02 表：国有资产情况表	年度	工会 02 表附表 1：经费收缴情况表	季报、年报
工会附 03 表：成本费用表	月度、年度	—	—
会计报表附注	年度	—	—

（二）原制度与新制度的衔接步骤

2021 年 6 月，财政部下发了《工会新旧会计制度有关衔接问题的处理规定》的通知（财会〔2021〕16 号，以下简称“通知”）。各工会组织应按照通知要求认真做好相关衔接工作，确保原制度与新制度的顺利过渡。

1. 确定新账期初余额

将 2021 年底的科目余额表根据新制度会计科目的核算口径和通知中的“新旧制度会计科目对照表”，分析调整转入对应的新账会计科目，编制 2022 年 1 月 1 日科目余额表、资产负债表和国有资产情况表。衔接时要编制转账工作底稿，列示对应或拆分原科目余额的依据作为新账的原始凭证。原账目收入支出类科目年末已无余额，不需再进行额外转账处理。但对未入账的事项要准确登记并调整相关新账科目余额，将基建账套的相关数据并入新账“在建工程”科目。

2. 关注特殊科目

关注特殊科目，比如分析账面资金是否存在“代管经费”，因固定资产价值标准提高导致的原账“固定资产”可能需要转为“库存物品”核算，原账“专用基金”下的增收留成基金。财务专用基金和“后备金”全部转入“工会资金结余”，要将原账“结余”科目余额分析调整为工会资金结转和结余、财政拨款结转和结余。

要在2021年底对固定资产、无形资产、库存物品等进行清理核实、统计归类和全面清查盘点，确定预计使用年限、已使用年限、尚可使用年限等关键数据，在2022年1月1日补提折旧、摊销。

三、新《工会会计制度》对基层工会财务管理的影响

近年来，广大基层工会主动适应工会财务改革新形势、新要求，进一步健全和完善财务管理制度，规范工会会计核算，加强工会经费规范管理，在保障工会经费高效使用和资产运营安全方面发挥了重要作用。然而，在基层工会财务管理中仍然不同程度地存在着一些共性或个性问题，这些问题制约着工会组织的健康发展。新制度的修订，提升了基层工会财务管理效能，推动工会财务管理向制度化、规范化、精细化方向发展。

（一）基层工会财务管理工作存在的主要问题

1. 人岗配备不相适

目前基层工会财务人员多以会员兼职为主，财务专业水平参差不齐，有的是专业出身，有的是“半路出家”，有的连最基本的资金平衡、借贷关系都不能理解，更别说看懂财务报表，分析财务指标，提出决策建议。有的单位财务人员变动频繁，变动时没有按照《会计法》中有关会计人员调动或者离职的规定办理交接手续，只是把银行存款余额、总账、明细账简单交接一下就了事，没有完全将往来款项、经费预算、财务决算、未决事项等资料详细移交，导致新接手财务人员在填报财务报表、账目处理中措手不及和东拼西凑、翻来覆去查找资料。有的财务人员对工会财务资产一体化管理系统一知半解，在学习过程中不上心、不走心，没有脚踏实地做系统研究，总是依赖其他单位和工会管理部门先做“试验”，自己再走“捷径”，缺乏学习的主动性和创造性。另外，基层工会大部分财务人员都是兼职人员，在干好本职工作的同时还要抽空处理工会账务，时间和精力有限，存在降低工作标准、得过且过的情况。

2. 会计核算不规范

一是账簿设立和登记不规范。有的基层工会没有按照《工会会计制度》

的规定，科学设置会计科目和登记会计账簿，未完全建立库存现金日记账、银行存款日记账、总账、明细账、固定资产管理等账簿；有的出纳人员未按照工会财务资产一体化管理系统出纳模块建账记账，存在用银行转账流水代替银行存款日记账的登记记账问题；有的会计人员没有依据实际发生的经济业务事项及时进行会计处理，未能做到真实、完整、准确反映工会经费收支情况和财务整体现状。二是科目使用和记账不正确。现实中，有的基层工会将上级工会返拨的工会经费收入计入“上级补助收入”，将上级工会拨付以奖代补的财务规范化建设考核奖计入“其他收入”，将“节假日慰问费”列入“维权支出”等科目；还有的年末未能按时对收入和支出进行结转，不同会计科目中核算同一经济业务事项，记账金额与发票金额不一致，付款方发票名称与实际支付款项单位不相符，虚拟支出虚列负债等，会计基础工作薄弱。三是未独立核算和超范围开支。有的基层工会没有单独开设银行账户，工会经费支出仍与行政账户合并核算；有的虽然单独开设了账户实行经费独立核算，但经费仍由单位行政领导签字审批；有的把按规定应上缴财政收支两条线管理的非税收入和上级单位的补助款存入工会账户管理使用；有的基层工会未依照规定向工会会员收取会费，或收取的会费未及时存入银行账户，存在“坐支”现象；有的基层工会账户成了单位行政不合理开支的避风港，如在节假日慰问中用现金支付慰问金，擅自扩大经费开支范围用于缴纳职工医疗互助金、慰问挂钩特困户等，会计审核、监督的把关作用没有得到充分发挥。

3. 资产管理有漏洞

一是资产管理不规范。有的基层工会在资产的购置、验收、登记、领用、处置等环节存在不规范的问题，只知道买，不知道管，资产领用后，不追踪去向，人员调离后，没有办理移交手续。二是内控制度不健全。存在家底不清、账物不实等情况，未按时盘点，该报废的未履行报废手续，“呆账”“坏账”未及时清理，长期挂账。三是监管责任未落实。有的基层工会没有专职资产管理人员，资产管理处于“真空”状态，导致资产管理“缺位”，存在资产流失的风险，未做到监管责任落实到部门、落实到人和动态化管理。四是执行财经纪律不严肃。有的工会资产在取得时未按照实际成本计量，未对固定资产计提折旧，存在随意变更使用年限和折旧方法问题。

（二）新《工会会计制度》对工会财务管理的影响

1. 对建好管好用好工会资产，充分发挥服务职工阵地作用提出了更高的要求

基层工会重钱轻物、重购轻管的思想仍普遍存在，对资产管理的必要性和重要性认识不到位。一些工会干部认为只有收好管好工会经费才是财务管理工作的根本，后续资产管理的意义不大。尽管各级工会都建立了资产管理制度，但实际执行时没有做到源头管理、过程管理和寿命管理，资产盘点不及时、不到位的情况仍时有发生，导致工会资产管理不善、效能下降、资产质量优良率不高等问题出现。新制度对工会管理的资产产权性质作出了明确规定，并对管理的各项资产后续计量作出进一步规范，新制度的实施，将有力提高工会资产会计信息质量，实现工会资产管理的动态化、精细化和功能化，推动工会资产高质量发展，充分发挥好服务职工的阵地作用。

2. 对推动全面预算管理、绩效管理提出了更高的要求

新制度充分吸收了《政府会计制度》的思想，在强调预算平衡的基础上，进一步引入了政府会计分类核算的理念，对不同来源的资金分别进行专项核算，并加强了对结转结余资金使用情况的监督等，这些变化均对未来基层工会财务预算编制及管理的科学性、前瞻性及规范性提出了更高的要求。与此同时，新制度要求编制月度、年度成本费用表，及时反映各支出科目的余额变动情况，加强经费支出过程管理，通过成本费用表的核算、编制，基层工会可以及时掌握各项支出的构成情况及同比、环比变化等情况，从而进一步提高工会财务成本管理意识。

3. 对财务经费审查人员履职能力提出了更高的要求

基层工会干部队伍呈现“兼职多、年龄大、专业素养有待提高”等特点，而财务能力扎实的工会干部更是少之又少。本次《工会会计制度》的修订，覆盖范围较广、涉及理论较深，很多新变化对未从事过政府会计核算的人员来说，学习周期更长、学习难度更大，而基层工会财务人员流动性大这一特点，又会进一步提高学习成本，财务人员单靠过去的实操经验已无法适应接下来的财务衔接和后续财务管理新要求，新制度的变化对基层工会财务干部现有的专业素质和履职能力提出了更高的要求。

（三）新《工会会计制度》对工会财务工作的挑战

1. 转变工作模式的挑战

一是正视财务人员配备不足的问题。很多基层工会没有配备专职的财务管理人员，经费审查人员的配备则几乎都是兼职，还存在兼职会计、代理记账的情况，财务人员素质良莠不齐、水平堪忧。二是正视会计核算质量不高的问题。基层工会对大数据的运用多数仍停留在计算机做账、查账阶段，甚至有的基层工会还停留在手工操作阶段，没有定期与银行账户核实核对，没有定期对固定资产进行盘点、对账等。三是正视经费审查工作流于形式的问题。由于专业人员不足、内部财务管理和外部监督管理所需的信息资源不足、手段缺乏，经费审计工作往往不深不实；由于工会组织之间共享数据信息资源不充分，对经费管理使用的监管相对薄弱。

2. 树立新理念的挑战

一是建立全面预算管理理念。新制度体现了工会的大财务观，将政府财政性资金、行政补助资金和工会经费全部纳入预算管理。全面预算管理完善了工会经费收支管理，从源头对收入支出进行分类核算，实现财务管理体系与相关制度有效衔接。二是实践权责发生制理念。新制度要求对拨缴经费收入年末存在应收未收经费采用权责发生制，首次明确了权责发生制原则的应用，这不单单只是一种简单的核算方式变化，更是一种职业思维的变化。三是增强成本绩效理念。新制度从会计核算角度强化成本费用核算，增加了成本费用表，便于有关部门及时了解工会成本费用信息，提高成本绩效管理水平。

3. 掌握新技术的挑战

一是注重会计核算的精细化、规范化。长期以来，在工会财务管理中形成的粗放式核算方法已经过时，新制度要求对工会经费收入支出、财政拨款收入支出等进行明细核算。二是注重信息化管理的新趋势。传统的手工记账及会计电算化，已经不能适应数字化时代下的工会财务管理需要，新制度要求各级工会应当重视和加强会计信息化的应用，工会财务信息系统的建立势在必行，作为工会财务人员不光是面对会计专业知识更新的挑战，还要面对现代信息技术运用的挑战。三是注重工会财务信息质量。随着社会信息化程度不断提高，职工参与民主监督意识不断增强，职工的知情权、参与权、监督权越来越成为工会财务管理过程中不可忽视的重要内容。新制度要求提高工会财务信息披露质量和时效，扩大知晓面，对财务人员编制财务报表、提高信息质量提出新挑战。

四、推进实施新《工会会计制度》的建议

为了保障原制度与新制度的有序衔接和平稳过渡，现阶段应针对新制度的主要变化及特点，在组织、人员、机制等方面做好准备。

（一）转变固有理念

新制度的一大特色是，在考虑工会财务管理实际和特点的基础上，充分吸收了政府会计制度改革的先进理念，利用现代信息技术手段不断推进工会会计信息化的应用。随着财务软件的广泛运用和财务业务的信息化处理，对于工会财务人员来说，主要职责不再是之前单纯的财务核算，而是要主动参与财务管理的整个流程。要逐渐适应财务管理工作的新变化和新要求，不断提升自身的专业能力与管理水平，从原来简单的记账员身份向更高级别的财务管理人员“角色”转变，为工会理好财，为职工管好家，让工会经费创造出更多的价值。

（二）转移财务工作重心

工会财务人员需充分了解和把握新制度下工会财务管理重心变化，在简化工会财务基础工作内容的同时，转移和调整财务管理重心，花更多时间进行财务数据分析与评估，高质量、高效率地处理财务管理中涉及的成本和预算等问题，进而快速实现向管理会计身份的转型。

（三）加强组织协调，做好原制度与新制度的衔接

各级工会应提早准备，统筹协调，做好原制度与新制度的衔接工作。第一，做好思想动员。工会组织尤其是工会财务部门要结合新时代工会工作的新特点和新趋势，充分认识新制度在促进工会经费监督、提高工会财务信息质量、优化工会预算管理等方面的重要作用和落实执行新制度的必要性。第二，做好业务衔接。新制度与原制度相比，会计科目、会计报表设置方面变化较大。针对这些变化，各级工会财务部门应当及时进行会计

科目、会计报表项目的调整，为新制度的正式实施做好业务准备。例如：选取本单位具有代表性的年度会计账簿，尽早安排原制度与新制度的衔接测试，对于新制度的重点要加以关注、加强分析和研究；要让工会财务人员及时调整核算思路，将会计核算和预决算管理有效衔接，形成比较科学、完整的财务管理思路。第三，做好组织保障。各级工会应根据本地工作实际，建立制度实施保障小组，指导所属工会新制度实施工作，保障新制度的有效落实。

（四）加强制度学习，做好会计人员培训

1. 新制度的重点学习内容

新制度与原制度进行对比分析，有五个方面内容需要重点学习和把握。

（1）调整会计一级科目和部分核算内容

原制度至今已有十余年，期间，工会业务发生了比较大的变化，在传统的“维权”基础上，“服务”职能逐渐突出。新制度在支出核算方面，按照工会业务的实际发展情况，将支出分为“职工活动支出”“维权支出”“业务支出”“行政支出”“资本性支出”等支出科目，区分了“职工活动支出”和“职工活动组织支出”，取消“事业支出”科目，增加了“对附属单位支出”科目。特别是对近年来新增的劳模职工疗休养业务、职工年节慰问、婚丧嫁娶、会员特殊困难补助、心理咨询、会站家建设、互助保障等业务进一步细化，明确核算要求。

（2）引入经济分类和功能分类核算

与原制度相比，新制度借鉴了政府会计改革的经验，会计核算将更加细化，这一变化在新制度中非常突出，将直接影响各级工会组织财务人员的核算工作。新制度要求在支出科目的会计核算过程中，对于经费来源为工会经费的需要进行经济分类核算，对于经费来源为财政资金的经费支出既要进行功能分类核算也要进行经济分类核算。这一变化将使未来的工会财务参与财政决算更加准确、清晰和及时。

（3）体现了县级以上工会的经费收缴与使用的“组织”功能

新制度通过设置“预算稳定调节基金”，在县级以上工会引入了总预算会计的概念，在收入、支出及净资产中均设置相应的会计科目，用于核算超收收入相应的资金使用管理情况，与《工会结余资金使用管理办法》《稳定调节基金使用管理办法》和《工会预算管理办法》等其他现行财务管理制度衔接。在“上级补助收入”科目下进一步设置“一般性转移支付补助”科目和“专项转移支付补助”科目，核算转移支付方面取得的收入。

（4）引入折旧和摊销

新制度呼应政府倡导的“成本”和“绩效管理”理念，而原制度更多关注支出方向、类型及对于工会资产“存量”的管理。新制度在继承原制度核算要求的基础上，引入“折旧”和“摊销”，开始关注资产的质量，以及各级工会工作运行的质量。这一变化与工会财务工作管理要求和发展导向相一致，对于工会财务人员来说，这是在财务管理理念方面的重大变化，可以结合本单位财务管理的实际情况具体学习和运用。

（5）“国有资产”与“工会资产”的细化核算

新制度中，在形成的资产方面要求区分“国有资产”和“工会资产”进行核算。原制度中，将各级财政补助收入形成的固定资产作为工会资产的一部分进行统一管理，形成固定资产后不再按照资金来源区分是国有资产还是工会资产。对于这一较大变化，各级工会组织应密切关注并仔细研究。

2. 新制度的关注点

通过对新制度与原制度的学习对比，并运用现有数据分析，笔者认为以下几个方面是新制度的关注点，建议大家在学习过程中根据自身实际情况予以特别关注。

（1）固定资产的管理

新制度对固定资产的管理提出了较高要求：一是要求对固定资产计提折旧，同时要求采用追溯调整法对原有固定资产进行调整，并对新账簿初始化；二是要求区分固定资产和无形资产，原来并入固定资产核算的无形资产需要进行区分。这两点都需要各单位对现有资产进行分类、分析，最终确定新账簿入账的科目金额。

（2）在建工程的管理

在建工程的核算体系有了较大的调整，新制度对在建工程的管理与《政府会计制度》方法和思路基本一致。这种变化，一方面，导致原有在建工程的核算要按照新制度进行新旧衔接，特别是原工程核算采用《国有建设单位会计制度》独立账簿核算的工程项目，在衔接的过程中要更加注意合并的方式方法；另一方面，新建工程也要考虑工程实际情况区分自己建设和代建等形式，采用适合本单位工程项目的核算方法。

（3）县级以上工会年末收支结转的处理

因增设“预算稳定调节基金”科目组、区分财政资金和工会资金的结转结余，期末转账变化较大。这一变化对于县级以上工会影响较大，特别是对于既有专项财政经费和基本经费收入，又有上级单位专项转移支付和一般转移支付的县级以上工会增加了核算的难度，建议大家对此重点研究。

（4）新会计核算体系设计

一般来说，各级工会组织根据自身的财务管理需要，在进行会计核算时，至少会设置部门辅助核算、项目辅助核算、台账管理的客商辅助核算等三种主要辅助核算模式。在新制度中规定了经费来源核算、经济分类核算、功能分类核算三种制度性要求的辅助核算。多种辅助核算对各级工会的财务管理体系设计产生较大影响，越是级次高的工会影响越大。建议各级工会对本单位的财务管理核算体系进行整体研究，设计出适合本单位的会计核算体系。

3. 加强分级培训

制度需要依靠广大工会财务人员具体实施，因此为了确保新制度顺利实施，应开展针对性的分级培训，使各级工会财会干部尽快熟悉和掌握新制度。第一，组织师资培训。财政部会同中华全国总工会组织省级工会财会干部的师资培训，为各省级工会开展工会财务人员培训做好师资储备。第二，组织业务骨干培训。省级工会应组织本省各级工会开展财务骨干人员培训，强化新制度的理论和业务知识学习，增强制度执行的业务能力，推动新制度的落实落地。第三，组织基层培训。基层各级工会组织可以组建空中课堂、云学习小组开展新制度专项学习，由上级工会财务业务骨干进行针对性的业务讲解，确保新制度在基层工会的贯彻实施。

（五）加强监督指导，做好问题回馈工作

第一，建立沟通反馈机制。及时追踪各级工会尤其是基层工会新制度执行过程中遇到的问题，对于集中性、代表性的问题进行分类指导，建立“有

问题、有反馈、有落实”的工作机制。第二，建立协同机制。新制度的最大亮点是实现与《政府会计制度》、工会财务预算制度的衔接，因此在实施新制度的过程中一定要统筹安排，做好工会各项财务制度的协同，加快工会各类资产的分类核算、各类专项资金管理制度建设，推进工会会计规范化、信息化。第三，建立监督机制。财政部、中华全国总工会及各级工会应加强对新制度实施后工会财务工作的监督检查，及时推广新制度执行中好的经验和做法，及时发现新制度执行中出现的问题和偏差，通过激励和约束促进新制度实施。

第三章　新工会会计制度下基层工会财务预算管理

工会经费是工会组织的生命线，是工会组织开展活动，维护职工权益的物质保障。工会职能的充分发挥，首先必须要加强对于工会经费的统筹安排，制订科学合理的工会经费年度收支计划并保证实施，也就是要加强对于工会经费的预算管理。

本章主要探讨新工会会计制度下基层工会如何加强财务预算管理，提高经费使用效能。从财务预算管理的概念切入，阐述财务预算管理的作用、目标和主要内容；进而阐述工会预算管理的含义、内容、加强工会财务预算管理工作的重要性，深入剖析工会经费预算管理的现状和存在的问题，最后从新工会会计制度视角提出基层工会加强财务预算管理的对策。

一、工会预算管理概述

（一）财务预算管理的内涵和主要内容

1. 财务预算管理的内涵

（1）财务管理的概念

企业财务预算是在特定的预算期内，描绘了企业依照战略计划实施后，预期可实现的未来发展的财务情形。

财务预算能够量化并体现企业的整体目标，它又被称为“总预算”[①]。财务预算是协助企业实现目标，提升企业价值的一项监控工具。财务预算

① 张长胜. 企业全面预算管理 [M]. 北京：北京大学出版社，2007：5.

涵盖了现金预算、预计利润表及预计资产负债表这三个方面。起到综合体现全部业务的预算的作用，并通过多种财务指标来全面反映预算期内经营预算、投资预算及现金资源分配的执行结果。

企业财务预算管理推动管理制度的改革，也是明晰工作职责的有力保障，保证了公司的运作和管理。对于企业财务预算管理，从不同的角度来看有着不同的看法。第一，考虑到财务预算管理的性质，企业财务预算管理是以财务控制为核心的全面管理，它充分考虑企业所处的市场环境，并以销售收入为出发点，同时也关注公司的资金使用状况以最大限度增加企业经济利益为目标，着重于企业中短期及长期目标的基础上开展的管理活动。它是企业的一种宏观战略计划，既通过控制企业财务预算与实际执行程度的偏差实现对企业财务管理人员的激励，以充分调到企业财务管理人员的工作的积极性。第二，考虑财务预算管理的本质，企业财务预算管理有助于公司施展有效的监督、控制活动，从而避免面临资金风险的状况，把握公司资金的开支，让公司的资金保持在一个合理的周转率上。企业各部门必须严格按照公司相关规章制度及管理要求执行，这是公司进行有效预算管理的先决条件。此外，部门职责权限能够清晰且明确，这也是有赖于财务预算管理的实施，使得公司的权限得以有效的监控，确保不被滥用。

（2）财务预算管理的作用

公司的良好发展依赖于财务预算管理的实施，主要体现在以下几点。

将公司的各个部门进行有效的统一管理。财务预算涉及公司日常管理事务，财务预算的实施，如编制、执行及监控的过程，需要每个部门的联动与反馈。

公司发展目标的指向性。在财务预算编制的一开始，就明确了公司的预期目标。各个部门基于层层分解并下达的目标来执行，带领各个部门向同一个目标努力。财务预算公司预算体系最为关键的地方就是财务预算，起着统领公司总目标及公司管理指挥棒的作用。

公司管理人员决策的凭据。财务预算可以提供公司全面而又精细的运营状况，便于在公司面临重大战略决策时选择更有利的方案。

动态监控的作用。财务预算在公司各类预算中起着统领的作用，能够将涉及预算的每个部门联系在一起。保证了预算体系是整体目标的一致性，保证了财务预算在公司预算实施过程中的监督与控制。

有效的分配财务资源。编制财务预算的过程可以根据公司发展状况及现阶段要实现的目标对公司有效的财务资源进行高效的分配，把公司有限的资源配备到公司产出价值最大的经营活动中。

绩效考核的依据。预算的完成情况预示着公司预期目标达标与否，也显示了员工为实现目标的努力程度。财务预算对绩效的考核有着明确数据为考评依据。财务预算中包含的预算指标涵盖了公司各个方面的绩效评价指标，从而可以为公司绩效考评体系提供明晰的数据支持。

（3）财务预算管理的目标

①实现公司的经营目标

企业是市场经营活动中的重要参与者，公司的目标主要就是追求高利润，并达成价值最大化。公司的管理人员在日常经营管理的过程中，应当利用使用高效管理工具，保障公司实现其战略目标和自身的经营目标。随着经济的发展及公司规模壮大要求管理水平越来越高，借助财务预算管理进行管理，已经被普及和接受。公司要保证其财务预算管理的目标与战略计划相一致，就能确保公司的各个职能部门都以企业经营目标为努力方向，得到不断的支持与信任，最后实现公司的经营目标。

②发挥公司内部资源的最大价值

企业财务预算管理的作用之一就是协调企业内部资源，对企业内部资源进行有效分配，合理运用，让有限的资源能得到充分使用，创造最大的价值。为实现公司的经营目标，利用财务预算管理这一工具就能合理分配公司的内部资源，确保公司内部资源的充分使用。

③保障有效的业绩考核

如何进行有效的绩效考核是每个公司经营管理过程应当格外关注的方面。而公司的财务预算就是保障有效绩效考核的重要手段。公司的财务预算管理的目标是建立在科学合理预算的基础上的，并考虑了公司未来一段时间内可能会面临的各种风险来制定的。从而财务预算的目标有着可预见性、可行性、前瞻性等特点。能够作为考评公司经营成果、各个相关部门、全体员工工作完成情况考评的标准。在公司绩效考核的过程中，不能只关注财务预算指标达成度，还要评价其他非财务指标的财务情况。在考评的过程中，不能只关注各个指标量的量完成情况，还要严格考评其完成的质量。

2. 财务预算管理的主要内容

财务预算是企业财务管理活动的具体且详尽的部分，包括公司市场销售状况管理、资金运作管理、费用开支管理等内容，是公司经营管理活动中最为关键的部分。

财务预算管理是依据公司的战略发展计划和预期的经营目标，对公司的资源进行有效合理的分配，并对使用资源的过程进行控制，最终对实现的成果进行考核，高效的管理和协调完成公司日常的经营管理，保障了公司经营目标的完成。

财务预算是从市场业务销售额的预算及公司所需的资本预算为起点，以高效管理使用公司的现金资本为核心的现金流管理，实现最大的营业利润为目标，编制的结果以财务报表方式体现。财务预算一般情况下都是按年进行编制，公司可以根据自身的情况，选择按月或是按季度进行预算执行情况的监控。

财务预算是能体现未来的现金、盈余状况和资产状况的主要大表。能够体现在一定时期公司现金变动的预期状况就是指现金预算。该预算披露经营收入预算与成本费用预算互相作用的成果，预测的对象是量化的现金流入和现金流出，是有效保障运营资金的重要工具。

利润预算是体现预算期内公司预计要实现的经营成果及利润配置额的预算。该预算应当有销售收入的预算、利润表的预算。

预计资产负债表是展现预期财务状况的。该预算具有综合性，全面披露出公司的运营状况。通过编制预计资产负债表，有助于公司管理人员把握公司整体的经营状况。

销售收入是公司财务预算的开端，并对公司所处的市场环境加以考虑分步展开其他部分，最终完成对公司经营情况的预期的量化，如图 3-1 所示。财务预算的终结点是以预计财务报表体现的公司的经营目标。

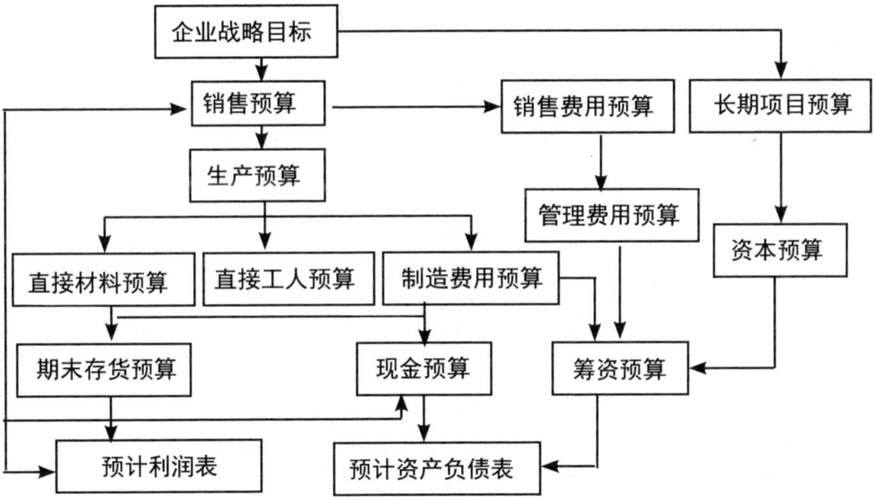

图 3-1 财务预算管理流程

（1）财务预算的管理模式

每个公司都会经历企业的初创期、企业的成长期、企业的成熟期及企业的衰退期这四个周期，如表 3-1 所示。

表 3-1 不同生命周期的企业预算管理模式

初创期	成长期	成熟期	衰退期
公司目标：确定目标市场，规避投资风险 预算管理模式：资本为起点 ① 从资本需求量方面进行规划 ② 与项目的可行性分析与决策相联系	公司目标：扩大市场份额，并理顺公司内部组织管理关系 预算管理模式：销售为起点 强调以市场为依托，基于销售预测而编制销售预算	公司目标：降低成本，增强核心竞争力 预算管理模式：以成本控制为起点 强调成本为核心、为主线，来规划总预算成本	公司目标：维持市场稳定，开发新项目 预算管理模式：以现金流量为起点 ① 监控现金的有效回收并保证其合理使用 ② 管理以现金的回收和合理支出为核心

企业处于不同的发展时期，具备不同的特点和目标，因而采用的预算管理模式也不同。

总的来说，初创时期公司一般采用以资本预算为中心的预算管理方式；处成长期阶段的企多使用围绕销售收入展开的预算方式；注重公司成本管控的预算模式是被处于成熟期阶段的公司普遍接受；处于衰退期阶段应当采用现金预算管理的方式；规模大的企业应当多关注利润最大化，预算管理模式也应当基于这个中心展开实施。

要充分发挥预算管理提升公司管理水平的作用，不同类型的公司对自身发展有着明确的定位，从而选择适合的模式，如表 3-2 所示。

表 3-2 不同公司类型预算模式

预算管理模式	企业类型
资本预算	初创期的企业
销售预算	成长期的企业
成本费用预算	成熟期的企业
现金管理预算	衰退期的企业
利润为中心	多元化企业

（2）预算编制方法

预算编制主要指的是预算收支计划的拟订、组织过程等。重点包含四个方面：单位预算；预算所涉及的业务范围；各级总预算草案；对国家预算进行全面汇编。上述四个方面的活动是相互联系、融会贯通的，将中央方针政策在基层充分有效地落实，促进预算编制活动的高效统一性。

对于一般的经营性企业而言，财务预算编制主要指的是企业立足于自身经营的基本目标，展开有效的规划，对未来经营的成果、企业的财务状况进行全面预测，通过财务会计报表的方式将相关数据进行有效编制的工作流程。

在现有的研究中，围绕公司的财务预算编制工作需要遵循以下两种原则。首先，财务预算编制需要做到以销定产。企业在进行财务预算编制之前需要对经济数据或者销售数据进行预测。全面的预算编制与销售预算息息相关，倘若没有提前对销售预算进行确立，就不能根据以销定产的原则明确生产预算、成本费用预算、综合预算等内容。其次，灵活性原则。灵活性主要指的是明确预算控制的相关作用，保证财务预算编制的适度性，以一年为单位的会计期间被称之为一个“财务预算编制期”。但有些情况下会按季进行滚动财务编制的方法，这是为了保持预算的连贯性，像销售预算、成本费用预算等都是按季进行编制。

目前公司的财务预算一般采取如下三种模式。

①自下而上式

在自下而上式的财务预算方式中，企业总部需要综合考虑到战略管理、管理层意愿等多种因素，否则就无法编制出全面且详细的财务预算，公司总部掌握着财务预算的所有权利，分公司或者各分部只是执行主体，而设立在总部的财务预算管理委员会则承担了全部的财务预算管理职责，这一委员会在对企业内部组织成员进行定位时衡量的标准就是不同的业务范围。

自上而下式的财务预算模式能够兼顾企业总部利润和战略目标的实现。与此同时，这种高度集权的财务预算模式也存在着诸多弊端，首先就是企业各分部由于权力的不足而导致自身的管理主动性和创造性都无法发挥出来，其次无法实现“人本管理”的弊端也导致企业在这种模式下无法获得长期可持续的发展。

②自上而下式

企业总部在自上而下式中所发挥的作用仅仅是管理中心，财务预算在这时作为一种管理手段能够推动各部门积极完成经营责任，同时认为总部只需要对财务预算进行最终审批，而需要各分部自己积极主动地开展财务预算管理工作。

在这种模式中，需要总部负责目标资本报酬率等财务管理目标的构建，想要促进这些目标工作的顺利完成，必须通过分部的方式来展开。从总部的角度来看，分部为了向总部表示可以实现所指定的财务目标采用的方式都是编制并上报财务预算。总部通常只是出于核实分部该承诺的可靠性才对下级上报的财务预算进行各项核实。借助自上而下式的财务预算管理方式能够将分部的主动性发挥出来，同时兼顾了分权和人本管理，分部也能够直接参与市场竞争，从而提高自身的综合实力。但不能忽视的是自上而下式的管理模式依旧存在着诸多弊端：首先，管理失控问题出现的概率提高（特别是一些忽略控制过程而只重视控制结尾的企业尤为严重）；其次，宽打窄用，一方面无法有效利用企业现有的资源，另一方面还无法实现最大化企业利润的目标，常常会出现财务预算的瞒报、漏报和资本资源的争斗问题；最后，不能将分部盈利潜能最大化，很多副本管理层为了掌握分部经营权，在对会计预算进行制定时采取拖沓的手段，为了实现自身“业绩”逐年增长的目标，在编制年度利润财务预算并不以实际情况为依据，而是虚假地在上年度基础上“适当”增长。

自上而下式的财务预算需要总部严格审批分部的财务预算，这是因为分部的管理人员在审批财务预算上很容易出现“偷懒”行为。

③上下结合式

综上考虑，现如今上下结合式是适合我国大多数企业的选择。

无论是自上而下式或者自下而上式的财务预算编制都存在对“上”或者“下”的偏重，在这种自上而下或自下而上的管理模式中都没有抓住财务预算编制程序的重点：如何有效结合上与下及确定该对接点。自上而下式的财务预算一方面可以将分部的主观能动性发挥出来，另一方面财务预算编制的效率也能够有所保障，因此这种方式制定的财务预算目标更受欢迎；自下而上式的财务预算编制首先需要明确目标，其次在编制财务预算的过程中各责任部门必须解决的一个问题就是“应该完成什么，应该完成多少”。总的来说，编制财务预算的过程同样也是企业财务预算目标整合、匹配不同责任单位自身资源、状况的过程，同样也是不同部门按照自身业务量和人员能力分解承担企业财务预算目标的过程。这种模式有三个优点：首先，可以按照预定计划实现企业总目标；其次，分解目标这一“游戏规则”的明确同样是维护了公平、公正的原则，既不会打击“先进”的积极性，同时也是对“落后”的一种激励；最后，在编制财务预算的过程中先要做到的是目标的实现，既能够提高财务预算编制的效率还可以防止在财务预算编制过程中出现“讨价还价”“宽打窄用”等问题。

（3）预算差异分析

财务预算管理执行中最为关键的部分即查找并分析差异，该差异主要来自预期目标与实际实现数之间，保障了公司目标的顺利完成。在对预算执行过程产生的差异进行分析时，要关注那些对公司长远发展起到关键作用的差异并对其进行重点分析，不仅要找到差异产生的作用因素，还要进行责任的定位。

①界定适当的预算差异分析使用方法

要认清事件的本质，以及同其他事物是否存在关联，当然也包括事物的发展趋势。这个做法就是对预算差异进行先定性，完成定性分析。当然，定量分析也是预算差异分析中常用也是关键和重要的方法。借助定量分析这个工具，能够清晰地了解数据的界限、数据阶段性显示的特征及数据产生的特殊性，只有通过对这些数据的分析，方能真正发现差异产生背后隐藏的原因。

②预算差异分析的具体流程

第一步是明确差异分析的项目对象同时设立预算差异分析的标准。第二步是搜寻并整合数据信息，包括公司的财务信息、公司内部运营情况、公司的市场状况。第三步是进行差异的计算与分解。计算出各个类别的预算执行差异，并按分解标准进行分解，并明确原因，找出对应的负责人。第四步是评估预算差异对预期目标的影响大小，根据差异重要的标准，选择最重要的项目，对于产生的预算执行的差异有关的具体原因，要求对应的责任人给予解说。第五步，责任人对重要差异进行透彻的辨析。结合当前公司的运营状况及未来的安排，公司的业务线的分布情况，进一步预测对影响公司各个产品线业务量的变动度，对该差异产生原因的可控性及对未来几个月的影响来制定调整措施。第六步，公司管理层审核并确认预算原因分析的报告。

（二）工会财务预算管理

1. 工会财务预算管理的含义

工会财务预算管理是指各级工会组织及所属事业单位按照一定程序核定年度收支计划，对纳入预算的全部收入和支出，以一级工会一级预算的编制层级，形成的五级预算管理体系。工会预算始终坚持统筹兼顾、勤俭节约、量力而行、讲求绩效、收支平衡的原则，重点突出工会经费的财务状况和运营成效，坚持以为职工服务为中心，保障职工合理合法权益。因此，工会预算管理是工会财务管理的中心环节,其职能通过预算编制、预算审批、预算执行和预算调整等活动来保障工会经费利益的最大化。

2. 工会财务预算管理的内容

对工会的财务预算管理需要了解工会目前拥有的资源情况，需要将人力资源和财务资源有效整合，充分发挥对资源的规划、协调作用，工会现有资源是固定的,做好对财务的预算管理是工会管理活动的重要组成部分,要落实有效的预算管理制度才能促进工会的发展和进步。财务的预算管理是确保工会正常运行的主要流程，需要提前做好预算规划工作，不然会消耗更多的资源，只有确保足够的资金才能保证工会工作顺利进行，需要合理安排预算管理工作。工会预算包括资本预算、财务预算和营业预算等，财务预算工作是以营业预算和资本预算为基础，财务预算管理工作主要是以财务预算为主。其中，财务预算的管理方式分为“由上而下”“由下而上”和“上下结合”三种类型，需要财务管理人员根据实际情况进行分配预算。但是，在实际的工会财务预算管理中，工会人员往往会掺杂个人的经验和主观因素，很容易造成对预算分配不当的情况，影响到各项经济活动的顺利进行。

3. 加强工会财务预算管理的重要性

对工会财务预算加强管理不但能使工会工作开展顺利，而且对工会加深经济制度改革起到了有效作用。总的来说，加强管理工会经济预算包含三个重要的作用。

（1）促进工会管理水平的优化

首先，加强工会基金预算管理能从两个方面提高工会的管理程度。第一，对各个级别的工会财务进行加强管理。合理的经济预算应当及时从工会中各部门的不同需要进行全方面的了解，进而照顾整体需求，掌控工作中的重点部分，保障好资金输出。除此之外，要想管理好资金使用，必须在资金预算、经济分析和财物支出上做好严格把控，将资金做到有效使用，保证各部门间资金高效率流通。第二，规范了财务支出。把每一项的经费使用做到细致记录，并严格依照支出计划进行，加强支出的严谨性，控制好工会内部的财务流通，对工会的管理起到了积极作用。

（2）促进资金使用效益的提高

使用好经费并进行相关管理，可有效提高工会经济预算效率，其重要作用可以从三个方面体现。第一，对工会的组织与沟通进行有效修复，加强各个部门的交流与沟通，可增加各个部门对资金使用的一种规范性，确保公开透明。第二，工会对经费的规范使用，会积极有效地提升对预算的管理，避免资金不会有难以掌控的情况发生，与此同时，对经费这种大力度的管理，能很快地发现问题、解决问题。第三，良好的规章制度可以加强各个部门的协作能力，提高员工的个人能力，激发他们的积极性，最重要的是促进工会的各项发展。

（3）加强对工会经费管理的监督

强化财务预算管理对工会工作的监督管理制度提供有效助力。第一，对各部门的工作进行清楚分类，调整好各工会部门之间的交流沟通，优化沟通体制，让核算部门做到财务支出具体化，以免出现各单位之间职权混乱、相互推卸责任等状况。第二，对工会资金的用途更加透明化，对资金的使用更加具有公开性。第三，对工会资金预算进行加强，高效限制了资金的无效流出，不会出现不知资金流向的情况，用实时监控资金流动情况的方式，来掌控资金使用和发现问题并及时制定措施，提升工会资金的使用安全性。

4. 我国工会对工会财务预算管理的探索

我国工会组织对于工会经费预算管理体系的构建一直在进行不断的探索，1998 年中华全国总工会出台了《工会预算管理办法》，工会经费的预算管理开始有了制度依据，工会经费预算管理框架初步建立；2009 年中华全国总工会又在充分调研的基础上对《工会预算管理办法》进行了进一步修订，并引入了绩效考评思想，对于推动工会经费预算管理的不断完善起到了积极的作用。2014 年以来，中华全国总工会先后对原制度的有关基金项目作出规范。2014 年 5 月出台的《关于停止执行〈增收留成基金管理办法〉〈财务专用基金管理办法〉和〈经审专用经费管理办法〉的通知》，规定不再按一定比例提取财务专用基金、增收留成基金；2017 年出台的《基层工会经费收支管理办法》，对基层工会经费收支作出规定；2019 年出台的《工会预算管理办法》，规定支出预算的编制应按基本支出和项目支出进行分类。在 2020 年 6 月正式施行新的工会预算管理办法，对工会预算管理制度进行了细化和进一步规范，搭建起新时代工会预算管理制度的框架，从而将工会财务预算改革成果转化为制度，进一步提升预算水平。新制度在此基础上进一步明确，删除了专用基金和留成基金核算内容，完善了基层工会经费收支制度，从源头对支出预算进行基本支出和项目支出分类，以便与相关制度办法相协调，与现有财务管理体系相衔接。

新制度不仅明确了工会经费管理制度，同时相应提出结转资金、工会预算稳定调节基金等概念，进一步规范了本年度没有结束的项目支出如何结转，完成的项目如何办理结余等预算会计处理方法。

虽然我国工会组织对于工会财务预算管理一直在进行不断的探索和完善，相继出台了一系列的规范制度，但同时也应该清醒地认识到，我国工会财务的预算管理现状仍存在一些不尽如人意之处，特别是在预算编制的可行性、预算执行的严肃性、预算公开的广泛性等方面与财政资金的预算管理仍存在较大差距。

5.工会财务预算管理现状分析

（1）对预算管理工作认识不足

第一，虽然《预算法》已经修正实施3年多，各级财政部门也多次提出加强预算管理的要求，但在工会系统内部领导层面对于加强工会经费预算管理的认识仍然不到位，个别领导认为实现收支预算化是对自己财务权利的干涉，没有从加强廉政建设、实行科学管财的新高度认识工会经费的预算管理工作，因此对于推行全面预算管理的积极性不高，预算管理在单位的落实不理想。主要领导的不理解、不支持直接导致预算管理的环境不理想。

第二，各部室负责人认为实行预算管理要进行预算的报送、审批，如果预算执行不好还要追究责任，增加了劳动量，降低了办事效率，花钱没有以前方便了，同时还要面临预算执行不好被追责的风险，对于落实预算管理的抵触情绪较高。相关部室人员的不配合也不利于建立良好的预算管理环境。

第三，最基本的工会单位是要以年为单位对经费进行有关编制，还要组织员工进行一些相关的知识教学、传授经验等。但是有些工会在实际行动中只是安排相关人员对年初的经费进行大概计算，对经费管理工作缺乏经验，考虑不到一些工会的现实情况及需要什么。在经费预算的进行过程中，工会预算的编制随时都有可能改变，计划的权威性不够，所以工会肯定做不到对各个部门的经费进行管理，经费预算编制不能充分有利地发挥，同时资金的作用体现不出。仍有部分财务人员对工会经费实行预算管理的认识不到位，不能从自身工作抓起，加强对预算的审批和监督，核心部门工作不到位，自然影响了整个单位的预算管理效果。

（2）工会预算管理制度体系落后

目前工会预算管理制度体系与财政预算管理制度体系相比，仍存在较大差距，主要原因有以下几点。首先，我国工会预算管理专家匮乏，缺少对符合新时期工会特色预算制度的深入研究和指导。其次，考虑到工会经费的特殊性，各级工会根据经费独立原则，设立专门的会计账套来规范工会财务行为。但就现状而言，工会人员配备参差不齐，特别是基层工作人员多为兼任，缺少专职从事人员，从而导致相关人员对工会工作投入精力不足，对制度理解不清的情况。最后，各级工会财会人员因专业水平不同，在执行预算管理中往往会出现具体业务处理行为不一致的现象，加上各业务部门不积极支持配合工会工作，导致预算管理制度难以落到实处。

（3）工会预算管理覆盖面不全

全面性问题一直是工会预算管理的一大难题，主要是因为：一方面，部分基层工会经费的收支未与单位行政账套彻底剥离，导致部分经费收入未按规定纳入当年预算管理范畴，预算收入规模不够完整；另一方面，全国工会组织众多，全部纳入总预算和决算汇总范围短时间内很难完成，预算编制很大一部分只是流于形式。因此，全覆盖、全过程、全方位的工会预算管理工作一直未能展开。

（4）预算执行力度不足

因为工会单位间联系不密切，所以导致进行预算计划的相关职员在预算时不能对其他单位的工作做出良好的判断，以至于没有办法和其他单位一致展开工作内容。而且其他单位在使用资金时，大部分都会按照现实需要情况进行临时调整，并不能严格执行之前的预估资金使用，调动资金比较随意。还有一些单位或者职员滥用权力，随便使用工会资金等。由有关工会的制度表明，每个工会可以依照本工会的管理特征建立财务核算部门，严格管控每个部门的预报申请，降低工会资金支出。

（5）工会预算管理缺乏中期预算规划

现阶段，预算编制中考虑当前因素较多，支出结构固有化、僵硬化，缺少预算中长期的资源规划和统筹。第一，由于工会经费支出碎片化、零星化，中长期预算约束机制不强，经费支出随意，资金使用效率不高，某些地方有的业务经费严重超出预算，有的又远远不足预算，难以保证工会资产高质量可持续运转。第二，部分地区中长期预算绩效管理工作开展缓慢，单位领导和工作人员往往抱着重支出轻绩效的观念，同时中长期预算评价指标体系尚不完善，对项目效果的个性指标难以量化，短期内中长期绩效管理工作只停留在纸上谈兵的阶段。

（6）缺乏强有力的监管

由于有些工会对经费预算的编制认识和管理不足，没有对预算起到重要的监督管理，只是把工作仅仅做到表面上，不能真正解决任何关于预算的问题。大部分工会严重存在这一现象。对预算执行的有关制度的考评，是对经费预算管理的一个重要条件。但真正实施行动中，工会严重缺少对严格制度的实施制度，考评不到位，对于预算管理的检查也不积极，大大影响了工会员工对计划的实施，影响他们的积极性。

（7）工会预算管理缺少创新手段

首先，智慧工会建设体系还不完善，部分工会组织缺乏购买公共服务的意识，导致工会预算管理工作向创新型、科学型转变十分困难；其次，受区域、群体、人员等因素的影响，各地工会发展并不均衡，以至大数据、互联网的运用分析无法互通互畅，工会组织打造“一张网”的预算管理体系难度较大；最后，部分地区预算管理信息化技术手段落后，缺乏统一的规划和技术标准，财务人员也因操作流程烦琐、维护升级耗时等原因抵触心理严重。

二、新工会会计制度下基层工会加强财务预算管理的对策

随着我国工人运动事业的蓬勃发展、工会财务改革的不断深化，为适应工会财务管理体制发生的新变化，2021年4月14日，财政部修订发布了《工

会会计制度》，自 2022 年 1 月 1 日起，在全国各级工会组织范围内实施。通过对新制度认真学习和领会，本文结合近年来中华全国总工会下发的《工会预算管理办法》《基层工会经费收支管理办法》《基层工会预算管理办法》《工会预算稳定调节基金管理暂行办法》等制度规定贯彻执行情况，提出新工会会计制度下基层工会加强财务预算管理的建设性意见与策略，与广大基层工会财务工作者进行探讨交流，为大家学好用好新制度提供一些借鉴。

（一）营造良好的预算管理环境

1. 树立全面预算管理意识

第一，充分重视全面预算管理。基层工会应当充分重视全面预算管理、加强全面预算管理认知程度，促使全面预算管理水平有效提高，使成本得到有效控制，进而提高单位的经济效益。全面是要将预算管理进行全业务、全过程、全员覆盖，全面融入单位经营管理的各个方面。首先，要提高单位管理层对工会预算管理的了解，感知其对单位经营管理中的重要作用，并以此作为控制工会财务管理的各个方面的抓手，才能为全面预算管理创造良好的环境条件，提升预算管理效果。管理层还应积极推动全体员工对全面预算的认知，使所有人员都能参与工会预算管理。其次，基层工会应正确认识全面预算管理理念，组织相关部门对预算管理理论进行了解和学习，明确自身在预算管理实施中担负的责任和义务，清楚应该做什么，如何把分内工作做好，以实现全体部门的全面参与，从而提高各部门配合度，使全面预算管理实施的各阶段都受到应有重视。最后，为提高基层员工重视度，可将预算管理融入单位文化中，利用单位文化进行预算管理理念宣导，从而使单位整体树立预算管理意识。

第二，遵循人本财务管理理念。在当前新的社会发展时期，“以人为本”的管理理念逐渐深入人心，成为现代企业管理的核心，人本管理思想注重将财务人员作为工会管理的重要资源，注重从能力、特长和兴趣等方面进行综合管理，做好人力资源方面的开发，注重调动财务人员的工作积极性和主动性。

第三，对于最新出台的政策要加大力度进行系统、全面的分析，了解政策对于工会财务管理工作造成的影响。并且，如果在这个过程中出现了企业解散、分流或者合并等情况，工会财务管理人员必须提前设计方案，计算工会的资金剩余及固定资产情况，确保工会资产处于安全状态下，是完善的，防止出现资产流失问题。

2. 完善相关财务制度

基层工会应结合工会财务工作的特点，按照“量入为出、收支平衡、略有结余”的编制原则，围绕预算管理，建立从预算的编制、审批、执行、调整、监督到决算的整个过程全覆盖的制度体系，同时按照内控的要求，重新梳理工作流程，找出关键控制点，防范预算管理过程中的各项风险，防止预算编制和预算执行的随意性，确保实现预算管理的真实性、合法性、计划性、预见性、效益性。

以健全完善工会预算管理制度作为提升财务管理工作的重要抓手，推动预算管理体系的常态化和长效化。首先，在内控上要优化流程，厘清责任边界，强化制度约束，严禁工会经费用于服务职工和开展工会活动以外的开支；其次，建立预算执行责任制度，加强经费审查委员会对工会经费收支情况的审计监督，及时发现问题，并督促整改；再次，加强预算绩效管理制度建设，形成从责任分工到绩效目标再到绩效评价的一整套预算绩效管理体系，为预算管理工作提供高质量和高效率的支撑；最后，推进工会财务管理体制改革，加强区域协调，通过各级工会经费收缴情况和经费需求总量进行预算分配，建立全面规范、透明科学的预算制度。

补充基层工会财务管理制度。对于基层工会财务管理制度进行补充，使其更加完善，不但可以使基层工会财务管理工作更加高效地开展，提升服务的质量，还可以使工会资金得到最大化地利用，这也能够为基层工会活动的顺利进行提供充足的资金作为支持。第一，要考虑到中华全国总工会及上级部门所出台的标准，定期对于财务管理制度进行更新和补充，对于一些已经不符合现实需要的财务管理制度进行删除、修改。第二，不但要将财务管理制度责任落实到个人，还应该使每一个财务管理工作人员认识到自己需要负责的内容，对于工作更加积极主动。在这个过程中，如果需要花费较多的资金或者需要收入较多的资金时，必须要由领导层及工作人员进行开会讨论，从而确保财务决策和执行是公开、透明的，推动财务管理工作的规范化、制度化发展。对于基层工会财务管理制度进行补充，使其更加完善，可以使工会开展的各项活动更加科学合理，在确保其符合法律要求的基础上，改善工会服务水平，缩短进行工作需要花费的时间，这能够较为有效地避免贪污腐败行为的出现。

3.设置预算管理机构，强化全员参与

由于经济制度的不断改革，资金预算的重要性在工会管理中日渐凸显，要想提高工会资金预算的管理能力，最主要的就是工会的领导需要摆正对待管理资金预算的态度，并且加强对管理资金预算的重视，努力营造工作氛围，深入计划管理。同时，构建严格的审核体制，让每一处资金流动起到其最大的作用，并建立明确的奖罚标准，奖励优秀的职工，惩罚工作不足的员工，消除互推责任等不良现象，使职工树立正确的职业观，提高工作自主性。

预算管理如果缺少相应管理体系支撑，便会形同虚设，处于被动状态，无法实现全过程控制目标。从某种意义上来讲，完善的管理机制是预算管理实施的基石，直接决定管理成效。因此，基层应根据实际情况，完善全面预算管理机制。在组织结构方面，要考虑到全面预算管理需求，设置预算管理机构，如决策机构、控制机构、执行机构等，从而明确各部门的职责和分工。其中，决策机构负责决策、控制、监督等工作；控制机构则负责编制、反馈、协调、考核等控制，统一组织内部目标；执行机构则将具体预算计划分解到各职能部门执行，负责预算具体实施，做好执行结果数据的采集。

工会需要大力推动由下而上的财务管理方法，要鼓励全体员工积极参与其中，尤其是基层工会人员要优化工作内容，定期提交财务管理方法方面的相关信息，注重充分利用当前的数据网络平台进行数据的存储，部门人员可以在相关网站进行学习，对于工会财务管理的创新需要吸引年轻人，创新内容需要获得全体员工的响应。另外，注重加强对员工的培训，针对财务管理人员的专业技能进行培训和改善。例如，定期针对财务专业知识和法规知识进行训练，提升财务人员的任职资格，聘请专业的财务管理顾问进行讲解，及时传承和建档，不断创新财务管理工作。

4.落实基层工会财务工作

财务部门很容易发生舞弊现象，在进行职权分配时需要坚持“职务不兼容”的原则，安排的职务代理人也是需要遵循该原则，对于编制调节表人员不能负责存款业务，财务管理人员需要落实日常分配的工作，进行不定期实地盘点，不断强化对危机的防范。另外，还需要不断落实会计审核工作，在审核时，需要记录相关的文件和合法凭证，要确保记录的各项经济事件的完整性，对已经发现的财务危机及时处理、更正，确保对相关文件的有效完善。

工会的相关财务人员和会计人员需要具备财务危机的防范意识，对相关的管理方法和作业程序进行审核，提出相关的修正建议，内部财务人员需要熟悉与工会属性有关的财务防范规定，需要分层负责对相关权限的审核，能够对不恰当的决策提出改善建议。

工会的重大经济事项需要由集体决策的方式解决，如果经济事项的交易对象是工会的利益相关者，需要由第三人进行评价，及时回避利益，由专门的会计师人员进行审核，对财务部门执行的相关财务情形进行审核，及时防范财务危机，做好检查和改善工作。

5.加强专业财务人员配备和业务知识学习

随着新制度的实施，建设一支政治素养高、专业能力强、懂财务会管理的基层工会财务干部队伍，对做好基层工会财务管理工作至关重要。一是加强财务专业人员的配备。基层工会应根据自身实际科学设置会计岗位，合理配备会计人员，在人员配备上要把那些有一定财会专业知识、实际工作能力强、有责任心的人员充实到财务岗位上来。二是移交资料要清单化、明细化、重点化。工会财务人员调动或离职时，应在工会主席和经费审查委员会的监督下，将其负责的财务工作以书面形式与接替人办清交接手续，并对未了事项加以说明，做到移交资料有清单、有明细、有重点，实现财务工作有序衔接，提高工会财务管理工作的精细化、规范化水平。三是加强法律法规学习。基层工会财务人员要加强《工会法》《中国工会章程》《工会会计制度》《工会预算管理办法》《基层工会经费收支管理办法》《基层工会经费收支管理实施细则》等法律法规的学习，坚持学用结合、学以致用，不断增强尊法、守法、用法意识，做自觉践行法律法规的合格财务工作者。四是提高财务人员业务水平。上级工会要加强对基层工会财务人员的培养,通过组织开展各种形式的学习培训和业务交流、实践锻炼等活动,鼓励基层工会财务人员通过自学和向书本学、向实践学、向他人学,提高自身业务水平、专业技能和熟练掌握及用好用足相关政策的能力,对实际工作中遇到的“疑难杂症”都能精准“对症下药”及时解决,提升财务工作质效。

另外,通过各种形式的培训提高工会会计人员和经费审核人员的工作水平。同时,还应组织职业道德教育,增强工会会计人员和经费审核人员的责任心和严谨性,确保工会资金的安全性及会计信息的准确性和完整性。

(二)提高预算编制的准确性和科学性

1. 明确方法、优化结构,保证预算管理科学精细

加强预算的合理性和科学性有效提升了工会有关单位的资金管理能力和资金的使用率。针对这一措施,工会组织可以先从合理性加强入手,在进行预算前,有关部门应该把工会中所有部门的收入和支出内容了解清楚,参照以前的财务支出,并且全面考虑工会在以后项目上的资金需求和实际情况做出的资金调整。在进行预算制定时,尽量做到给予各部门的预算资金充裕,避免出现资金不足的情况。另外,加强预算的科学性。在进行预算制定时,要把工会的年度总目标作为根据点,分清工作主次,把每一项任务的资金落实到位,并且把每一项资金的用途做到严格把控。根据工作中出现的问题随时制定相应的解决措施,调整资金预算,确保工会的正常运行。除此之外,工会组织还应建立一个信息交流平台,促进各部门之间的交流沟通,提高各部门的工作效率,及时发现并解决问题。

2. 紧密结合相关会计法规,推进会计信息化建设

(1)财务管理信息化的含义

财务管理信息化可以理解为30%靠技术,70%靠管理,不是简单地运用计算机进行计算的过程,更多的是财务人员潜能的激发与展现、企业流程重组的一个过程。会计信息化孕育出财务管理信息化,财务管理信息化并不是想象中多引入几台电脑,架设几条网线就可以做到的,而是需要把

信息技术充分融入传统的财务管理模式中。根据之前学者的研究，本书将财务管理信息化定义为：为达到实现企业财务目标的实际目的而充分利用财务人力资源整合信息资源，运用互联网技术将企业的财务流程重新定义与组合，更好地为企业财务活动服务，更好地处理企业的财务关系。

经济环境的改变与日益激烈的市场竞争促使企业需要采用先进的管理思想进行科学的管理，目前一些企业管理宽松，内部控制不完善，甚至财务数据不准确，粉饰报表的情况在我国的很多企业经常发生，这更加凸显了科学、规范、高效管理的重要。

（2）财务管理信息化平台模块与职能

财务管理信息化成功的表现指的是建立起拥有安全环境、信息传输通道平稳及包含处理会计信息等事务的具有密切关系的组织互联信息系统。可运用计算机技术与财务管理相关知识，能够使企业的财务管理信息化的准确性与时效性得到提升。

①会计事务处理信息系统

会计事务处理信息系统的根本在于减轻会计人员烦琐的工作流程，改善传统的手工记账的方式。日常会计事务处理、财务处理和报表核算等构成了有会计核算功能和会计管理功能的财务管理系统及子系统，这可以充分满足企业财务部门的会计核算工作。

②财务管理信息系统

会计信息系统与其他系统提供的数据信息是其运行的支撑，运用现代化的计算机技术和信息化处理技术对企业财务管理中较为机械重复的问题进行自动或半自动的处理，最终达到控制相关业务活动的目的，即财务管理提供的基本模型，系统可以自动显示预算情况，并且可以及时找出纰漏提醒财务人员调整或者终止事项。

③财务决策支持系统

财务决策支持系统属于交互的信息化系统，主要处理在事前无法预测或随机出现的状况。财务工作人员可以使用财务决策支持系统实施假设分析，再采用几种不一样的模型列举可能的解决途径，对问题进行辅助性分析、预测各种可能出现的结果及未来的趋势等，为企业决策者提供相关的信息与辅助。

④财务经理信息系统

财务经理信息系统是一种交互式的信息系统。它将其他几个系统进行结合，帮助企业挖掘数据，找出数据的特征，预测企业的资源变化趋势，使企业可以从更多的角度知道资金的分配与绩效效率的状况。

⑤组织互联系统

组织互联系统能够使企业的财务部门、其他部门及分公司之间财务信息自动流通，能够在财务管理的计划、组织、控制、分析、预测、决策等阶段辅助企业，提高企业资金分配利用的合理性。

工会应探索建立一套工会经费预算全程管理系统，将项目申报、预算编制、预算下达、预算执行、财务审核、财务决算等各个过程进行有效串联，实现工会预算的科学化、精细化管理。

新制度第十五条规定："工会应当重视并不断推进会计信息化的应用。工会开展会计信息化工作，应当符合财政部制定的相关会计信息化工作规范和标准，确保利用现代信息技术手段进行会计处理及生成的会计信息符合会计法和本制度的规定。"这一规定结合《会计法》《会计档案管理办法》，鼓励各级工会推进会计信息化建设。一方面，从制度上鼓励工会会计人员学习会计信息化技术，要求各级工会高度重视并不断推进会计信息化应用；另一方面，要求工会会计信息化产品符合《会计法》规定，同时结合《会计档案管理办法》，要求其生成的会计档案符合国家档案管理的质量和标准。2016 年 1 月 1 日起施行的《会计档案管理办法》第十二条规定："纸质会计档案移交时应当保持原卷的封装。电子会计档案移交时应当将电子会计档案及其元数据一并移交，且文件格式应当符合国家档案管理的有关规定。特殊格式的电子会计档案应当与其读取平台一并移交。"可见，采用现代信息技术形成符合《会计法》《工会会计制度》和《会计档案管理办法》的会计信息和会计档案，实现工会会计信息化，是财政部和中华全国总工会加强工会财务管理和会计核算的目的之一。

3. 强化会计核算的科学准确

在行政事业单位中，工会既是行政事业单位的一个部门，同时又是具有独立法人主体的组织。工会除经办服务工会会员的事宜外，还需要经办一些应由单位行政支出而在工会经费支出的事宜。基层工会的会计核算也会因此出现一些问题，笔者从收入和支出的角度分析上述问题并根据新制度提出具体建议。

（1）收入的确认存在的问题及建议

①拨缴经费的收入

根据《工会会计制度》的规定，拨缴经费的收入是指从基层单位行政账上拨缴的、下级工会上缴的及上级工会转拨的工会拨缴经费中能留存在本级工会的经费。具体有两种收缴方式：一种为采用自主拨缴方式收缴的工会经费；另一种为采用税务代收、财政划拨方式收取的工会经费。但是，这两种方式收取的金额都是工会拨缴经费的全额，一些基层工会在进行会计核算时会直接根据收付实现制原则将实际收取的总金额确认为收入，即全额借记“银行存款”科目，贷记“拨缴经费的收入”科目，忽略了收入确认的一项条件，即相关的经济利益很可能流入单位，而实际上拨缴经费中有部分金额需要上缴上级工会，最终不会流入单位。

因此，作为基层工会，正确的账务处理方式为按照实际收取的总金额，借记“银行存款”科目，按照规定应留存本级工会的部分，贷记“拨缴经费的收入”科目，按照规定应上缴上级工会的部分，贷记“应付上级经费”科目。

②上级补助收入

根据《工会会计制度》的规定，上级补助收入是指新制度下，基层工会会计核算分析基层单位工会收到上级工会转来的相关补助款项。基层单位工会因上级工会的各种业务或参加上级工会举办的活动收到上级工会转来款项。部分基层工会对上级工会转来款项进行会计核算时未对款项进行细致的分析判断，会直接根据收付实现制原则将实际收取的总金额确认为收入，即全额借记“银行存款”科目，贷记“上级补助收入”科目，忽略了收入确认的一项条件，即相关的经济利益很可能流入单位，而实际上可能存在部分款项是需要转至其他单位或人员，最终不会流入单位。上级工会转来的款项除上级补助收入外还存在慰问困难职工款、幸福险报销款、名师工作款等。若将属于往来的款项未做往来而直接计入“上级补助收入”科目，将会虚增收入。当转出这笔款项时未冲销往来而计入支出，也将导致支出的虚增。

因此，作为基层工会，正确的账务处理流程为先根据收款回单的摘要分析判断该笔款项是否属于上级工会慰问基层单位职工款或保险报销款，是否需要转至其他单位或个人。对于需要转至基层单位职工的款项，应按实际收取的金额，借记“银行存款”科目，贷记“其他应付款——职工”科目。对于无须转出可自行选择支出方式的应按实际收取的金额，借记“银行存款”科目，贷记“上级补助收入”科目。

（2）支出的确认存在的问题及建议

①支出金额的确定

根据《基层工会经费收支管理办法》规定的支出范围，工会经费用于服务缴纳会员费的工会会员，一般不用于退休员工的支出，只在工会会员退休离岗时发放一定金额的纪念品。但是，因为行政事业单位的基层工会不仅是一个法人组织，同时也是行政事业单位的一个部门。除经办服务工会会员的事宜外，还需要经办一些退休人员的慰问金发放、文体活动、体检等事宜，而且文体活动、体检等事宜又会与在职员工一起办理，即会产生应该从单位行政支出而在工会经费支出的情况。而工会在实际经办组织活动或支付体检费用时并未将在职员工与退休职工进行分开核算和开具发票，在进行会计核算时，基层工会将支出全额借记“职工活动支出”科目，贷记“银行存款”或“库存现金”科目。这样的会计处理会导致工会账上“职工活动支出”科目虚增。

正确的账务处理方式为将此类支出用于在职职工的部分与用于退休职工的部分进行区分，将用于在职职工的部分金额借记“职工活动支出”科目，根据结算方式贷记“库存现金”或“银行存款”科目，对于用于退休职工的部分金额借记“其他应收款——行政账”，贷记“银行存款”或“库存现金”科目。

②支出科目的确定

根据《基层工会经费收支管理办法》，工会经费可用于职工集体福利支出，即用于基层工会逢年过节和会员生日、婚丧嫁娶、退休离岗的慰问支出等。部分基层工会对《基层工会经费收支管理办法》文件理解存在偏差，在实际发生职工过节福利支出时，将发生支出的金额借记“行政支出——工资福利支出”，贷记“银行存款”。但《基层工会经费收支管理办法》

是对工会经费使用范围的描述，并未规定在会计核算时计入“行政支出——工资福利支出”科目。根据《工会会计制度》的规定“行政支出——工资福利支出”科目核算的是为工会专职工作及长期聘用的人员支付的各项劳动报酬费用和社保费用等，系核算县级以上工会的行政支出，不适用于基层工会。而“职工活动支出——会员活动支出”科目核算的是基层工会用于开展会员观看电影活动和春游秋游活动的费用，以及为工会会员购买当地公园年票等费用、在重大节日和生日、婚丧嫁娶、退休离岗等时间发放的慰问费用。

因此，发生此类支出时正确的账务处理方式为将支出金额借记“职工活动支出——会员活动支出”科目，贷记“银行存款”或“库存现金”科目。

综上所述，基层单位应尽快将规范基层工会会计核算的工作提上单位议程，针对工会会计核算中存在的问题因循施策出台相应的工作方案，自上而下提高对工会会计核算的重视程度。对分管工会工作的领导及分管财务工作的领导，明确其职责分工，并对中层干部进行培训教育，在单位内部进行规范工会会计核算工作的宣传，并对工会和财务人员进行动员。保证在对2021年新发布的《工会会计制度》及2017年发布的《基层工会经费收支管理办法》充分学习的前提下提高贯彻执行能力。另外，要夯实基层工会会计核算基础，首先，要选派德才兼备的工会会计人员，选派的工会会计人员除具备应有的财务知识和核算能力外还应遵守政治纪律和廉洁纪律，保证工会资金的安全。其次，对工会会计人员的任用应考量工会具体的工作量，若工会经济业务较多应聘为全职工会会计人员，若业务量不多可在保证相应工作时间的前提下聘兼职工会会计。最后，针对选聘的工会会计人员需确定各自的岗位职责，做到不相容职位相分离，严格授权审批控制。在相应的权限内按规定建立会计科目、设置会计账簿。严格审核工会经济业务，严谨地编制会计凭证和会计报表，及时完成账目核对。

（三）严肃预算执行与监督

1. 提升预算执行力

要想有效提高预算执行力，就得对工会职员进行知识和技能培训，帮助预算部门进行高效的资金预算和各员工执行力及对资金进行有效使用，尽量使各部门之间加强联系沟通，及时掌握各部门资金的使用情况，并督促其严格依照预算执行工作任务。与此同时，针对工会项目中的重点内容，工会组织可以专门组建一个工作小组，实时监控项目的进度和执行状况。另外，对考核制度的加强完善也能有效提高预算执行力，特别是根据现实状况提出的新需求，更要严加审核，提高资金预算的有效使用率。

基层工会要根据国家和中华全国总工会的有关政策规定及上级工会的要求，科学制订年度工作计划，依法、真实、完整、合理地编制工会经费年度收支预算。在经费收缴方面，做到应收尽收，不得减免、不收或少收；在经费支出方面，按照先有预算、后有支出的要求，做到有预算不超支，无预算不开支。

2. 加强工会经费审查监督

为加强工会经费审查监督，单位应主动组建工会经费审查委员会。工会经费审查委员会应根据《基层工会经费收支管理办法》制定符合单位实际的工会财务管理制度和相应的经费审查办法，对违规事项的处理作出严格规定。在制度完善的情况下研究工会经费审查方案，审查方案的内容应做到不仅包括配合上级工会审查工作事宜，而且重点在于规划安排单位主动的定期和不定期审查。审查的事项除审核是否签字齐全外，应着重审核支出是否合法合规，对查出的违规事项进行相应处理，形成有效的审查监督机制。

3. 增强预算监管力度

第一，必须严格要求预算前后所有事情，并做到全面的监督检查，提高资金用途的公开透明性，一定要对每个单位的项目进行严格检查，避免超出预算的项目。第二，依照本工会的发展情况，建造一种良好的奖罚考核氛围，重视个人工作能力，由于加强各个部门的经费预算的监督检查，进行奖罚考核，并以成绩说话，也提升了员工的工作效率，提高工会的各项发展。

4. 加强基层工会经费收支管理

工会经费使用要坚持量入为出、厉行节约的原则，把有限的工会经费主要用在维权服务和开展职工文体活动上。一要严格经费支出管理。基层工会要严格按照新颁布的《工会会计制度》《工会预算管理办法》《基层工会经费收支管理办法》等有关规定，严格经费支出标准，严控经费支出范围，严加经费收支管控，充分释放经费使用效益。二要实行独立核算。基层工会要根据财政部、中国人民银行的有关规定，设立工会经费账户，实行工会经费独立核算，在工会经费使用上，严格落实工会主席“一支笔”签字审批制度，管好用好工会经费。三要坚持过紧日子思想。基层工会要优化经费支出结构，把过紧日子要求贯穿经费管理使用全过程，严格控制一般性支出，将更多的工会经费用于为职工服务和开展职工活动上，切实增强工会组织的凝聚力和服务职工的效能，提高工会经费使用效益。

基层工会财务预算管理作为基层工会管理工作的关键内容，对于基层工会的发展起关键作用，需要基层工会对这一工作予以充分重视，提升资金利用率，使工会更加高效地为职工提供服务，这从某种角度来说，能够使基层工会更加融洽、长远的发展。为此，有关人员必须重视基层财务预算管理工作的开展，积极采取措施，解决在财务预算管理过程中出现的问题，确保基层工会资金能够被合理地应用。

第四章　新工会会计制度下基层工会绩效管理

基层工会的绩效管理水平决定着基层工会工作的效果，决定着基层工会如何发挥作用。我国关于工会组织的绩效考核还处于摸索阶段，并且主要在县级及以上工会开展。正如《中华全国总工会关于全面实施预算绩效管理的实施意见》中所要求的，县级（含）以上工会建立全方位、全过程、全覆盖的预算绩效管理体系。在构建全方位预算绩效管理新格局方面，要求县级（含）以上工会要围绕工作职责、发展规划，以预算资金管理为主线，从运行成本、管理效率、履职效能、社会效应、可持续发展能力和职工满意度等方面实施单位预算绩效管理。

本章在概述工会绩效管理基本理论的基础上，搜集我国最基层的街道、社区一级工会的综合数据，希望为工会组织和基层工会考核体系的科学构建和绩效考评的应用创新提供几点建议，更好地发挥工会的各项职能。

一、工会绩效管理概述

（一）相关概念界定

1. 绩效和绩效管理

（1）绩效

绩效的概念较为复杂，对于一些组织而言，员工的工作目标和为了达到设定的目标所产生的行为就是绩效。绩效受到多个因素的影响，影响因素主要分为两个方面，一是员工个人原因，另外一个是周围的环境[①]。个人原因包括员工固有的个性、能力，也包括员工对于岗位的经验等，在这些

① 许岗．大数据管理与国企绩效考核 [J]．财经界，2016（6）：297-298.

原因中，员工工作的动机及个人的能力是决定工作效能的关键原因，是一切原因的基础；环境因素也主要分为两个方面，一个方面是工作自身的特点，另外一个方面是社会环境等。不同的因素之间有着纷繁复杂的关联，它们相互影响，一方面，能够提高绩效，促使员工积极开展工作；另一方面，也有可能会起到阻碍作用。

（2）绩效管理

①绩效管理的定义

绩效管理即为组织采取科学的方法来对内部员工进行监测、评价、考核和分析，以提高员工的工作积极性、激发员工的主观能动性、不断促进员工行为的改善，从而实现潜力挖掘的活动过程。对于组织而言，开展绩效管理工作的根本目的在于确保企业战略目标的达成。简而言之，绩效管理指的就是将员工作为核心进行的种种干预行为[①]。

杨浩提出，如今时代行业竞争日益激烈，在此背景下，企业管理者深刻认识到传统绩效管理方法虽然能够降低企业成本，但是在绩效管理的效果方面却参差不齐，有的甚至已经开始对企业未来发展造成阻碍[②]。于是，不少专家学者开始渐渐地将研究重点放在传统绩效评估方法的优势和缺陷上，对传统绩效评估进行深入剖析。1976 年，研究者 Beer 和 Ruh 首次提出了绩效管理理念，并将其定义为管理、衡量、改进绩效和激发企业正常潜力[③]。随着时代发展，绩效管理理念也在不断发展，通过调查分析，当前的绩效管理内涵主要有三种，分别是绩效管理组织观、绩效管理个体观和绩效管理综合观。

绩效管理组织观：最早提出该观点的是 Bredrup 等研究者，提出时间为 20 世纪 90 年代中期。他们认为绩效管理主要包括了三个部分内容，分别是计划、改进与考察，并从这三个方面提出了具体的组织结构改善和业务流程优化措施，强调了绩效管理是对组织进行的。

① 李少男，裴江波，张谦，等. 探讨国企人力资源考核中的常见问题与对策 [J]. 智富时代，2018（5）：138.

② 杨浩. ZK 公司绩效管理体系研究 [D]. 南京：南京大学，2016.

③ BEER，RUH.Employee Growth Through Performance Management[J]. Harvard Business Review，1976（4）：59-66.

绩效管理个体观：该观点认为员工具有非常大的潜力，能够通过发挥员工主观能动性，从而提升工作积极性，进而为企业创造更多价值，实现组织绩效目标。20 世纪 90 年代初，Ainsworth 等人以员工绩效为核心进行了绩效管理模型的构建。在模型中将员工放在绩效管理核心地位，认为可以通过提高员工的工作积极性提高业绩，进而提高企业经济效益，实现绩效管理质量的提高。

绩效管理综合观：最早提出该观点的为张朝华，提出时间在 2012 年，他认为员工目标和组织战略目标实际上是相辅相成的，具有一致性，同时也强调了员工个体与组织应该共同发展，从而达到多赢[①]。通过员工业绩的提高去实现组织绩效的提高，让组织能够符合员工发展和公司发展期望。

②绩效管理流程

作为一个整体循环，绩效管理由绩效计划制订、计划实施、绩效考核、绩效反馈和结果运用组成。具体流程如图 4-1 所示。

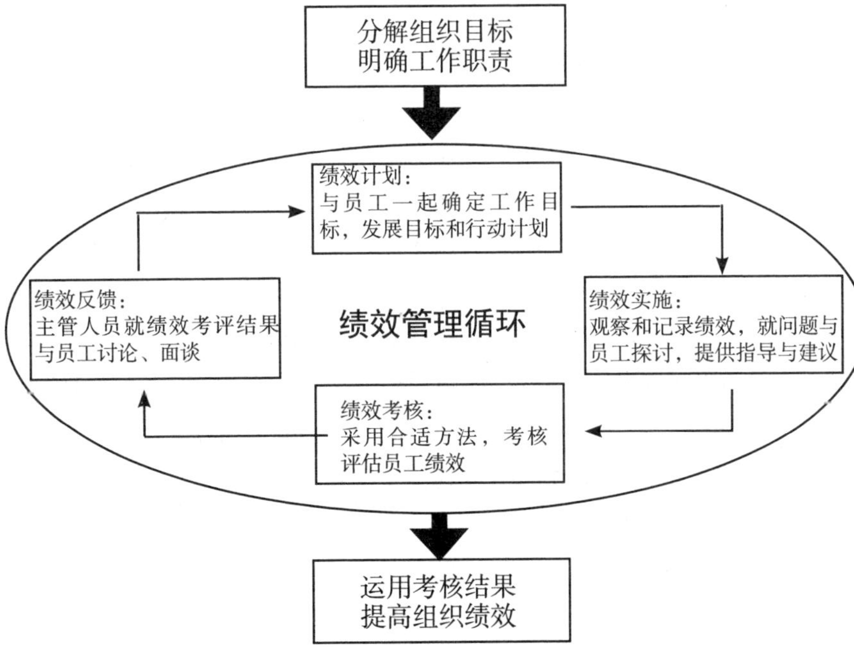

图 4-1　绩效管理系统流程图

① 张朝华. S 公司绩效管理问题与对策 [D]. 咸阳：西北农林科技大学，2012.

A．绩效计划

绩效计划是绩效管理实施的重要组成部分，是绩效管理实施的基础。只有在制订绩效计划时严格遵循科学合理的原则，才能使绩效管理真正具有可行性，从而使接下来的四个步骤能够顺利进行。绩效计划重点包含以下两个方面。

评估内容，即绩效考核评估的指标和目标。在指标和目标设计时，需要将公司战略与部门及员工岗位职责进行有机融合，并进一步加强沟通交互，为各部门、各员工差异化设置具体的评估考核内容。

实现目标的措施。在完成了上述的评估指标和目标设计工作之后，就需要开始认真思考和探讨采取何种有效措施，才能完成考核目标。企业管理人员这时就需要结合各部门实际情况，为各员工指导和部署实现考核目标的各种具体手段和方式。

B．绩效实施

在绩效实施阶段，员工要根据自己的岗位评估考核目标确定自己的工作该如何进行。在此阶段，管理者需要密切关注员工的工作成果，同时还要密切关注员工整个工作过程，在工作过程中要始终和员工保持沟通，了解绩效实施情况。为了提高员工工作积极性，管理者和员工应当营造一个轻松愉悦的工作氛围，积极与职工进行充分沟通，当员工遇到困难、困惑时，积极给予指导和帮助，拉近彼此之间的关系，进而提高员工的工作绩效。

C．绩效考核

绩效考核位于第三个阶段，是在绩效计划制订和绩效实施之后进行的工作。考核人员在对员工进行绩效考核时，应当将绩效计划和绩效实施作为基础，坚持公平客观的原则，对部门和员工绩效水平进行评估。在考核周期上，企业也可以根据考核对象具体情况进行差异化选择，如可以划分为月度考核、季度考核和年度考核。

D．绩效反馈

通过绩效反馈可以将考核双方之间存在的信息不对等、存在误差等问题进行解决。企业员工之所以对绩效管理不重视，是因为绩效管理过程一直处于不公开、不透明的状态。在部分企业中，员工甚至都不知道自己的绩效和对应奖惩情况。而通过绩效反馈，考核双方之间进行信息交流、沟通，让员工对自己的绩效考核有清楚的认知，同时也能够消除两者之间的不信任感。与此同时，员工通过绩效反馈还可以了解到自身在工作中的优点与不足，通过和绩效管理者的交流，实现探讨解决问题的方法或是绩效改进的目的，这也有利于企业绩效管理效率的提升。

E．绩效考核结果运用与改进

绩效考核结果运用与改进处于绩效管理的最后，是实现绩效考核的重要手段。绩效管理目的并不是简单地将绩效考核结果应用到员工评估中去，更重要的目的是提高员工的绩效，进而提高组织绩效。通过改进绩效管理方法，进而实现公司绩效提高的目标。

总之，绩效管理是一种互相的行为，在其过程中，企业会通过一系列的措施手段，对员工行为（工作业绩），按照既定标准对某些阶段、周期内的员工行为进行定量化的考核和评估，进而根据不同员工个体得出其对应结论，并依据相应的结论采取措施，对表现优异的给予奖励，对表现不良的给予惩罚，通过奖惩分明的制度来反馈和刺激员工表现行为，并以此来使整个企业管理得以改善，这种改善在合理安排人力资源方面有很大效果，改善人力资源，可以提升企业员工核心凝聚力，进而提高企业的经济效益，推动企业发展战略目标的实现。

2. 财务绩效和财务绩效管理

（1）财务绩效

①财务绩效的概念

财务绩效是指企业的战略和实施过程为企业的经营业绩而做出的贡献[①]。财务绩效能够全面地表达出企业关于成本控制、资产管理、资金调配的效果及权益净利率的组成。它能够帮助企业管理层更加了解企业的资金来源、企业的发展前景、企业的营运能力及企业的盈利能力。

②财务绩效的内容

财务绩效的内容主要表现为盈利能力、营运能力、偿债能力、发展能

① 胡红菊. 基于财务精细化下对饲料企业财务绩效管理研究 [J]. 中国饲料，2021（1）：115-118.

力四个方面[①]。

第一，盈利能力。企业盈利能力是指企业获取利润的能力。在企业管理中，一个企业不光要有较好的财务组织结构及良好的营运能力，更应该具有较好的盈利能力，因为企业的最终目标就是盈利。企业可以从销售毛利率、销售净利率、总资产回报率、净资产回报率等指标中设置企业的盈利能力。

第二，营运能力。营运能力可以强化企业对资产的管理，提高资产利用率，以此增加企业的价值。企业的营运能力可以根据存货周转率、应收账款周转率、固定资产周转率等相关指标进行分析。

第三，偿债能力。偿债能力可以反映出企业整体的财务状况，也能够衡量企业的生产经营状况是否稳定。企业的偿债能力可以分为短期偿债能力和长期偿债能力，可以使用资产负债率、流动比率、速动比率等指标。

第四，发展能力。发展能力是指企业未来潜在的发展能力，包括企业资产、收入、利润、所有者权益的增加。企业可以从总资产增长率、营业收入增长率、营业利润增长率等方面设置指标。

（2）财务绩效管理

①财务绩效管理的基本概念

财务绩效管理是企业绩效管理当中最为重要的一环，是指企业为了更好地实现经营业绩,从财务方面的视角出发,所实行的系统化绩效管理工作。企业无论是采购、生产、销售，还是筹资、融资、投资，甚至是关于利润的分配，都会受到财务绩效管理的影响，是一项极具全面性的管理工作。

②财务绩效管理的目的

多年以来，各企业始终将财务管理置于企业管理的较高地位，希望借助财务管理，能够更为准确地了解到企业现有的财务状况，从而制定出更为科学有效的，且更适合企业发展的战略目标，进而为企业合理经营与资源有效配置提供明确的方向。目前，大多数企业已经将战略管理和财务管理有效地结合在一起，并给予了财务管理更加深刻的含义，这也就是企业财务战略的来源，它在企业中的应用可以及时地发现并纠正企业在经营管

① 曾雄旺，朱敏迪，杨亦民. 上市农业产业化龙头企业财务绩效评价[J]. 会计之友，2017（10）：73-77.

理策略中的不足之处，能够使企业发展战略目标的制定更为明确，从而使企业朝着更加有序、更加健康的方向发展。企业绩效管理与财务战略制定之间同样存在着密切的联系，企业若要实现其战略目标，就要充分地认识到其中的关联，这样的话，企业财务战略的意义便会得以呈现。所以，对企业来说，加强其财务绩效管理是极其必需且紧切的，这会直接影响到企业的未来发展方向，是现代企业不可忽视的一项工作。

针对企业财务绩效管理的目的来讲，首要任务是判别企业的主体性质，因为实际情况的不同，其财务绩效管理的目的也会有所不同。从管理机构的角度来说，对企业财务活动的情况进行研究，可以更为深入地了解企业的日常经营状况，发现在过去管理过程中存在的缺陷，为企业的日常管理工作提供更具针对性的指导要求，同时也为产业政策的研究提供参考价值；从企业的角度来说，需要根据企业现有的财务活动状况为依据进行研究，可以使企业的相关管理人员更为便捷且更为直观地认识到企业在经营管理过程中可能产生的利与弊，这样更有助于企业明确自身经营管理现状与未来发展前景，并且研究的结果还可以为企业资源合理配置与经营战略有效制定发挥出一定的指导作用；从投资者的角度来说，可以针对企业现有的财务活动状况进行有关研究，从而可以更为清晰地认识到企业投资收益程度，可以更为直观地了解到企业未来的发展前景，以此来降低资本耗费所带来的危害，为投资者提供了客观有效的参考意见；从债务结构的角度来说，需要了解企业现有的财务活动状况并加以研究，便能够更为全面直观地展现企业的偿债水平，为其债务结构提供有效的建议与数据信息。

3. 工会绩效管理

在财政支出领域，绩效被赋予了效率、产品与服务质量及数量、机构所做的贡献与质量等意义，囊括了节约、效率和效益的概念。它是“行为”的起点和终点，行为的过程和结果两方面都包括其中。工会作为一个群团组织，它的绩效是工会相关资金在社会管理中的业绩、效果、效益及其管理工作效率和效能，是行使其职能过程中体现的管理能力，涵盖了资金管理和使用的效率性、经济性、效果性及社会满意度等有效输出。

由绩效催化了以绩效规划、绩效实行、绩效评价、绩效反馈和绩效评价结果为要素的绩效管理系统。绩效评价作为绩效管理的重要环节，在绩效管理中的作用至关重要。工会资金绩效评价大致工作流程是，有关预算单位根据事先列出的绩效目标，运用科学合理的评价标准和评价方法，以达到能够对专项资金的收支、效益做出客观公正的评价的目的。通过科学的绩效评价手段，能够从经济、效率、有效性等方面对工会经费的用途做出更客观合理的评价，不仅能够规范资金支出行为，绩效评价的结果也可以为部门编制预算、合理安排支出的方向和规模提供科学的依据。

工会绩效管理与其他部分的绩效管理也存在区别，工会是非营利组织，与企业最大的差别就是不以获取利润为目的，是为社会公众服务的组织，而企业的目标就是创造价值，就是以最小的成本获取最大的利润。因此，企业往往以投入与产出作为重要绩效指标来进行绩效考核，容易量化、相对直观。而工会在经营过程中不获取回报，在财务指标中没有利润这一项目，因此绩效考核和管理过程经常会出现难以对目标的重要性达成一致的情况，各人员的履职情况难以横向比较进行评价。

（二）工会绩效管理的理论基础

1. 目标管理理论

目标管理理论是彼得·德鲁克（Peter Drucker）1954 年提出的，他认为，企业的目的和任务必须转化为目标，目标的实现者同时也是目标的制定者。后又经过乔治·奥迪奥恩（George Odiorne）和威廉·雷丁（Willam Reddin）等完善和发展，成为现代管理学理论体系的重要组成部分。目标管理实际上是一个过程，它主要在实际操作中让组织目标可测量化及可操作性，也是将个人目标和组织相结合的过程，个人目标也是在组织目标基础上实现的，因而目标管理是个人与组织的有效结合。例如，企业中的上下级依据企业使命及文化理念而进行协商确定某时期的总体目标，由此类推来决定下级单位的经营目标，再到部门目标，最后到个人目标，这个过程是一个纵向和横向的结合，可以说目标管理是人人都管理，人人通过实现自己的目标从而达到组织的目标，以小见多地实现目标管理，使管理人员控制他自己的表现。目标管理能够激发起人的责任心，每个管理人员都要为企业出谋划策，提出本单位的目标。

目标管理与绩效评价两者不是背离的，也不是独立的，而是相辅相成的。

目标管理通过动员组织中所有员工通过人人管理的方式，从而达到组织目标的实现，虽然重视工作成果，但其手段较为人性及操作化较强。而目标成果最终要通过绩效考核来确定，如果说考核方法不正确、标准不公平的话，会导致目标管理的质量大打折扣，不管目标管理过程多么科学与合理，绩效考核都是目标管理的重要环节。它能够加深员工对自己职责、目标的了解；能够帮助组织及时分辨出每位员工的优劣；能够为组织的目标管理营造竞争环境。同时，目标管理可以有效地将组织上宏观的战略细化且具体到下级单位的总体目标，而下级单位也通过目标管理细化到某个员工某时间的任务安排，这种模式能让目标管理有效落实。

2. 绩效管理理论

绩效管理理论主要来源于公平理论、目标管理理论和需求层次理论等。而绩效管理是指企业管理在对员工与企业设定一套系统的体系，该体系是建立在企业总体的战略目标之上，然后将其细化具体到相应的单位或人群。其关键是将企业和员工的实际情况相结合，不但能有效激励某个员工某时间的任务安排，而且在宏观上能促进企业总体战略目标的实现。

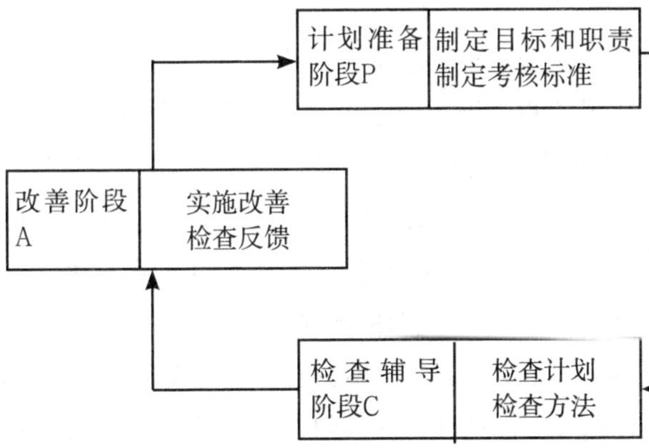

图4-2　企业绩效管理流程图

从上图可以看出，企业绩效管理有四个环节，各环节之间循环反复，从而构成一个动态的绩效管理过程。没有计划就没有绩效，说明了绩效管理过程中设定计划的重要性。绩效计划是第一步，任何实施过程都需具备一个计划，否则一切管理都是零，而计划的制订并不是管理层在办公室空想而成，而是通过一个员工与管理层的有效沟通平台，只有通过愉快与合理的沟通之后，绩效管理的落实才会被员工接受，才能被落实到各个环节，且员工才有积极性去完成相应的目标。

随后就是绩效考核，它是绩效管理整个流程的中心环节，绩效考核关键是公平、公正与公开，如果考评结果有失公正那么会影响整个组织的利益及积极性，同时还会制约宏观战略的目标实现。

许多企业认为绩效考评结束就代表整个绩效管理的终结，其实绩效反馈是绩效管理中重要的部分。如果没有反馈，双方就很容易产生隔阂，特别是双方在考评结果不一致时，没有考评反馈，那么双方的误解会不利于下一轮或另一个周期的绩效管理。在实际工作中，绩效考评与反馈是在一起进行的，即使是在一起但很多企业也只是利用“公示”的方式来达到反馈的目标，并未实现一一或人性化的沟通。总体来说，企业绩效管理是没有起点与终点的循环过程，它遵循的是ＰＤＣＡ循环，即计划、实施、核查、反馈四大部分，绩效管理的步骤和方法不断在此循环中得以优化，从而促进组织战略目标和员工个人目标不断实现。

3. 公共选择理论

公共选择理论是用经济学的方法研究政治性问题。詹姆斯·布坎南（James Buchanan）认为它主要是为做出政治决策或者集体决策，是服务政治的一种理论。政府提供公共服务的过程类似于经济学上市场交换的过程，政府是公共产品的供给者，需求者是民众，双方通过成本－收益分析进行选择，作为纳税人的民众，自然会考虑到效率问题，总是希望通过少量的资金支出而获得更多更优质的服务。政府属于公共服务的提供者，因此做财政支出决策时就应既注重效率也要考虑民众的想法、意愿。

工会组织提供服务时也同于政府，工会经费同样来源于职工群众，对这部分支出做出决策是否合理，资金运用是否有效及职工对工会经费支出运用情况的把握都需要绩效评价的支持。

（三）开展工会绩效管理的意义

1. 提高工会资金使用效率

近几年，随着工会组织规模不断扩大，工会经费税务代收工作日趋完善，各级工会经济实力逐年增强，经费收入呈跨越式增长，为了唤醒“打呼噜”的庞大资金，各级工会组织积极开展各项惠民生、激发工会活力的活动，支出规模不断扩大，至于资金使用效果如何，常常被忽视，造成了工会资金使用效率低下，开展工会绩效管理势在必行。为突出效益和责任，工会绩效管理更应注重强调资金使用结果，即确立以“绩效考评结果”及“绩效跟踪问效”为导向的工会资金支出管理模式。通过绩效管理，各级工会更加重视工会资金的使用结果，树立使用工会资金的绩效理念，发挥有限工会资金在实施工会重点工作过程中的效益最大化。

2. 提升工会科学化资金管理水平

通过工会绩效管理工作的开展，工会资金支出更加透明，职工对工会组织的信任度进一步提高，工会资金支出绩效应在事前、事中和事后多方面综合加以评价，加强工会资金的监管，科学客观地衡量工会资金支出的行为过程、支出成本及其产生的结果，并进行综合评估，使工会组织调控功能得到充分发挥，资金安排科学性大大提高。工会绩效管理提升工会监管水平，优化预算编制，使工会资金管理和使用更加得心应手，提升工会资金科学化管理水平。

3. 提高工会资金支出透明度

通过开展工会绩效管理工作，建立工会资金支出绩效评价体系，明确工会资金支出要达到的效果，通过预决算公开，将工会资金使用、效果及存在的问题向职工会员进行公开，接受职工群众的监督，增强工会资金支出的透明度，增加工会资金管理的透明度。绩效评价结果向职工群众公布，职工群众可以获取更多工会资金使用的信息，知情权和监督权也得到保障，职工群众对工会组织的信任度逐年增强。随着工会组织的地位与作用的不断提升，企业和政府提高了对工会组织的信任度，并且足额按时按量地缴纳工会经费，同时开展绩效评价工作，有利于工会经费的有效支出，既能促进工会经费管理的规范化，也能提高经费的收缴力度，绩效评价使得工会经费的收、管、用互为促进作用。

4. 提高企业职工竞争力

基层工会绩效管理工作的开展，伴随着解决当前职工多样化需求问题的同时，可以通过考核工会干部、工会经费收支使用情况及工会经费支出比重等方面，把握基层工会的建设方向和工作重点，探讨基层工会如何在新形势下扮演好自己的角色、发挥基层工会职能，帮助解决企业职工困难，提高企业职工竞争力，与企业共同把握机遇，形成合力，迎接大环境的挑战，寻求企业生存发展的出路，从而保障经济目标的实现，维护社会稳定与和谐，实现我国社会的繁荣进步。

二、基层工会绩效管理现状分析

工会组织和工会干部的工作内容，就是与广大职工群众面对面沟通交流，掌握职工群众的意识形态、日常生活等情况，充分调动职工群众的工作热情，维护职工群众的利益。《工会法》规定，我国的企业单位、事业单位等，如果职工人数达到 25 人及以上的，都需要单独建立基层工会委员会，职工人数在 25 人以内的，可以把几个单位组织起来建立联合基层工会委员会。小微企业职工人数大多不到 25 人，所以通过组建小微企业联合工会、行业工会等形式，纳入工会管理。

小微企业已成为我国企业的重要组成部分。在当前经济形势下，小微企业对于扩大就业岗位、缓解就业压力、增加地方税务收入、发展地方经济、促进社会稳定具有重大的意义，积极影响和促进着我国社会的发展。小微企业职工又有其自身的特点，数量多，素质参差不齐，人员流动性强，企业和职工的不确定性都很大。如何把小微企业职工有效组织起来是基层工会工作的难点。作为基层工会的一项经常性、基础性工作，服务小微企业职工是解决小微企业困难、促进小微企业发展的重要组成部分，也是维护社会稳定、全面深化改革的需要。

小微企业分布城市的各个角落。作为街道、社区一级的工会组织，要明确因为小微企业“小”，工会组建不顺利。企业不配合工会工作，把工会工作和企业的生存发展相对立，不享受职工权益，不开展职工活动，这些都是常见问题，但不能因此不进行职工组织建设。小微企业联合工会要重视绩效研究，工作上，不但要维护职工权益、确保福利保障等，还要创新工作方法，要通过优化工会干部结构，加强工会干部培训，提高工会干部工作积极性来建设好服务梯队；要能通过工会经费的收入、支出、使用比重、活动经费投入效果、职工满意度调查研究等内容，全面分析，综合剖解，从而得出哪些活动开展得比较合理，哪些工作是今后常抓的重点，从而把工会的各项业务工作做好最优化的设计，真正发挥工会的服务职能。

基于此，本章以A市H街道小微企业联合工会为例，从工会干部（主要是社会化工会工作者）的绩效考核和2019—2021年三年间工会经费收入、支出和使用情况入手，结合社区工会联合会工会经费使用比重和规范化建设情况，从社会化工会工作者和工会经费两个方面分析评价该基层工会的工作业绩和目标效果，为新工会会计制度下基层工会加强绩效管理对策的探讨提供现实依据。

（一）H街道小微企业联合工会基本情况及绩效考核内容

1. H街道小微企业联合工会成立以来的基本情况

（1）H街道小微企业联合工会成立以来的概况

《工会法》关于工会组织方面的内容有详细的要求。例如：机关、企事业单位等各种组织，其中职工会员达到或者超过了25人，是应该建立基层工会委员会的；职工会员未超过25人，愿意单独建立基层工会委员会的可以单独建立，不愿意单独建立基层工会委员会的，可以把2个以上单位的职工会员组织起来，联合成立一个基层工会委员会，或者单位职工推选1个组织员，由这名组织员来组织单位的职工开展活动；在城市社区中，会出现企业较多的情况，这时就可以建立一个社区联合工会。在同一片区域内或者在同一个行业中的基层工会委员会，经过协商或者因地制宜，可以成立一个该区域性的或者该行业性的工会联合会。从成立之日起，不管是基层工会委员会，还是社区联合工会，抑或区域性的或者行业性的工会联合会，都是有社会团体法人资格的。

H街道辖区内这几年社会经济都得到了发展，各种各样的企业数量上总体增加，从业人员情况不断变化，小微企业不单独成立工会，但是小微企业的工会工作还是要开展。吸纳小微企业加入所属社区的工会联合会，这样工会就能把职工组织起来，引导职工发挥他们的积极作用，为职工服务，维护他们的合法权益。出于这些现实需要，H街道成立了小微企业联合工会。

H街道小微企业联合工会于2012年12月底成立，它隶属于H街道总工会，与企业当中独立建立的工会委员会是同一级别的工会，均属于基层工会，主要服务于会员人数在25人以下的小微企业。小微企业由于规模所限、人员较少，大多以选举组织员并加入小微企业联合工会的形式，开展职工活动。目前加入小微企业联合工会的企业数量达到了200多家，职工会员数量达到了2 000多人。

（2）H街道小微企业联合工会的工作描述

小微企业联合工会在街道总工会的领导下，依照《工会法》，积极履行维护、参与、建设、教育四项社会职能，工作的基础就是组织建设，工作的核心就是机制建设，职工的评价是工作的标准，区域的发展是工作的目标，建设小微企业的“职工之家”；重视保障职工合法权益，建立和完善这种保障的长效机制；在工会劳动保护和职工培训方面寻求创新点，完成各项日常工作，包括工会经费审查委员会和女职工委员会的工作，还包括每年的工资集体协商、劳动争议调解、困难职工帮扶、各级劳动竞赛、评选优秀和先进职工等，形成以会员卡服务为载体，工会维权帮扶、福利保障、职工活动和技能提升四项工作相结合的大格局。

H街道小微企业联合工会的工作由11个社区工会联合会共同来完成。其小微企业根据注册地址分别划入11个社区工会联合会，以社区为单位开展工会各项业务工作并服务于广大职工会员。

社区工会联合会是按照街道总工会和小微企业联合工会的部署开展自己社区工会的各项工作的。围绕促进本社区的企业的发展、维护本社区职工的权益，把这些作为工作的原则。工作过程中以人为本，维权要主动，要依法，要科学，把和谐劳动关系和促进企业稳定的、持续的发展合二为一开展工作。让企业职工认识到，自己有民主权利，也有参加企业生产经营和改革创新的义务，完成各项生产经营目标和任务是企业和职工的共同责任；企业的民主管理应该有职工的积极参与；职工处于自身生存和发展的需要，应该提高思想道德素质和职业技能素质，这样才能顺应时代潮流，不被社会淘汰，工会应该帮助职工实现有理想、有道德、有文化、有纪律的整体目标。

2. H街道小微企业联合工会人力资源现状

H街道小微企业联合工会现有专（兼）职工会工作人员36人。其中，专职岗位的工会干部有4人，兼职岗位的工会干部有32人。

小微企业联合工会有工会主席1名，并且是由街道总工会的副主席来担任的。工会干部3人，其中街道干部1人，主要负责内外沟通协调、主要业务工作的部署并把控开展落实情况、重大材料起草（职代会、工作汇报、总结等）及小微企业联合工会账户出纳等财务工作。区总工会给各街道派驻了两名社会化工作者：1人为综合岗，主要负责组宣（如工会组织建设、企业入会、发展会员、劳动竞赛、业务培训等）、民管（如企业厂务公开情况、工资集体协商等）、权益（如职工来电来访接待处理、困难帮扶政策执行、“送温暖”等慰问活动、工会法人资格证办理更换等）、劳模（如先模评选及管理、工会会员服务卡的办理及相应服务工作、女职工保护等）及报送信息工作；1人为会计岗，主要负责每季度小微企业工会经费的报销、账目的管理及相关各类财务工作。

社区工会联合会有1名工会主席，由该社区的党委书记兼任；有1名工会副主席，由该社区的党委副书记兼任；还有1名工会干部，由该社区的社工兼任，主要负责走访社区小微企业，在社区企业中开展各项工会业务工作，如办理小微企业入会、发展职工会员、协助小微企业工会经费报销、工资集体协商、工会会员服务卡办理及后续的为持卡会员服务、组织社区职工参加文艺汇演评比、开展多种多样的劳动竞赛、工会的政策宣传和联合开展职工的教育培训等工作。

从年龄构成上来看，小微企业联合工会专兼职干部中35岁及以下17人，36~45岁9人，46~55岁7人，55岁以上3人，35岁及以下人员所占比例约为47%，工会干部梯队结构呈倒三角形，配置比较合理。

从文化程度构成上来看，H街道小微企业联合工会专兼职工会干部中大学本科15人，大专11人，高中（中专、中技）及以下10人。有3人学习过人力资源相关知识，或者从事过人力资源相关工作，大多数兼职工会干部具有不同的专业背景，并且从来没有做过工会工作。整体文化程度比较高，但专业化程度不高。

从专兼职工会工作人员的构成上可以看出，36名工会干部中，有4人是专职工会干部，有32人是兼职工会干部，专职工会干部占到全部工会干部的11%。社区中有超过50家的实体企业，并且职工人数超过500人的，可参照《社会化工会工作者聘用管理规定（试行）》，由区总工会给配备

1名社会化工会工作者。H街道的社区不符合这一标准，所以只有兼职的工会干部，也是规定允许的。

由以上分析可以看出，H街道小微企业联合工会专兼职工会干部中35岁及以下青年工作人员接近一半，年龄结构合理；专兼职工会干部整体文化程度构成合理，专兼职比例得当。除做好工会日常的组织建设、权益维护、民主管理、劳动竞赛与培训、会员卡服务、文体活动开展等日常工作之外，新常态下小微企业劳动关系领域的新矛盾、新问题不断出现，对工会干部的理论基础、群众经验、实践水平、沟通协调能力提出了更多、更高的要求。

3. H街道小微企业联合工会的工会经费现状

（1）工会经费（筹备金）税务代收的背景和具体规定

①工会经费

工会经费是工会依据法律规定获得的，是开展正常活动所需要的。根据《工会法》《中国工会章程》的相关条款，工会经费由以下几块组成：一是会员缴纳的会费，会费是不用上缴的，由基层工会自己留存以备使用；二是机关、企事业单位和其他社会组织向工会拨缴的经费，这部分费用是按全部职工的工资总额的2％计提的，是税务代收的范围；三是工会自己所属的企业、事业单位上缴的收入的费用；四是来自政府和机关、企事业单位或者其他社会组织的补助费用；五是其他收入。

②工会建会筹备金

工会经费也包括工会建会筹备金，特指没有建立工会组织的单位计提的工会经费，同样是按全部职工工资总额的2％计提上缴。《中国工会章程》要求，没有成立工会的机关、企事业单位还有其他社会组织，是要向上级工会拨缴工会建会筹备金的，也是以工资总额的2％为标准。

根据A市的有关规定：机关、企事业单位和其他组织没有建立工会的，在每月15日之前，要提供本单位工资总额的情况，以当月全部职工工资总额的2％为标准，向工会缴纳经费；新成立的单位，没有建立工会组织之前，从开业或者成立的时间算起，要向上一级工会拨缴经费。那么，上一级工会开立专门账户来储存管理这部分工会经费，以便今后为该单位职工服务，开展职工活动，也可以用于该单位组建工会使用。

③工会委托地方税务部门代收工会经费（筹备金）

工会委托地方税务部门，在企业报税时，代收企业的工会经费（筹备金），有很多好处。首先规范了工会经费的收缴工作，接受社会监督，有利于征缴透明度的增加；其次是单位在地税部门报税，同时缴纳工会经费，方便快捷；最后是各级工会经费能够及时到位，方便工会开展活动，履行工会的各项社会职能。

A 市是从 2013 年 1 月 1 日起开始税务代收试点工作的。各区的地税部门按照单位职工工资总额的 2％的标准，在除全额拨款的行政、事业单位以外的企事业单位和其他组织中，全额代收工会经费，包括筹备金。建立工会的“缴费单位”，代收的是工会经费；没有建立工会的“缴费单位”，代收的就是工会建会筹备金，以有没有建会为区别。

④工会经费（筹备金）缴纳基数方面的具体规定

地方税务部门把单位全部职工工资总额的 2％作为标准，以此来全额代收工会经费（筹备金）。

“全部职工”是指在企事业单位工作的全部人员，只要其取得工资或者其他形式的劳动报酬，单位中有外籍人员和港澳台人员的要包括在内，临时性、季节性用工要包括在内，离开了单位还保存着劳动关系的职工要包括在内，只领取生活费的职工要包括在内，还要包括办理了内部退养的职工等。

“工资总额”是指一定时期内，单位直接支付给全部职工的所有的劳动报酬的总和，包括很多方面，如计时、计件工资，奖金、津贴、补贴等，再有加班加点的工资，另外，特殊情况下支付的工资等都包含在内。计算工资总额要根据直接支付给职工本人的全部的劳动报酬，不管是计入企业成本的，还是不计入企业成本的；也不管是依据国家的规定企业算入计征奖金税项目的还是没有算入计征奖金税项目的；不管支付形式是什么，即货币还是实物形式，总之，以上这些都要列入工资总额的计算范围。

如果单位不能确定工资收入，月缴费基数就以单位职工总数乘以当地的上年月的平均工资为准。

⑤工会经费（筹备金）的返还

工会经费（筹备金）地税代收后，就打入到 A 市总工会的工会经费集中户统一保管，市总工会要进行返还，返还的比例依照规定的分成比例执行。返还时根据建会的不同情况进行不同处理，如单位建立了工会，该单位应留用的部分工会经费会在规定的时限内，由市总工会及时直接拨付来返还。其中开立了工会账户的各级工会，其工会经费中留用部分将直接拨给区级、县级、局级工会、乡镇街道工会，还有基层工会；没开立工会账户的各级工会，其工会经费留用部分要以代管形式拨付，就是拨付到该单位隶属的上级工会账户，委托上级工会账户来代管，在这种情况下，为管理好工会经费，上级工会要建立财务台账、账户的经费总账和明细分类账，记录基层工会的经费收支情况，但是基层工会仍然掌握代管工会经费的审批权和使用权，什么时候基层工会开立了工会账户，代管经费的上级工会自开立账户次月把全部的基层工会的经费划入该单位的工会账户，不能以各种理由拒绝划款。单位没有建立工会，缴费的钱款由市总工会设立专户为其储存并管理，同样要用于工会对该单位职工服务、开展该单位职工活动和该单位组建工会等工作，该单位成立了工会，此后就按照规定的比例，把已收取的建会筹备金都返还给单位。

（2）A市税务代收工会经费分配比例及开支办法

通过几年来的工会经费税务代收，工会经费的分配比例逐渐合理，开支也日渐规范。

①工会经费分配比例

A市根据本市的具体情况，设置的工会经费的分配比例是：对于基层工会则留用60％的部分，5％用于上缴中华全国总工会，11％由市总工会留用，16％由区级、县级、局级工会留用，8％为乡镇（街）级工会留成比例。

②工会经费开支范围

职工活动支出。在会员及其他职工中，开展了文体、教育、宣传、培训的活动，用于这些方面的开支都叫作职工活动支出，主要包括宣传活动费用（如在职工宣传活动方面进行了支出）、文体活动费用（职工业余文体活动包括购买文体用品等的费用）、职工教育费用（如用于职工的教育活动的各种开支）及其他活动支出（包括会员特殊困难补助和其他活动等）。

维权支出。维护职工权益产生的开支即维权支出，包括对困难职工进行帮扶、向职工送温暖、协调劳动关系、调解劳动争议、提供法律咨询或者法律服务、职工劳动保护方面的工作等发生的支出，还有参与立法、本单位职工民主管理方面等事项，这些支出都算作维权支出。

业务支出。业务支出包括用于评选和表彰优秀工会干部及积极分子的奖励；对于工会干部和积极分子的专项培训、业务学习所需要购买的教材资料及请专家授课的酬金；召开职代会、经费审查委员会或者各种工会专业会议；组织职工开展劳动竞赛、提供合理化建议、帮助单位技术革新和协作活动；基层工会用于办公或者差旅、经审专用经费等支出；还有外事活动、大型专题调研、工会组织建设、建设职工之家等活动。总之，凡是用于加强工会自身建设、用于培训工会干部、用于开展业务工作发生的各项支出都是业务支出。

资本性支出。资本性支出包括房屋购建、大型修缮、购买办公设备、建设信息网络、添置专用设备、购置交通工具等。

其他支出。即以上所列支出项目之外的开支，如职工集体福利、会员特殊困难补助等。

对于H街道小微企业联合工会，它的经费开支主要涉及三项，即职工活动支出、维权支出和其他支出。

③报销办法

报销办法采取税务部门正规发票和制表式报销凭据两种票据报销的方式。小微企业联合工会每年集中报销4次，每季度一次。

4. H街道小微企业联合工会绩效分析与评价的内容

（1）社会化工会工作者的绩效考核

H街道小微企业联合工会专兼职工作人员的绩效考核分为三个部分。兼职工会干部（社区工会联合会工作人员）参照社区工作者绩效考核体系，由街道办事处居民工作科按社区进行考核。专职工会干部中，工会主席和街道工会干部由街道办事处组织科每年组织考评；社会化工会工作者由于是区总工会招考派驻街道工作，所以由区总工会和街道总工会共同考核，本文主要描述这一部分的考核情况。

①社会化工会工作者的绩效考核现状

社会化工会工作者的考核是以注重实效和公正、公开为原则的，采取区总工会和街道总工会考核相结合、定性与定量相结合、自评与互评相结合的考核方式，一年当中社会化工会工作者的工作态度如何、工作能力怎么样、完成工作目标任务的指标情况和工作效率高低等方面都是充分考核的重点，以此来对有突出能力的、有优异表现的工作者进行表彰，提高工作的积极性，促进街道工会工作的开展。

②考核方式

有 4 种考核方式，分别是：街道考核、区总工会考核、工作者互评及个人自评。

③考核时间

每年的 12 月是社会化工会工作者的考核时间。第一阶段：12 月初，街道总工会最先开始考核；第二阶段：12 月中旬，区总工会考核、自评、互评；第三阶段：12 月底前，总结表彰。

④考核内容

街道总工会考核：此项考核分为考评、征求意见两个部分。一是组织街道与社区工会干部填写测评表，二是采取单独谈话形式，由区总工会考核组，与街道工会主席、副主席、工会干部及各社区主席或副主席分别进行谈话征求意见。

区总工会考核：各工作者以 PPT 结合文字材料的形式进行汇报，时间控制在 8 分钟以内。区总工会根据思想政治素质、完成目标及效率、工作纪律三个方面对工作者进行评分。

工作者互评及自评：结合汇报情况，所有工作者根据考核标准，客观、公正、实事求是地进行互评与自评打分。

⑤奖惩制度

采用百分制的评分形式，从上述四个层面进行评定，街道总工会、区总工会、互评、自评四个层次的评比权重分别占最终考核成绩的 40％、40％、10％和 10％。共有“优秀”与“称职”两个等次，根据每位工作者的最终考核成绩的排名先后来确定。原则上，优秀等次不超过工作者总数的 30％，考核成绩排名为后三位的工作者将予以诫勉谈话及轮岗学习。

年终，依据此次考核成绩发放一次性绩效考核奖励。据近两年的反馈，社会化工会工作者的薪酬结构比较单一，即使轮岗后工资也保持基本不变。一次性绩效考核奖励“优秀”和“称职”差距不大。

（2）工会经费使用绩效评价

近年来工会系统内绩效评价尚处于理论研究阶段，真正落实开始实践评价的较少，且局限于县级以上的工会建立工会经费预算绩效考评机制，对预算资金使用开展绩效方面的问责。全国工会并没有自己的绩效评价体系，多是参照财政绩效评价体系，再结合工会自身的实际情况，现在也开始积极筹划绩效评价工作，制定适合本系统的绩效评价方法。在没有开展对街道一级工会及其下属小微企业联合工会绩效考评的情况下，笔者尝试从工会经费收入、支出和支出比重等方面，分析评价 2019—2021 年三年间工会经费使用的绩效。

（二）H街道小微企业联合工会绩效分析

1. 社会化工会工作者绩效考核目前存在的问题及原因分析

笔者设计了网络调查问卷，调查问卷的问题主要涉及对绩效考核的认识、目的、绩效考核的效果如何、存在的问题有哪些、重点需要做哪些改进等几个方面，目的是发现被调查者对绩效考核的真实意见，分为三个部分，第一部分了解调查对象的基本情况，第二部分调查绩效考核的现状，第三部分收集改进绩效考核的建议。调查问卷的发放范围是参与考核的各级工会的工作人员和部分社会化工会工作者，先后有 14 人参与了调查，一共发放问卷 14 份，收回 14 份，有效卷 14 份，回收率达到了 100%。此次调研，结合H街道小微企业联合工会的工作情况，根据问卷调查和访谈的结果，当前绩效考核问题主要有以下几个方面：绩效考核不充分、增加工会干部业务培训、科学设置考核指标、岗位职责交叉没有严格规定、考核结果应用上效果不明显。

（1）绩效考核有明确的目的性、充分性和必要性

调查问卷中，有 39% 的调查对象认为当前的绩效考核目的是评价职工的工作成绩，有 28% 的调查对象认为当前的绩效考核目的是指导职工努力方向，有 16% 的调查对象认为当前的绩效考核目的是作为对职工实施奖罚的依据，有 14% 的调查对象认为当前的绩效考核目的是衡量影响单位发展的因素，有 3% 的调查对象认为当前的绩效考核是为晋职晋级提供依据。

绩效考核的充分性有待提高。一方面，小微企业联合工会不能干涉企

业的经营行为。例如：组织员的使用，以企业意见为准，有的组织员并不配合工会工作，社会化工会工作者多次沟通效果不大，企业也不愿意换人；职工工资集体协商、开展职工活动等工作，一般采取与企业协商、建议的方式。另一方面，社会化工会工作者所学专业不同，也没有做过工会的工作，借鉴以往阅历，通过实践，也能完成工作指标，在评价其工作绩效时，考察者也希望和和气气，以便于下一年工作的开展。

对于绩效考核的必要性，小微企业联合工会已经取得了独立法人团体的资格，独立自主地开展工作。但它的绩效是包含在街道总工会中的，没有单独反映，街道总工会的工作成绩又包含在区总工会和街道办事处的正常考核中。各项业务指标均统筹于区总工会、街道总工会下达的工作内容和街道办事处整体工作部署，社会化工会工作者绩效考核也往往受区总工会、街道总工会、街道办事处的考核结果影响，致使其绩效考核的效果一般。

（2）要加强各级工会干部的培训，也包括社会化工会工作者

被调查者普遍反映当前包括社会化工会工作者在内的各级工会干部知识结构和工作方法有所欠缺，制约着工会工作的正常开展，体现在以下两个方面。

第一，知识结构欠缺。工会是为职工服务的，工会工作者不但要精通劳动方面的法律法规，指导职工争取权益，帮助职工排忧解难，还要储备管理学、心理学、经济学、社会学等多方面的知识，及时发现各种矛盾萌芽，给予人文关怀，特别是涉及职工合法权益方面的事情，错误或者模糊的答复可能误导职工，损害职工的利益，甚至产生更大的矛盾。这些工作没有一定的知识积累是无法做好的。

第二，被动应付工作。工会部门下达的指标多，收到的通知多，要做的工作多，一名基层的工会干部更是要面对区总工会、街道总工会、街道办事处、社区居委会、辖区企业多个部门和单位的指导、协调和配合，再加上小微企业联合工会本身的工作计划、汇报、总结、职工活动组织实施、归档材料整理、上级部门检查等，一旦任何一个环节工作加码，必然引起一系列的连锁反应。工作压力大，就会出现被动应付的情况。

造成以上问题的原因，一方面在于街道和社区的性质，直接面对群众和具体问题，在街道和社区的各项工作中工会工作只是群团工作的一部分，

千头万绪的基层工作，对任何一名基层工作者都是一个挑战；另一方面，工会工作的岗位十分紧张，人员数量是有限制的，必须加强工会干部培训，挖掘潜能，提高效率，一专多能。

（3）考核指标设置比较合理，但某些工作在完成质量上不好衡量

调查中有 93％的人员认为现有的绩效考核指标体系设计比较合理，有 7％的人认为不太合理。参与进行考核的人员在访谈中表示，绩效考核指标体系设计总体不错，他们的不满意大多集中在非固化的指标。例如：走访企业情况、开展职工活动、工会会员卡服务等无法准确衡量工作完成的质量好坏；考核小组成员会不会以个人情绪影响考核对象得分高低，有没有仅凭主观印象评价工作的情况。

（4）岗位职责不清晰

有 86％的被调查者认为绩效考核结果基本上能反映职工综合表现，也有 7％的人认为基本不能反映职工的综合表现，也说明了在岗位职责和考核结果上还是存在问题。

岗位职责的不清晰主要体现在：一是各街道基础不同、情况不同，社会化工会工作者进驻街道开展工作后，有的“会计岗”需要管理街道总工会、街道机关工会、街道小微企业联合工会三套账目，有的只管其中的两套账或者一套账，这就造成了工作强度的不一样；二是各街道及其社区工会干部配置情况不尽相同，有的更多地依赖社会化工会工作者开展各项业务工作，造成“综合岗”负担过重；三是由于社会化工会工作者待遇不高，人员流动较大，有的街道从 2 人减至 1 人，既干“综合岗”又干“会计岗”，处于应付工作的状态。

（5）考核结果应用不到位

调查中，有 79％的人认为绩效考核结果与薪酬不挂钩，有 7％的人认为考核结果与评优评先无关联。

社会化工会工作者是聘用制管理，工资根据 A 市的规定，是分级负担，由经费补贴。收入与岗位、绩效关系不大。绩效考核分两档，即“优秀”和“称职”，一次性奖励差别不大。现有的薪酬分配制度阻碍了工资分配的激励机制和导向作用。

A 市总工会于 2015 年首次招考社会化工会工作者，有 24 人达到要求

上岗。这是一个新生事物。所以关于个人发展，它没有一个成熟的薪酬和职级晋升机制，也不像经过多年的职业化和专业化建设的社区工作者薪酬结构完整，综合素质高、工作表现好的可以被提拔任用，还能考取职业资格证书提高工资待遇。待遇及个人发展的限制，造成了社会化工会工作者难免带着情绪上岗，并通过参加公务员和事业编制工作人员等招考来改变现状，或者参加其他行业的招聘以谋求发展，造成了人员流动性很大，仅一年多时间 24 人中就先后有 6 人离开了岗位，流失率为 25 %。现有的绩效考核结果应用不到位，归根结底是相关政策和应用机制的缺失，没有为绩效高的人建立倾斜薪酬的机制，也没有为有能力者的个人发展提供上升的平台。

2. 街道小微企业联合工会经费使用情况的绩效分析

（1）小微企业联合工会 2019—2021 年工会经费的收入分析

表 4-1 2019—2021年小微企业联合工会经费收入、支出、结余

单位：元

年份（年）	上半年结余	工会经费收入	工会经费支出	下半年结余
2019	241 082.95	345 757.42	433 563.98	153 276.39
2020	153 276.39	362 963.9	354 933.9	161 306.39
2021	161 306.39	293 955.86	311 430.69	143 831.56

从表 4-1 可以看出，工会经费收入总体平稳，2019—2020 年有所提高，从 345 757.42 元增加到 362 963.9 元，增幅达到了 4.98；从 2020—2021 年工会经费收入有一定幅度的下降，从 36 万余元减少到了 29 万余元，跌幅达到了 19.01 %；并且 2021 年的工会经费收入要低于 2019 年，为 2019 年的 85.02 %。工会经费支出呈现逐年降低的趋势，2019—2020 年减少了 786 30.08 元，降幅达到了 18.14 %；2021 年工会经费支出继续减少，比 2020 年减少了 435 03.21 元，降幅达到了 12.26 %。工会经费结余部分除了 2019 年初为 24 万余元，2019 年底、2020 年初、2020 年底和 2021 年初、2021 年底均在 14 万 ~17 万元，变化不大。

原因分析：

第一，A 市作为工会经费税务代收工作的试点地区，从 2015 年开始，经过广泛的宣传和推动，企业开始缴纳工会经费。各级工会组织还有基层工会的经费收入越来越多。H 街道小微企业联合工会的经费收入也基本符合这一规律。2020 年收入增幅为 4.98 %，为稳中有升的状态。

第二，2021 年收入的大幅度减少，甚至低于 2019 年的水平，主要由于以下几个因素。其一，小微企业受市场波动的影响比较明显。国家整体经济进入新常态，“调结构、转方式”，同时进行供给侧改革。不断加大的经济下行压力和融资门槛，使小微企业的生存、发展都遇到了问题，有的经营规模不断缩小，直至倒闭。仅 2020 年，H 街道注销的企业达到了 32 家，占到了小微企业总数的 13.28 %。为了生存，一些企业则寻找生产资料更充足、价格更低或者能拓展更多业务的地区去生产经营。H 街道涉及制造业、物流业等小微企业纷纷寻找厂房、场地等设施完备、租金更低、优惠政策更多的北辰、西青、静海、宝坻等地。这些企业经营多年，比较成熟，职工会员人数多，还稳定。成熟企业的迁走，稳定会员的减少，造成工会经费流失。另外，自 2019 年新冠肺炎疫情暴发以来，疫情为我国各行各业带来了巨大影响，尤其对小微企业的影响特别大。因为小微企业的承受能力、转型升级的机会都有限，而且资金链断裂会对小微企业造成致命的影响。其二，2021 年，A 市推进供给侧结构性改革。推进“大众创业、万众创新”，打造“众创空间”；把新技术、新工艺、新设备、新材料、新业态作为方向，推动企业（尤其是中小企业）转型升级。H 街道区域内的工业园区逐渐萎缩，一部分改为“众创空间”，并增加“自创区”科技招商展示服务中心一个，注册企业多是科技公司、商贸公司等孵化器型企业。新兴行业和新兴企业形成规模需要一定的时间，经营状况也不稳定，短期内盈利有限，职工人数较少，员工工资较低，缴纳的工会经费自然不多。其三，要小微企业发展，就要减轻企业负担。国家实施了一系列的税收优惠政策和扶持小微企业的措施，税收进行了改革。A 市也提出了降低税费负担，全面落实“营改增”和小微企业减税政策，要降低企业人工成本。很多企业在这种减负的大趋势下，把工会经费视同为税收，视同为企业的负担，少交或者不交工会经费，以此来降低企业成本。其四，根据规定，单位不交或者少交工会经费（筹备金）的，以欠缴工会经费总额为标准，每日追加 5 ‰的滞纳金。拒不缴纳，或者无正当理由拖延，工会可向人民法院申请支付令；工会还可以向人民法院申请，对拒不执行支付令的单位依法强制执行。实际中鲜有“强制执行”的情况。

（2）小微企业联合工会 2019—2021 年工会经费各项支出情况分析

表4-2 2009—2021年小微企业联合工会经费各项支出情况

单位：元

年份（年）	经费支出	活动支出	维权支出	福利支出	业务支出
2019	433 563.98	59 372.97	131 238.8	116 682.71	126 269.5
2020	354 933.9	116 442.81	141 099.04	97 392.05	0
2021	311 430.69	127 830.95	105 099.17	78 500.57	0

由表 4-2 可以看出，2019 年由于上年结余较多，所以工会经费支出较多，为 2019、2020、2021 三年当中最高，然后工会经费支出逐年下降。

自工会经费税务代收以来，很多企业开始缴纳工会经费（筹备金），但是没有成立或者加入任何工会，造成工会经费 60 % 的部分无法及时返还，职工活动、福利、维权工作受到影响。为了解决这一问题，各街道工会一方面积极引导缴费企业建会入会，另一方面采取无论企业职工人数多少，通过小微企业联合工会账户过渡，把工会经费返还给企业。企业应该独立建立工会的，在成立自己的工会之前，以涵盖建会的小微企业的形式报销工会经费，在完成独立建会手续并开立工会银行账户之后，街道小微企业联合工会给企业工会开具转账支票，把工会经费从自己账户转账到企业工会账户，这部分工会经费计入业务支出科目。应该独立建会的企业在开始两年集中建会、开立企业工会的银行账户，而后账户陆续使用，所以 2019 年转账的工会经费即业务支出部分达到了 126 269.5 元。2020、2021 年不再有需要独立建会的小微企业，这两年的工会经费的业务支出部分恢复为零。

①职工活动支出方面

2019—2021 年逐年增长。从 2019 年的 59 372.97 元增长到 2020 年的 116 442.81 元，增幅达到了 96.12 %，2021 年增长到 127 830.95 元，较 2020

年又增长了 9.78 %，这说明职工活动开展得越来越多，许多企业纷纷增加职工活动的预算与支出，另外也说明职工活动的效果越来越好，得到了职工的积极响应与反馈。

②维权支出方面

维权支出在 10 万元 ~15 万元，三年间变化不大。说明职工维权方面的需求比较稳定，困难职工帮扶、向职工送温暖等“雪中送炭”的工作开展得比较扎实，持续性较强，无论何时都是工会工作的重要组成部分。

③其他支出方面

在 H 街道小微企业联合工会，这部分支出主要用于职工集体福利。2019 年福利支出达到 116 682.71 元，2020 年减少至 97 392.05 元，降幅达到 16.53 %，2021 年又减少至 78 500.57 元，降幅达到 19.40 %。这与成熟企业迁出、新兴企业迁入及小微企业员工流动频繁有关，从工会经费支出的减少趋势来看，也处于合理范围内。

三、新工会会计制度下基层工会加强绩效管理的对策

为提高工会资金使用效益，强化成本绩效管理，新制度既从会计核算角度强化成本费用核算，又从信息质量管理角度提出成本信息发布内容，主要体现在增设“长期待摊费用”科目，核算和监督工会已经支出情况，但应由本期和以后各期负担的分摊期限在 1 年以上（不含 1 年）的各项支出，如工会租入办公用房的装修费用及其他对以经营租赁方式租入的固定资产的改扩建支出。编制“成本费用表”，要求县级以上工会提供成本费用信息。“成本费用表”能够真实反映县级以上工会某一会计期间内职工活动组织费用、职工服务费用、维权费用、业务费用等各种成本费用情况，便于有关单位及时了解工会成本费用信息，提高成本绩效管理水平。

根据前文对 A 市 H 街道小微企业联合工会绩效管理现状的分析，结合新制度，本书提出基层工会加强绩效管理的对策如下。

（一）强化制度保障

1. 加强法治化建设

依法管理和加强工会绩效评价的作用，必须加强绩效评价方面的立法，

国家有关部门应制定绩效管理的法律规定，依靠法律的力量有效保障绩效评价工作的开展，为依法评价提供制度保障，使绩效评价通过国家立法强化对绩效目标的规定，将工会的资金管理与对法律负责、对行为结果负责、对职工群众负责统一起来。

2. 完善工会组织体系并明确岗位职责

工会组织体系不完善和岗位职责模糊是造成绩效评价难以制定、绩效管理难以开展的重要原因之一。一是上级工会要纠正先组建后规范的建会模式，在加大工会组建力度的同时，积极帮助、指导基层工会完善组织体系，建立健全工会组织机构、工作制度、运行机制等，积极帮助、指导企业工会开展工作。二是要进一步强化企业高素质工会干部队伍建设。不少企业工会主席是由企业管理者直接选定的，上级工会要加强企业工会干部协管工作力度，指导帮助企业选好配强工会领导班子。对当前大量企业由行政人员兼任的工会主席，经加强培训和引导，正确处理好角色冲突问题，更好地发挥接近决策管理层和具有相应的人财物支配权的优势，为职工群众服务。在企业工会严重缺乏工作人员的问题上，要加大干预培植。要重视和加强基层工会干部的教育和培训，坚持分级、分类、自学、集中的培训原则，进一步建立完善工会干部学习制度、教育培训制度和责任落实制度，重点抓好新任工会主席、企业工会干部的培训教育工作。以前文A市H街道小微企业联合工会为例，加强培训，培养优秀的包括社会化工会工作者在内的工会干部。对他们加强工会法规、政策和工作方式、方法的培训，提高业务素质和能力。要充分整合利用上级工会的培训机会、兄弟街道的学习机会、企业职工的交流机会，通过脱产培训或以会代训等方式，做好工会干部的教育培训。培训内容要紧扣街道、社区工会工作实际，切实提高他们的服务能力和管理能力，使其熟悉掌握工会工作和工会财务制度，确保工会工作的顺利开展和工会经费的规范管理。三是要帮助企业工会完善岗位职责分类，不能所有工作都由工会主席或少量工会干部承担，工作缺少重点，疲于应付上级工会任务，要把提高企业经济效益、职工维权和民主管理作为企业工会工作的重点来开展，做到岗位职责明确，工会干部有的放矢。

3. 加强规范化建设

首先，规范化的绩效管理应该以效率、经济、公平、效益作为绩效评价体系构建的基本原则，并将其具体化为绩效指标，通过细化，形成系统的适合工会组织特点的可量化的评价指标，在此基础上建立科学合理的绩效评价指标体系。其次，应逐步建立完善的涵盖绩效目标、绩效监控、绩效评价、评价结果应用等各环节的规范管理制度，规范绩效评价工作的流程，制定细则，对相关部门和人员实行绩效问责机制。最后，对绩效评价的标准、程序及结果应当公开化。

4. 强化资金监管及风险防范意识

为形成完善的工会组织管理机制，应将绩效评价贯串规范预算的编制、执行和资金使用的整个过程。传统模式下的预算管理制度，存在粗放、组织管理不规范等现象，资金运作过程中存在一定的人为因素，随意性较大，导致资金支出的原则性和透明度难以保障，从而容易产生资金流向模糊，预算外开支等问题。通过绩效评价，运用制度化的手段对资金运作的整个过程实施严密的监管，按照项目支出的实际情况，将各项经费支出与重点业务活动的结果及绩效有机联系起来，强化资金管理力度，对下一年度预算安排发挥导向作用，增强预算的连续性和对应性。同时，要加强对工会资金使用和监管及风险防范意识，就应制定具体措施，以应对未预见的突发问题，建议对工会资金使用中存在的成本管理风险进行充分的调研与评估，按照新制度的要求编制“成本费用表”，加强成本控制。加强对经费使用情况的统计工作，根据各项费用所占比例与历年的相关支出进行对比，进而采取针对性的成本管控措施。

对于基层工会来讲，积极参加上级工会和有关财务部门的业务培训和专项指导，对工会经费管理进行自查。经费审查部门要做好工会经费的事前、事中、事后监督，做好工会经费使用绩效的审计。审计检查中发现问题要及时指出，限期整改。要做好整改跟踪工作，切实保证工会经费的运行安全、使用高效。综合平衡地完成各项目标任务，同时保证工会重点工作顺利进行；要将更多的支出安排在企业职工身上，确保工会经费的维权、福利、活动支出比例符合要求。严控工会经费支出范围，确保每一分钱都惠及职工、花出成效。

5. 调动多方主体参与的积极性

工会的绩效考核与企业的绩效考核有所不同。企业的绩效考核作为现代化企业的一项重要工作程序已经被大部分考核者与被考核者所接受。参与人员通过包括被考核者的上级、平级与下级同事，绩效考核制度较为完善。工会工作考核则多是从下到上让服务对象直接评价。这就意味着工会干部与职工必须要提高对绩效考核的认识和参与的热情，考核结果才能真实有效。但是目前企业工会，尤其是非公企业的工会干部多为兼职人员，行政事务繁忙，多数不愿意接受工会考核。职工也认为工会工作与他们利益关系不多而态度冷漠。因此，对工会干部和企业职工加强绩效考核意义的宣传至关重要。同时，工会工作绩效考核通过依托于企业召开的职工（代表）大会、工会（代表）大会或企业年终总结大会，企业管理者对这项工作的支持显得尤为关键。因此，地方工会必须在日常工作时应该多深入基层与三方人员进行交流沟通，通过各种途径加强工会工作绩效管理的宣传，为实施绩效管理打下基础。

另外，绩效考评需要具备专业的绩效管理人才，作为考查方的市总工会甚至是乡镇（街道）工会都需要加大对人力资源的投入，可以在目前聘用了一定数量的工会专干的基础上继续引入人才，并且注重培养在工会系统年限长、对企业工会工作情况熟悉、对工会有感情的专业人才。

6. 建立多方协同精准联控机制

着力构建起以同级经查费审监督为主导、国家审计为指导、社会审计为补充、职工会员监督为基础的立体监督体系。充分分享各级工会财务综合管理平台等信息资源，实现数据资源共建共享，形成监管合力，打造动态协同工会经费绩效管理“专网平台”。积极构建多层级、多部门联动的工会预决算管理绩效精准控制模式，实现无缝隙、全覆盖的“阳光绩效监控”，确保工会经费用在实处。

（二）明确工会绩效管理模式

1. 设计科学的绩效考核指标

绩效考评关键在于考核指标，科学合理的指标体系影响到绩效管理的成效，具体可以从以下方面侧重。

在内容方面，考核过程要侧重考评对象的各个方面和要素，要通过有效的权重与比例进行分配，一般可以分为以下几个方法：一是计次法，即把若干的考核指标依据战略目标分成几个关键的节点，若关键节点在考核过程中出现的次数较多，则对应评价等级就越高；二是复合打分法，该方法主要侧重匿名方式的打分，通过各个考评人对考核对象的打分，然后进行复合统计和归纳，最后以数值的方式确定考评结果的等级，可以说这是客观与主观的有效结合；三是行为销定等级法，主要是通过关键事件和等级评价相结合，在每个等级评价表中绩效的维度又对应一种相应的行为，按不同绩效进行有效的量化，可以说该种结果较为公平与公正。在类别方面，工会工作绩效管理应该针对大中型企业和小微企业分别制定不同的管理方案。大型企业财力、物力、人力方面较为雄厚，工会人员较多、素质较高，岗位职责明确，比较容易接受绩效考核。工会工作重点是帮助企业建立企业文化、树立形象。而大量的小微企业各个方面与大型企业工会都相距甚远，企业定位和工作重点也完全不同。因此，只有分门别类进行考核才有针对性和意义。

2. 建立预算绩效管理模式

工会应将全部收支纳入预算内容中，建立起以预算为导向的安排支出机制，加快建立一套预算有目标，执行有监控，完成有评价，结果有反馈，反馈之后有运用，绩效结果有问责的预算绩效管理模式。同时，应树立专款专用意识，严格按预算规定的支出用途使用资金，实行专款专用，根据专项资金的不同性质，分类归并现有专项资金。落实专项资金追踪反馈制度，加强对专项资金使用情况的事中监督和事后评价，实行项目进度跟踪和问效问责制度，提高专项资金使用绩效，健全内部控制。为更好实现资金预算绩效管理，优化资金运用与责任分配，建立客观的、有效的工会资金支出绩效评价体系，应科学合理编制预算，规范有序地执行预算，严格有效地控制预算，进而提高工会预算的科学性、准确性及可操作性，强化工会经费的支出效益。

3. 建立“管控型”绩效管理模式

工会“管控型”绩效模式应从收支两个方面加强管理：一方面，工会资金收入方面，应对工会经费实现应收尽收，扩大收缴覆盖面和拨缴率，将工会经费收入全部纳入预算管理，杜绝在预算外坐收坐支、列收列支行为；另一方面，对于行政费用支出，按照厉行节约，反对浪费的原则，尤其是“三公经费”支出应严格实行控制性管理，加大压缩行政经费的力度，加大对资金支出的财务监督力度和日常检查，完善内部控制，在源头上纠正不合理支出，避免将工会经费专款转到账外运作等严重违反财经纪律问题的产生，真正做到工会经费服务于工会工作和职工群众。

4. 建立“导向型”绩效管理模式

通过建立和完善工会资金支出绩效评价指标体系及相关绩效考评办法，实行“统一领导，集中管理”的财务管理体制，规范预算追加与调整行为，以杜绝通过预算调整随意改变专项资金用途和使“资金使用不当”行为合法化的做法，硬化预算执行。同时，规范工会财务核算，引领各级工会的工作导向，制定约束性的考核指标控制不合理支出，力争通过准确有效的评价方法和标准，实现对工会资金支出行为效率和效益性客观合理的评价和管理。以规范的财务管理为准绳，强化审计监督，对部门预算编制、预算执行和预算管理情况实行全过程跟踪监督，发挥社会舆论监督和群众监督作用，接受社会的监督，增进预算管理的透明度，提升预算管理效能，促使各级工会组织紧紧围绕工会工作大局将工会资金支出应用于工会重点工作，提高工会资金使用绩效，促进工会资金规范管理。

（三）建立科学的工会资金支出绩效评价体系

1. 工会资金支出绩效评价内容

对于一个完整合理的绩效支出评价体系，其评价内容应包括绩效目标的设定情况、项目决策及资金到位情况、相关制度的建设情况、资金投入产生效率及效果四个方面。为确保工会资金支出绩效评价的顺利开展，使得评价结果令公众满意，一般将评价内容依据先后顺序分为前期准备、实施绩效评价、生成评价报告及评价结果应用四项工作内容。

（1）前期准备

为做好工会资金支出绩效评价工作，首先要做好以下四点。

①全面了解项目有关情况，组建评价工作组

为绩效评价工作的开展提供组织保障，成立评价领导小组，财政或上级工会组织部门也可委托专业第三方中介机构参与绩效评价工作。在明确委托方要求的前提下，评价机构组建项目评价工作组，中介机构明确每名成员的职责及分工，并对工作组全体人员和专家进行培训，在与被评价单位沟通的基础上进行项目资料收集、整理和分析工作。

②确定评价对象

绩效评价小组应当根据实际情况，确定金额较大，影响较广的项目作为绩效评价对象。

③下达评价任务

绩效评价领导小组健全后，应及时将绩效评价的相关事项及任务指标以书面形式下达。

④备项目评价工作方案，明确时间及进度要求

绩效评价小组制定切实可行的绩效评价方案，结合预算管理工作，综合考虑评价数量、评价重点及对象和范围特点，依照实际情况和目标确定相应的绩效评价的工作方案。考虑到工会资金支出绩效评价的公益性，评价工作组先期通过网络、新闻媒体及专业刊物等，了解项目基本情况。之后，评价工作组对项目实施单位进行调研，了解上级工会或财政部门对预算资金管理要求，了解项目的具体内容，并针对关注的问题，收集相关资料，在此基础上，形成项目绩效评价的工作方案。

（2）实施绩效评价

评价工作的具体实施是资金支出绩效评价的关键环节，要想把绩效评价工作做好，财政或上级工会组织应当制定详细的绩效评价方案，本文提出以下实施程序。

①下达评价入户通知书

在具体工作开展之前，应先做好足够的准备工作，对相关部门和人员下达《绩效评价入户通知书》，明确评价依据、任务、时间、人员等事项。

②组织针对性培训

由于被评价单位相关人员的绩效评价知识结构参差不齐，评价工作组应根据不同需求，对部门或项目单位开展针对性的培训工作。

③开展自评工作

评价工作组应依据工会的特殊性，制定特定的指标体系内容和报告范

本，要求参与绩效评价的部门或项目单位成立自评委员会，根据评价组的要求准备相关资料，撰写绩效报告，并报送评价工作组。

④资料收集与审核

评价工作组制定出资料清单，结合部门或项目实际情况进行相关数据收集汇总，对预算单位提供的所有数据仔细核对、认真检查，依据实际情况找出部分指标及标准的不足，并进行必要的调整，保证所有相关数据的一致性和客观真实性，对重要的和存在疑问的基础数据资料进行核实确认。评价工作组对所收集的资料进行核实和全面分析，对重要的和存在疑问的基础数据资料进行核实确认。同时，对项目单位提供的《绩效目标申报表》的明确性和合理性进行核实。

⑤遴选专家，组建专家评价工作组

为保证绩效评价质量，评价工作组应通过遴选绩效管理专家、财政财务专家和业务专家，组成专家评价工作组。召开由评价工作组和专家组共同参加的专家预备会，会议就绩效评价的概念与背景，项目立项背景，评价对象内容和评价方式方法，专家工作手册的评价指标体系与专家工作程序和内容进行了有效沟通，对评价工作组归纳的需重点关注的问题充分讨论并交换了意见。

⑥研究制定指标体系，对工会资金支出进行综合评价

绩效评价工作组根据实际情况细化评价指标，明确评分标准和指标权重，根据确定的评价标准、评价指标体系和评价方法，进而对绩效评价项目的绩效情况进行全面的分析，召开专家评价会，专家对项目或部门的绩效情况进行分析和研究，提出相关意见，并进行打分和评价。

（3）生成评价报告

所有相关的工会资金绩效评价工作都落实后，应针对评价工作内容进行总结并形成书面评价报告。绩效评价报告应书写规范，做到数据准确、分析透彻和内容完整。工会资金支出绩效评价应包括以下几个方面。一是资金立项目标。内容包含立项原因、计划目标、设立背景等。二是资金的用途方向。内容包含资金使用的支出原则、使用方向等。三是资金使用和拨款情况。内容包含资金拨付时间、金额，收付款单位资金到位情况，涉及项目和项目进度情况等。四是资金分配与调控。内容包含分配原则、资

金使用及监督、绩效评价等方面的管理。五是资金效益情况。内容包含社会效益与经济效益两个方面。六是资金使用中发现的问题。内容包含资金拨付、使用、收益、责任划分、监管等方面。七是意见和建议。内容包含为规范资金使用，增强其有效运行的能力，提出提高资金使用率的合理意见和建议。

（4）评价结果应用

为规范项目的立项程序，绩效评价工作应通过完善归口管理机制、组织专家论证，增强项目立项论证的充分性，提高工会项目资金使用的绩效管理意识。绩效评价初步意见形成后，上报绩效评价领导小组审核，审核确认后返还被评价部门及相关上级管理部门，被评价部门应当根据评价结果及时进行整理和反馈，加强与相关预算管理部门沟通，合理解决工会资金支出细项内容与项目申报细项的统一，注意预算编制依据与预算执行的对应，调整资金使用方面的不合理之处，用于作为改进下一年度预算安排的依据。评价结果同时要上呈本级政府部门及上级主管工会，以加强对工会资金支出的监督。将评价结果在系统内通报，并在相关网站上公开，对主管部门、预算部门在预算绩效管理工作中出现的问题，根据相关条款进行绩效问责。工会相关部门依照评价结果调整工作内容，找出资金使用中的不合理之处并进行必要的整改，优化资金使用相关人员配置和管理制度，并将整改方案和目标书面化，报相关部门备案。

2. 工会绩效评价方法

工会绩效评价方法的选择应与项目的特点及评价目标的要求相适应，与评价目标内容相匹配，目前工会绩效评价的方法多采用定性和定量相结合的方法。

（1）专家评议法

专家评议法是邀请多名相关领域专家评定项目的价值或重要性的方法，根据确定的评审内容，通过搜集资料，经过多次论证、归纳及分析，将专家基本一致的观点进行汇总，作为绩效评价分析的结果。这种方法比较客观，而且专家在专业领域上造诣深、实践经验丰富，在绩效评价指标和指标权重的设置方面能发挥积极作用，经过专家质疑通过的讨论，问题更深入、更全面，形成的意见更科学合理。

（2）问卷调查法

问卷调查法是将评价内容设计成调查问卷的形式，随机向公众发放，一般要求参加调查者书面或者口头作答，最后汇总分析问卷，进行评价和判断的方法。这种方法同时对众多调查对象进行调查，便于对调查结果进行定量研究，节省人力、时间和财力。

（3）成本—效益分析法

成本—效益分析法是按照投入产出原理，运用一定技术方法，计算出每种方案的成本和收益，将一定时期内多个预选方案的总成本与总效益进行对比分析，最终选出最优决策方案的评价方法。这种方法用于项目支出的全过程。在立项阶段，分析项目是否符合国家经济和社会发展的相关财务和经济指标；预算编制过程，主要对项目的经济效益和社会效益的合规性、合理性进行审核；预算执行过程中，用于做好相关数据信息的收集和整理；项目完成后，对其进行综合考虑，进行总体评价。

（4）最低成本法

最低成本法是通过选择多个备选方案，以最低成本为确定支出的标准。这种方法适用于成本容易计算的项目，而且它只能对项目支出进行事前评价，而不能进行事后评价。

（5）目标管理法

围绕和服务目标中心管理活动，并将目标分解执行，以圆满实现目标为宗旨的评价方法。目标管理内容主要有目标，制订完成目标的周密计划，与组织建设相互为用，通过制定小目标到部门目标进而实现工会组织整体目标，与有效的考评办法相结合。

工会资金支出绩效评价的方法还有综合指数法、财务分析法等多种方法，各种方法均有其优缺点，对于绩效评价方法的选择，要结合项目的实际情况及特点，选择切实可行的评价方法，多种方法相互结合，更能体现工会资金支出的经济效益、效率效益和公平效益。

3. 工会绩效评价指标

（1）工会绩效评价指标内容

工会绩效评价应当具备整体工作和单项工作任务相结合，方法上实施定量分析与定性分析相结合，群众评价与专业分析综合运用，以科学客观、多角度多方面的评价指标真实反映工会资金支出效益的优劣。工会资金绩效评价指标体系应通过以下四方面内容有所体现。

第一，过程评价，就工会资金支出过程中的相关要素进行评价，分析支出决策是否合理及是否实现立项评估预测的目标，包括支出方向、支出效率、责权划分、效益目标完成情况、预算完成率等。

第二，经济效益评价，根据投入资金和产出收益进行分析，计算资金投入的成本效益情况，测算资金投入产生的经济效益，经济效益评价同时还包含对费用支出等财务数据的评价。

第三，影响评价，从项目的投入所产生的多方面影响上进行评价，包括对职工生活、教育、文教、福利及社会环境等方面造成的直接影响进行评价。

第四，持续性评价，在资金支出项目完成后，在此后一段时间内持续的正面或负面效果的影响评价，包括社会影响、职工满意度、收益人群及范围等。

（2）工会资金绩效评价指标类型

根据评价指标涉及的范围不同，绩效评价指标分为共性指标与个性指标、3E/4E 指标等多种类型。

①共性指标与个性指标

共性指标指的是适用于所有类型项目的绩效评价指标，由国家财政系统统一制定。个性指标由预算单位、主管部门提出并经财政部确定，主要是针对行业、部门及财政支出项目的特点确定的指标。该指标通常情况下要符合四项原则，包括：被选定的评价对象与工会资金项目有直接关系，即相关性原则；指标具有代表性和准确性，能真实反映绩效目标的完成情况，即重要性原则；对于该绩效目标的考评标准，对同类绩效项目同样适用，即可比性原则；在实施和完成绩效考评工作的方式上要具备良好的操作性与可行性，不能出现以现有的人力、物力无法完成考评或成本不允许的情况，即可操作性原则。

② 3E / 4E 指标

3E 指标指：经济（economy）类指标即以最低费用取得一定质量的资源，主要是成本类指标；效率（efficiency）类指标是衡量投入产出比及相关对应关系的指标，通过比率的计算与衡量得出成本投入与产出的效率；效益（effectiveness）类指标即是否达到目标，涉及社会效益、政治效益等；传统公共财政重视经济、效率、效益，加上公平（equity）类指标，就构成了4E 指标。

4. 强化绩效评价结果应用

（1）绩效评价结果与资金预算相结合

将年度工会资金预算的目标实现情况作为衡量工会绩效的标准，绩效评价的结果作为年度资金预算的基础，将评价的结果与预算的编制、管理及执行相统一，通过有效分析评价结果，本着量入为出的原则，优化经费支出结构，合理编制预算，加强对财务收支工作指导和监督力度，严格执行预算及财务制度，将行政支出控制在合理范围内，专项资金专款专用，杜绝资金挪用。根据评价结果，确定年度核定拨付资金及下年度安排预算的额度，将评价的结果与预算的编制、执行及管理相统一，对绩效评价结果较好的工会组织予以预算资金优先保障和支持，并给予奖励；对于评价结果较差的应相应减少预算资金。

（2）加强绩效评价结果反馈和处置

绩效评价实施部门应将评价结果作为加强和改进预算编制及管理的参考，及时将结果反馈给预算执行的工会组织并提出合理意见，用于指导工会组织的预算编制及管理工作，对绩效评价的结论及发现的问题，有针对性地及时完善和改进相关管理办法，不断降低工会资金支出成本，增强资金支出的效率和效益。

（3）加大绩效评价结果的法律约束

建议相关部门认真开展绩效管理及评价方面的立法调研，根据实际情况，制定相关法律法规，监管和制约工会绩效评价责任主体，实行绩效问责机制，依法依规严肃追究相关责任人，增强绩效评价的权威性和独立性，为绩效评价工作的顺利开展创造威慑力。

（4）公开评价结果

按照政府信息公开相关规定，对于工会绩效评价结果应通过单位内部公告、政务网及工会网等在一定范围内予以公开，提高绩效评价结果的透明度，加强对各级工会组织资金支出的激励和监督，最大限度地满足职工会员对工会项目实施情况及效果的知情权。

综上所述，基层工会加强绩效管理，有利于树立正确的政绩观，引导基层工会干部树立科学的理财理念；有利于摸清工会家底，正确判断当年的经费状况，提供科学决策资信；有利于客观、公正地评价工会工作，改变传统的“只讲过程，不求结果”的评价理念，较全面地反映工会工作业绩；有利于工会财务从服务工会工作向推动工会工作转变，推进工会重点工作和创新工作有效地开展。推行绩效评价管理其本质是工会财务规范化建设的创新举措。就深化工会财务规范化而言，我们要随着企业的发展和工会重点工作的延伸，不断深化完善绩效评价管理体系。同时，通过工会经费支出绩效评价管理的创新，不断促进工会工作的创新。

第五章　新工会会计制度下基层工会内部控制体系建设

工会的财务内部控制主要是用来杜绝舞弊、防止贪污，提高工会经费的利用效率，通过建立一系列措施和方法，使财务工作更加安全有效，从而为工会的健康发展提供支持和保障。建立完善的工会内部控制体系，能够保障经费安全，让每笔收支有据可查；能够提高经费的使用效率，让经费使用落到实处；能够让财务报告和会计资料信息真实完整，提高高校工会内部控制水平。建立完善的内部控制体系，是工会建立现代财务制度的必经之路，也是建设阳光财政的必然选择。

一、工会财务内部控制概述

（一）内部控制的基础理论

1．内部控制的内涵

（1）内部控制的概念

内部控制是指各个经济单位主体在参与经济活动的过程中形成的具有制约性质的职责分工制度和组织形式，也是为了实现经济主体的目标，由董事会、管理层、员工共同参与制定与实施的控制活动。内部控制在最早期是为了加强经济的管理，随后伴随着经济的发展而不断完善。最早的控制聚焦于保护经济主体的财产安全性和会计的可靠性，主要是对钱物分管、手续程序、会计复核等方面进行控制。生产规模的不断扩大意味着商品经济的发展，这也对内部控制提出了更高的要求，因此形成包含控制环境、风险评估、控制活动、信息与沟通、内部监督的内部控制管理系统。

（2）内部控制的要素

内部控制由五种要素组成。其中，控制环境作为基础性要素，是其他要素的基础。如果经济主体缺少控制环境，那么其他要素也无法发挥作用，这直接导致无法实现经济主体的目标。控制活动、信息与沟通、风险评估是内控体系的重要组成部分，内部监督要素则保证各要素的合理与规范，以便更好地实现目标。

①控制环境

控制环境是指影响经济主体的内控制度和各项活动的因素集合，主要包含管理组织的设立、企业文化、权责分配与制衡、内部审计制度等多项内容。控制环境具有基础性作用，是其他要素的前提，也是实现内控目标的有效保障。经济主体的各项控制活动都从控制环境开始，并将作为立足点，由此建立覆盖所有部门和员工的内部控制体系。

②风险评估

风险评估主要是经济主体为了明晰业务活动中可能存在的各种风险及影响程度而实施的一种内控活动。它是实施控制活动的前提，能够有效应对和防范企业风险。由此可见，风险评估对实现内控目标具有至关重要的作用。无论经济主体以何种形式存在，处在何种行业，在开展业务活动中都存在多种潜在的风险。所以必须结合内外部实际情况，通过全面分析和评估自身的风险并采取针对性的措施加以应对和防范。

③控制活动

在风险评估后，各经济主体会依据评价产生的结果采取具有针对性的策略应对各种风险，并制定科学有效的政策和制度实现最终的管理目标。该项活动涉及经济主体的方方面面，参与者包含所有的部门和人员，每个成员都必须认真开展此项工作。在实施过程中可以通过多种方法和措施，主要包括绩效考核、处理信息、权责分离等。

④信息与沟通

信息与沟通是指通过收集、整理和归纳与管理活动相关的信息，并做好及时的信息传递和更新工作，以此实现企业内部资源信息共享，并为内部控制工作提供参考性的指导。在开展经营业务和活动时，经济主体需要收集、整理和分析各类信息，并通过多种沟通形式明确职责。

⑤内部监督

内部监督是指存在于经济主体内部的监督，通过建立和实施科学有效的监督体系管理和控制各项经济活动。该项要素主要检验和监督内部控制的合理性、规范性、科学性，通过监督得到对企业的检测结果，采用内控报告的方式提交结果并提出改进建议。内部监督是其他要素发挥作用的保障，所以企业必须发挥内部监督的作用。

（3）内部控制的特征

内部控制的特征包括以下五个方面。

第一，全面性。全面控制经济主体的一切经济业务活动，不仅包括控制资产、财务、人事、会计等制度的执行情况，还包括对各种业务工作进行分析和研究，并提出改进意见。

第二，经常性。内部控制活动涉及日常性的经济业务活动和经常性的管理职能检查与考核，不属于突击性和阶段性工作。

第三，潜在性。内控行为与日常管理活动密切联系在一起，前者隐藏融汇于后者，不能把二者割裂开来。不论执行何种业务、何种管理方式，都会存在潜在的控制行为。

第四，关联性。经济主体的任何内部控制都是密切关联的，一种控制行为是否实施成功直接关系到另一种行为。与此同时，一种内部控制行为的设立可能会使另一种行为加强、减弱或取消。

第五，局限性。无法改变生性不良之管理者并使之变好；无法保证企业永续生存，保持持续发展状态；无法保证人为错误或失误及由于自身局限导致的判断错误；无法完全杜绝串标、围标和集体勾结；虽然风险评估结果反映事实，但资源受限。

2. 内部控制的原理

内部控制理论的原理，主要是相互牵制、职权分离、相互制衡。企业内不由管理层直接管辖的部门里，为了防止造假账和贪污事件的发生，要设置多个职权分离而同时又相互牵制的岗位和工作人员，这些岗位和工作人员能够互相监督又互相制约、制衡。通俗讲，企业的账不能由一个人做，企业一个部门的各项权利也不能由一个人掌握。20 世纪 70 年代，西方经济管理学界提出：在企业的每个经济岗位都应该以“不信任”的思想作为前提，建立起不同岗位之间、不同工作人员之间的内部监督、牵制、制衡的制度，从而发展为企业的内部控制制度。20 世纪 70 年代以后，西方国家的社会经济发生了一系列重大变化，西方国家企业的内部结构也发生了变化，21 世纪初发生了震惊世界的安然公司倒闭案，因此控制公司经营风险的思想成为企业管理内部控制学界的共识，与此相适应的基于全方位控制思想的内部控制框架理论日益成型。

3. 内部控制制度的目标、原则和方法

（1）内部控制的目标

内部控制的目标有二：基本目标和具体目标。内部控制的基本目标，当然也是企业所追求的终极最高目标。这个目标简而言之，可以高度概括为两化，即实现企业发展的可持续化和企业利益的最大化。内部控制的具体目标即为上述内部控制基本目标的详细化和具体化。其具体内容主要包括以下四个方面：其一是要确保企业财务报告的完整、真实、可靠，不造假账，防止错误和企业内部人员舞弊的发生；其二是确保企业资产不流失，保持安全、完整状态；其三是有效提高企业的经营管理水平，有效提升企业的经营效益、效率及企业的经营管理效果；其四是企业的各项活动能够遵守国家的法律法规，遵守行业监管的规章制度，符合企业内部管理的各项制度。

（2）内部控制的基本原则

①全面性原则

内部控制应将企业的各项经营业务、企业的各个部门和企业的各级工作人员全部覆盖起来，并有效地渗透到企业事务决策、事务执行、事务监督、事务反馈等所有企业经营环节，即要实行全过程、全员性的控制，不能留有控制的空白点或控制死角。

②相互制衡原则

内部控制应当确保企业内部的各个机构、各个岗位及其对应职责权限范围的科学合理设置和科学合理分工，不相容的职务一定要分离开来，保证设置成权责清晰分明、能够相互监督、能够相互制约的企业内不同的机构和不同的岗位。

③不同岗位的分工与合作原则

在企业内部控制运行过程中，首先需要针对企业的经营需要设置不同岗位，进行分工，每个岗位均有明确的职责权限，这种企业内的分工有利有弊，有利的一方面是企业管理更专业化，有效提高了工作效率，有弊的一方面是造成各个岗位之间的隔阂和可能的工作上的相互推诿扯皮，因此既要有分工又要有合作，各个部门和岗位必须在分工基础上能够相互密切配合。

④成本效益原则

企业内部控制的所有制度都符合成本效益这一重大原则。企业应当调动内部各个部门、各个岗位和所有员工的工作积极性，尽最大可能降低企业的经营运作的各项成本，确保企业以合理的，甚至是最低的企业内部控制成本达到最好的内部控制效果。

⑤时效性原则

企业内外经营环境是不断发展变化的，随着这些变化，企业原有的内部控制效果有可能降低甚至失效。因此，企业应对现有的内部控制制度适时地进行评估，不断进行调整、改进，使内部控制能够与时俱进，以取得良好的效果。

⑥责权利对称原则

在内部控制中，企业需要根据岗位分工情况，清晰明确地确定每个岗位和每个员工的工作职责和工作权限，确定完成本岗位工作职责能得到的相应利益，或不能完成本岗位工作职责时会受到的惩罚。

⑦制度为本原则

在内部控制中，要坚持以制度为本、制度至上的管理原则，要把企业的各项良好目标的实现建立在完善的制度之上，一切按制度来，严格执行制度。

⑧内部控制与外部控制相结合原则

外部控制主要是指由注册会计师审计所形成的监督制度。除内部控制外，还应该进行定期的外部审计监督活动，并能将企业的内部控制和来自外部的严格审计监督有效地结合起来[1]。

（3）内部控制的方法

①内部控制的控制环节

第一，控制标准的设定。在内部控制中，要设置明确的控制标准。该控制标准能够指导企业员工的工作行为。企业内每个岗位、每个员工都应按照相应的控制标准从事自己的生产和管理工作。

第二，对控制标准的执行。控制标准设定后，各个岗位、所有员工都必须无条件地、坚决地执行该控制标准，绝不能随意性地改动控制标准。在执行控制标准时，有可能会出现有关的控制标准与实际情况不一致、相脱节的情况，或有按照控制标准的程序工作却无法开展相关业务的情况发生，这时要按照事先定好的处理工作程序进行处理。

第三，结果与差异分析。在执行内部控制制度时，有时会发生一些实际结果与当初内部控制制度所设定的标准不符的情况，这就是所谓的差异。当出现差异时，应予以分析，要确定出现差异的原因，可能的原因为：制度是没问题的、完备的，但却没有严格按照制度规定的要求执行；实际情况已经发生了变化，而内部控制制度要求却没有跟上，已经过时。对于前者，要认真追究执行人的相应责任；对于后者，要与时俱进，及时修改相关的制度。

第四，反馈与纠正。相关责任人应对内部控制效果进行及时的评估、分析和总结，尤其重点分析那些失控的环节，找出失控的原因和提出相应的改进方法，以纠正内部控制的不足之处，以取得更好的内部控制效果[2]。

上述四个内部控制环节，构成了一个完整而缜密的控制过程或者叫控制循环。通过该控制循环，可使管理控制更加健全和完善，很好地运行该控制循环，完成企业设定的经营和管理目标。

②内部控制的基本方式

控制方式或方法是指为完成企业的内部控制任务、达到内部控制目的而相应采用的方法和手段。通过内部控制而较好实现控制目的，可以有多种具体方法。按照每个控制方式针对的控制对象及控制方法具有的基本特

① 查道林，马晓霞，朱明. 我国高校教育成本核算方法探讨 [J]. 财会月刊，2008（8）：54-55.

② 李海波，刘学华. 新编预算会计 [M]. 上海：立信会计出版社，2011：223.

征来归类，控制方法大致可以归结为以下 11 种：组织规划控制；授权批准控制；全面预算控制；文件记录控制；实物保护控制；职工素质控制；风险防范控制；内部报告控制；电算化系统控制；内部审计控制；会计系统控制①。

（二）财务内部控制的基础理论

1. 财务内部控制的目标

财务内部的控制有以下 5 个目标：确保国家法律法规和企业内部规章制度的贯彻执行；保证企业经营管理目标的实现；保证企业资产的安全完整；提高会计信息质量，保证会计资料真实完整；保证企业能及时发现风险并控制风险。

2. 财务内部控制的原则

第一，合法性原则，是指设计的财务内部控制制度，要符合相关的法律法规规定，不能违法、违规，不能通过内部控制来从事违法犯罪行为，或通过内部控制来躲避国家法律法规的管理监督。

第二，合理性原则，应针对财务的规模和财务管理水平，设计规划出符合实际财务内部控制操作情况、具有较强的可操作性、控制成本较低的财务内部控制制度。

第三，审慎性原则。财务内部控制的核心是有效防范各种财务风险，如贪污、舞弊、亏损、被诈骗等，制定财务内部控制制度应本着防范风险、审慎经营的原则。

第四，系统化原则。在进行财务内部控制制度设计时要登高望远、统筹兼顾，将财务内部控制覆盖到经营管理各个业务部门的各项业务和各个环节，覆盖单位所有的部门和岗位，对经营的全过程进行有效的控制②。

3. 财务内部控制的分类

首先，按照控制的功能，财务内部控制可以划分为全面控制、重点控制、平衡控制和适应控制。

全面控制就是要保证在财务中的所有业务流程和环节都有基本的内部

① 赵勤．高校教育成本计量探讨 [J]．财会通讯（理财版），2008（1）：100-101.

② 安宁．高校财务管理存在的问题与对策研究 [D]．哈尔滨：哈尔滨理工大学，2006.

控制制度的制约，保证内部控制制度的全覆盖。同时结合高校的实际规模，安排专业人员对内部控制活动的开展质量进行监督，对整个经济活动的全过程进行自始至终的监督和控制，保证内部控制管理工作全面开展的同时，还能及时发现开展中存在的问题，确保教学、科研工作的顺利进行。

重点控制就是对重要的经济活动和有重大风险的经济活动实行更加严格的内部控制制度，杜绝在重大经济活动中出现重大的财务漏洞和财务风险。

平衡控制就是在制定内部控制制度时，要保证控制的严密程度与工作业务效率相平衡，尤其现在许多行政事业单位都在推行服务型机构，提高服务效率，那么如果要提高服务效率，一个最主要的手段就是简化业务办理和审批流程，这个在一定程度上就会与内部控制相矛盾，所以就要在这两者之间找出一个平衡点，达到平衡控制。

适应控制就是内部控制制度要随着社会政治经济、国家法律法规、政策、制度等外部环境、内部发展战略目标，以及单位业务职能的调整、内部管理的要求等内部环境的变化等因素不断变化而进行调整，对内部控制制度不断修订和完善。

其次，按照控制的时间可划分为事前、事中、事后三个时间节点。

事前控制就是首先建立一套严格的内控规章制度，即与资金管理、预算管理、授权审批等经济业务相关的制度。在管理过程中，要合理设置职能部门，明确各部门的职责，充分考虑不兼容职务和相互分离的制衡要求。各部门、各岗位形成相互制约、相互监督的格局。另外，还应当建立严格的审批手续，授权批准制度。明确审批人对资金业务的授权批准方式、权限、程序、责任和相关控制措施，规定经办人办理资金业务的职责范围和工作要求。

事中控制主要体现在保障货币资金安全，控制资金流向，暂付款事项真实可靠，资产出入库管理严密，保证新购入资产实物与票据内容相一致。

事后控制就是经济业务完成之后，内部审计监督部门都应有相应的监督程序，将例行审计与专项审计相结合，按照一定比例对一定时期内的经济业务活动进行抽查，及时发现问题，找出财务内部控制中的薄弱环节，有效避免类似问题重复发生，保障单位集体和个人的利益不受损失。

4. 财务内部控制的方式

目标控制，是指应根据不同的、多样的层次，制定明确而详细的财务内部控制目标，并由专门部门对财务内部控制执行过程和结果进行有效的监督和检查，然后进行信息反馈和财务内部控制调节的调控方式。

授权控制，是指单位授权各有关单位或岗位开展相关活动，有关单位或岗位获得授权才能处理相关的经济业务。

不相容职务分离控制。经济活动有授权、核准、执行、记录、审查等多个步骤，这些经济活动的步骤应属于不相容的职务，为防止贪污、舞弊等行为发生，这些不相容的职务应分别由不同的人员或不同部门去实施。

文件记录控制。文件记录是财务内部控制的重要因素之一，健全完整的文件记录是实施其他各项控制的有效保证。

资产与记录保护控制，主要是指要坚持重要资产与记录保密的原则，限制无关人员接近资产和接近重要记录，以保证这些重要资产和记录的相对安全。它的具体方式有两种，其一是接触控制，其二是盘点控制。

独立稽查控制。独立稽查是指由有关部门中充分独立的人员验证、检查与复核另一人员或部门执行工作是否正确的方法。通过内部独立稽查，可以及时执行部门或人员的错误或舞弊，有效地防范财务风险[①]。

（三）工会财务内部控制体系建设的必要性

工会是维护职工合法权益的重要组织，能给予职工物质和精神上的援助，团结职工之间的情感。工会经费是进行职工教育和职工活动的保障。工费经费的主要来源是工会会员缴纳的会费和收缴企事业单位及机关全部职工工资的2％这两项。《会计法》中对行政拨缴工会经费提出了明确的规定，行政拨缴工会经费具有法律效力，具有强制性。近年来，员工的薪酬水平逐渐提高，工会收缴的经费总额也逐步增长，在这种情况下工会财务内部控制越来越重要。工会财务内部控制能够帮助工会更好地履行职能，实现战略目标，营造良好的工会文化，通过一系列内部控制程序和方法对经济事项进行监控和规范，保证工会的各项经济活动都合法合理，保障工

① 财政部《事业单位财务规则讲座》编写组．事业单位财务规则讲座 [M]．北京：测绘出版社，1996：36.

会的财产安全和财务信息完整。根据《工会会计制度》，各级工会都应该根据所处的地区，结合自身发展情况，遵循相关法律法规的要求，建立并不断完善工会财务内部控制制度，降低工会运营中可能发生的财务风险，保证工会的各项财务工作都能规范地进行。近年来，工会管理混乱和违法违纪的现象时有发生，影响恶劣的现象大多源于工会财务内部控制不完善，工会经费的使用不规范。虽然我国 2012 年发布了《行政事业单位内部控制规范（试行）》，对行政事业单位内部控制提出了明确、细化的规定，但是工会的内部控制依然缺乏统一的管理规范和细则。工会作为职工的群众组织，为了维护其稳定的发展，需要建立完善的内部控制制度。工会经费由地税代收后，虽然工会经费拖欠的状况有效改善，但是工会的财务工作却逐渐增加，也渐渐暴露了一些传统工作方式存在的问题，对财务工作人员也提出了新的挑战。如何发挥工会有效职能，保障工会各项财务工作都有效进行，提高工会经费的使用效率，便成为工会组织当前亟待探讨的一个课题。

（四）基层工会财务内部控制体系中存在的主要问题

1. 内部控制体系不完善

《行政事业单位内部控制规范（试行）》运行已近 10 年，根据内部控制规范规定，各级行政单位应当按照风险评估与控制方法、单位层面内部控制、业务层面内部控制、评价与监督的要求，建立完善的内部控制体系。但是，由于内部控制体系建立错综复杂，牵涉单位各个部门的业务流程，很多单位并没有建立起适合自身发展的内部控制制度。近几年，财政部出台了新的财务制度、会计制度，但是很多行政事业单位仍然按照原来的规章制度管理，还未能根据新制度和新办法制定配套的措施，对日常工作造成很大困扰。以高校为例，工会作为学校的关联单位，虽然法律上具有独立的法人地位，但是工会没有能力建立独立的内控制度，内控的建设高度依赖于学校的规章制度，这也在很大程度上造成了工会内部控制体系的缺失与不规范。

2. 财务岗位设置不合理

一是财务人员不足。部分基层工会没有专职的财务人员，无论会计还是出纳都由单位财务部门的人员代理，甚至是外聘兼职人员，给基层工会的财务安全带来极大隐患。二是不相容职务相分离制度未能建立。会计和出纳岗位不得由同一财务人员担任是财务管理中最基本的不相容制度。但是当前很多行政事业单位仍然存在出纳人员负责会计核算、会计档案保管，严重违法了不相容职位分离的制度。三是印章管理不规范。根据财务制度相关规定，单位法人章和财务章应当分别保存于行政部门和财务部门，工会为了提高效率，节省时间，往往将单位法人章和名章交于同一部门保管，甚至交于会计或者出纳人员一人管理，给工会带来巨大的财务风险。

3. 未建立科学的预算编制体系

工会预算管理是国家预算的重要组成部分。按照国家规定，编制科学、合理的工会预算并按照预算安排工会经费支出，是现代财务制度的要求，更是工会财务管理发展的必然要求。当前，大多数基层工会只注重决算的编制，未能将预算管理放在同等位置，导致预算形同虚设。工会在预算的编制过程中，有的采用传统的增量预算方法，有的直接将前一年的数据做简单改动，没有完全按照预算的要求进行编制，而且完成预算编制以后，也未能认真执行预算。这种预算方式既缺乏科学性，也不符合实际情况。最终导致工会预算年年增长，各项支出越来越大。预算调整的随意性，预算执行的不严格等问题日益凸显。

（1）对预算管理重视程度不够

目前工会预算管理主要集中在财务部门，其他部门和员工对预算的认识程度不足，认为预算只是财务部门的工作，只要预算符合单位的规章制度，不违反法律法规即可，不能认识到预算管理的重要性，把预算管理看成是算数和数据汇总，形成实际工作中遇事才跑财务的局面，导致预算推行难度大，影响了预算管理的效率。

（2）预算编制缺乏科学性

编制预算时对于预算外的收支、未来可能发生的事项及以前年度预算和决算之间的差异考虑不充分，编制基础不够科学合理，且财务部门编制预算时，较看重财务成果和量化的项目，对于非财务项目涉及不多，缺乏对预算数据和资料的分析，不能对工会将要发生的预算做出准确判断。同时，对各部门反映的预算缺乏跟踪程序，导致经费预算数据不够真实准确，出现一些预算项目不能执行的情况。

（3）预算执行缺乏有效的沟通机制

在预算执行过程中，由于各部门的工作职能各不相同，且财务部门与其他部门沟通不足，导致财务部门对业务预算的项目缺乏了解，不能提出有效的建议，对预算实施的进程无法掌握。其他部门在执行预算时较随意，且进度与财务预算的计划不一致，在预算执行中容易出现仅凭主观意愿执行预算，超预算的情况，失去了预算的严肃性，弱化了预算监督与控制作用。

4. 不重视固定资产管理

一些单位固定资产管理混乱，对资产的清查、盘点和报废没有形成制度化、常态化，固定资产经常处于无专人管理的状态，已转赠、损坏报废、丢失的固定资产还长期挂账，没有及时办理资产的转移、报废核销手续，影响了固定资产核算的准确性、真实性，不利于工会固定资产的安全管理。

5. 基层工会支出结构不合理

基层工会财务管理工作日渐规范，经费收入也呈增长态势，但工会经费管理水平仍然需要提高。部分局（公司）工会、街道（乡镇）工会工作经费相对不足，规模以下企业工会由于人员工资较低，经费较少，困难职工比例较高，工会开展活动难度较大，上级工会在经费支出时对其倾斜度不够。同时，基层工会经费支出结构不够合理，如个别街道乡镇工会的报刊订阅、职工保险方面的支出已超过上级工会拨付的工作费补助；个别基层工会招待费支出较大，而一些大型企业工会在文化体育设施建设方面投入较少等。此外，基层工会开支不够规范，支出报账说明不详细。

6. 监督职能未能得到有效发挥

工会资金的高效率使用，离不开完善的监督制度。目前，大部分基层工会经费从预算到执行甚至决算过程都没有得到良好有效的监督。一是经费审查委员会没有发挥好内部审查作用。经费审查委员会是代表职工会员对经费的收支和日常财务管理进行监督的组织。当前，经费审查委员会形同虚设，对经费的收支和管理缺少一套完善的监督管理制度，导致工会内部的检查制度有名无实，会计监督形同虚设，对违规违纪问题难以察觉，导致腐败问题。二是上级工会对基层工会的监督机制不完善。上级工会对下级工会的经费收入、经费的使用和管理、当地政府的拨款和补助资金等应当进行详细的审计，但是由于多方原因，对基层工会的财务审计没有列入上级工会的工作计划，每年仅仅对经费的收缴情况进行了解，而对收缴是否合法不作为审查重点。只进行常规性的检查和专项检查，不能做到全面细致地深入检查，严重削弱了对基层工会的财务监督。

二、新工会会计制度下基层工会内部控制体系建设的对策

新制度指出，各级工会应当建立健全内部控制制度，并确保内部控制有效施行。根据新制度的诸多特点，本书对基层工会内部控制体系的建设提出以下对策。

（一）提高认识，建立完善的内控机构

1. 加强管理层对内部控制的认识

加强工会管理层对内部控制的认识可以高效提升全面预算管理工作效率，并且是提高内部控制工作水平的一个重要方面。为了提升工会经费使用效益必须合理、规范地进行费用控制。加强单位管理层对内部控制的认识，使其加大对内部控制的重视，对单位日常运行过程中内部控制强度的大小和控制水平的高低具有决定性作用。

首先，工会决策层领导要转变观念，端正自己对待内部控制工作的态度，做好模范带头作用。单位管理层还要加强对全面预算管理重要性的认识，要站在管理者的高度统揽全局，注意预算编制要与年度工作计划、目标相结合，注重增量预算编制方法与其他编制方法相结合运用并且要增强编制方法的科学性，还有在审议费用预算时要从必要性、合理性多方面考虑。

其次，工会管理层要加强对内部控制理论知识、中央和地方的重要制度的学习，要全面认识内部控制内容，重视内部控制对费用管理的作用。单位管理层要严格执行内控制度，建立健全内部控制制度，完善内部监督机制建设。

最后，工会管理层要对内部控制工作有全面的认识，要重视内部控制保障机制的建设。单位应该将内部控制意识作为工会机关文化的一部分，要让全体员工意识到费用控制工作不仅仅是财务部的事情，单位的工作成绩与自身息息相关，如通过加强对厉行节约、反对浪费的宣传教育工作，

从而强化勤俭节约意识。另外，单位也应对资源的使用实行分类定额和目标责任管理，建立共享共用机制，加强资源整合。

2. 工会财务要积极参与内部控制

对工会财务而言，单位领导必须亲自参与内部控制建设，保证内部控制体系在单位层面的完整和规范。充分发挥项目建设、合同管理、资产管理、财务、审计等各部门的协调性，加强内部控制制度的全面建设。需要由工会委员会、经费审查委员会、各相关部门共同制定内部控制规则，并按照各自职能做好分工。日常岗位的管理设置，必须严格按照有关法律法规，建立一套互相监督、有效制约的制衡机制。

3. 全体人员应积极参与内部控制

工会可以采用多种宣传方式，如培训、会议、宣传栏、宣传横幅、知识竞赛等对全面预算管理和内部控制的重要性和必要性进行宣传推广，同时应鼓励员工重视。员工应加大自主学习的积极性，逐渐通过学习树立自己的内部控制意识，深入领会全面预算管理、费用控制对单位效益的意义，还要加深了解自身的工作表现对单位内部控制的影响，从而提高自己对单位的发展及工作部署的领悟能力，最终可以自觉参与本单位的内部控制工作。

另外，各部门的预算编制人员在编制部门预算方案时，要认真掌握本部门的下一年度工作方针、工作重点，结合实际情况要细化本部门的预算项目，对于常规性工作的预算项目，要考虑未来的社会经济环境、市场物价是否变动等情况；对于新增项目，要充分考虑必要性、合理性，同时要求对数据的客观性和有效性有所保证；对于已经完成或不再需要的项目要及时删除。最后形成的预算方案要保证是有效和真实的。

（二）完善内部控制制度，设置合理岗位分工

工会财务内部控制体系的建立，必须建立一套规范的内部控制制度。工会要在严格遵守《行政事业单位内部控制规范（试行）》和新《工会会计制度》的情况下，结合工会财务实际，建立一套完整的内部控制制度，让财务岗位设置更加合理。首先，明确工会财务人员不得由单位财务部门兼任，更不能允许由外部人员代理，增设专门的会计、出纳岗位，实现财

务机构的独立完整性。其次，让不相容岗位制度落到实处，重点是坚决禁止出纳人员兼任会计岗位，不得让出纳人员负责会计档案保管和会计稽核。最后，规范印章的管理。印章的保存严格按照规定，存放在不同的部门，不能由一个部门负责管理，更不能由同一个人进行管理，减少财务风险。各高校工会应当认真学习《内部控制规范》，梳理相关的经济业务，真正建立一套完善的内部控制制度，让财务岗位设置更加合理。

（三）加强预算编制和执行、控制的管理

1. 对费用进行合理预测

各部门在编制预算时不能只以过去的数据为基础，要先做好市场调查，充分考虑社会经济环境的变化，还要付出时间和精力去分析研究现在及将来的实际情况。例如，在编制体育活动费用预算时，既要考虑预算年度的参赛人数、比赛项目的数量，还要去调查新年度的裁判费用额度，比赛场地的租用价格是否变动。

2. 制定费用预算的定额标准

工会的办公费、印刷费、水电费、邮电费、差旅费、维修（护）费等公用经费应实行综合定额，按照分项测算、总额包干、调剂使用的原则安排和使用。具体的费用标准可参考本市财政局印发的本级部门预算基本定额标准，再结合本单位的实际情况，由工会主席办公会讨论后决定。

培训费的实施细则应该实行预算总额控制。以市总工会为例，市总工会各归口部门应该于每年 12 月底就要制订下一年度的培训计划，计划要详细到培训名称、培训内容、举办时间地点、参训对象及人数、所需经费、列支渠道和培训成效等，还必须明确原则上计划一经批准就不得调整。

帮扶费。虽然中华全国总工会、省总工会、市总工会都对帮扶对象、救助标准划界了范围，但是具体实施标准是由基层工会自己制定的。在实际工作中因为缺少定额标准，容易出现随意分类帮扶对象，帮扶资金的分配不能公平地用到困难职工身上。例如，在符合帮扶条件的情况下，对偶发事故造成骨折的职工帮扶 3 000 元，对需要长期治疗的大病救助职工帮扶 2 000 元。因此，建议基层工会对帮扶费使用标准进行分级分类定额管理，根据当地的经济发展情况、物价水平、低保标准等因素在每类救助项目下

再按困难情况进行细分，如医疗救助资金使用标准可以按照不同的病种、不同的治疗费用将救助分为几个档次。一旦定额数据确定了，就需要形成相关制度文件并公开落实。

3. 加强预算编制的执行和控制

（1）灵活选择预算编制方法

工会在编制费用预算时，应先研究分析单位下一年度经费收入预算情况，然后再结合各部门具体的费用项目来选择相适应的预算编制方法。根据预算时间的属性和状态、编制基础及对控制结果的要求，预算编制方法有以下几种：定期预算编制法、滚动预算编制法、固定预算编制法、弹性预算编织法、零基预算编制法、增量预算编制法、总量控制预算编制法等。预算编制方法多种多样、各有各的优缺点，工会应该根据每个预算项目的特点选择不同的编制方法。

目前，有的工会只采用单一的预算编制方法，即增量预算。这种编制方法以上年度费用水平作为计算基础，而且无法避免编制人员主观因素影响，以往不合理因素依然被保留，难以实现工会机关压缩行政性费用的要求。根据中华全国总工会的要求，工会系统的全面预算管理必须要逐步实现精细化管理，从而提高工会经费管理水平。因此，为了提高本单位预算编制的准确性、科学性，工会应该在使用增量预算方法的基础上，增加零基预算编制法的使用率。零基预算编制法可操作性强，可以全面而详细地编制预算。此种方法主要是从未来的实际需要出发，不再考虑往年的费用预算值，重新对各项预算项目支出内容、规模进行分析研究，最后确定当期费用预算值。

对于单位的公用经费包括维修（护）费、邮电费、水电费等，可以参考上年实际发生数，考虑在职人员数量及各种收费标准是否变动等情况，采取增量预算法编制。对于在职人员的工资、社保和公积金等可以采取固定预算法编制，在编人员要根据市人力资源和社会保障局发放的工资实施方案、外聘人员要根据主席办公会议决定的工资方案仔细地计算，同时要注意下一年度的招聘计划考虑新增人员的费用，进而提高预算编制的水准。而单位其他的重点费用，如宣传活动费、文体活动费、培训费、会议费、集中采购费、帮扶费、职业培训费等则要使用零基预算编制法，需要由每个部门按照下年度工作计划从实际需要与可能出发，研究分析各项费用开支是否必要合理，进行综合平衡，从而确定预算费用。

（2）加强预算编制执行和控制的具体措施

工会收支预算管理的关键环节是编制预算。预算编制应当将收支项目的合理性和预算数据的准确性作为重中之重。所以，预算编制必须科学合理。工会编制预算要坚持零基预算的原则、实事求是的原则、综合预算的原则。零基预算具有收支安排不受以前收支年度影响的优点，在各企事业单位已经得到普遍运用，其科学性和合理性也得到广泛认可。坚持实事求是的原则，要求切实做到收支计划积极稳妥，杜绝瞒报、虚报的现象。坚持综合预算的原则，要求工会将各方面的收入统筹考虑，既要包括收费收入，还要包括政府拨款收入等。预算编制完成后，工会要组织相关人员进行学习培训，将预算编制内容对相关领导、财务人员及经办人员进行解释说明，促进资金的合理利用，提高资金的利用效率。同时，要建立预算执行报告制度和预算绩效考评制度，通过对经费的使用进行报告和考评，实时掌握经费的流向和经费的使用效率，将预算的考核结果和编制的预算目标进行对比，并根据差异分析原因，为未来编制预算提供支持。

4. 预算调整规范化

第一，规范预算调整的情形。单位可以调整预算的情形主要包括中华全国总工会、省级总工会、市级总工会部署工作的战略调整、本单位工作方针的调整、当地财政要求的变化、本单位的组织机构变化和自然灾害、物价严重上涨、社会异常事件等不能遇见、不能避免会导致预算费用发生变化的因素。

第二，规范预算调整的程序。首先，需要进行预算调整的相关部门提出申请，申请人应编写支出预算调整申请报告，报告中要说明调整的原因、是否符合调整的情形，写明预算调整方案、经费列支渠道，若是新增项目还要增加项目相关依据，写明项目预期产出和效果。调整申请要报部门分管领导签批再送至财务部审核，然后财务部把各部门预算调整方案汇总上报主席办公会议研究，审议通过后报分管财务领导签批，最后下达各部门执行。严格预算调整各环节有利于发挥预算管理的权威性和严肃性。

（四）加强内部控制工作

1. 建立权力约束机制

按照《工会法》《中国工会章程》的规定，工会组织在建立时必须选举产生工会委员会、工会经费审查委员会和工会女职工委员会。工会委员会作为工会日常管理机构，由主席、副主席和委员组成，工会组织的管理特点是工会委员会集体领导下的主席负责制，实行集体领导和分工负责相结合制度。对于工会组织实施的重大项目、大额资金安排、重要事项处置等由委员会集体讨论决定，各级工会委员会成员根据集体的决定和各自分工履行职责。工会主席和工会委员的关系不是上下级关系，而是平等的关系。在 2016 年工会组织改革中，要求提高基层工会干部和一线职工代表的比例，在召开省级工会代表大会时，基层工会干部和一线职工的代表比例达到 60 %，其中劳模和一线职工比例达到 20 %。加大一线职工代表的比例不仅有利于工会组织更贴近职工群众，真实反映职工诉求，更有利于加强工会内部控制，增加工会工作的透明度，实现公开办会、管会目标。

《中国工会审计条例》第十三条规定："经审会委员由政治素质高、业务能力强、具有相关专业知识的工会干部和会员担任并经民主选举产生。县级以上工会经审会委员人数不少于同级工会委员会委员人数的 20 %，最低不少于 5 人。经审会委员中具有审计、财会专业知识的人员一般不少于三分之二。"第十四条规定："工会主席、分管财务和资产的副主席、财务和资产管理部门的人员，不得担任同级工会经审会委员。"工会经费审查委员会代表全体会员履行对工会经费收支和资产管理情况审查监督职责，向会员代表大会或工会委员会负责并报告工作。同时，《中国工会审计条例》明确，对工会经费审查委员会委员身份实行严格控制，目的是保证工会经费审查委员会能独立履行审查审计监督职责。

内控工作"管"是手段，关键在于"防"。工会内部控制建设要结合自身实际、突出特色，严格按照规定配齐配强工会委员会委员和经费审查委员会委员，充分发挥工会委员会和经费审查委员会的监督作用，构建起对工会领导权力和行政行为约束机制，避免出现少数人做决策、说了算的现象。

2. 完善授权审批制度

（1）授权是指单位领导在日常工作管理中将完成某项工作所必需的权利授予部门所属人员。一个单位里，不同的级别分别负责不同的职责和管理权限，以市级总工会为例，市总工会的日常工作中有纷繁复杂的经济业务待处理，如果单位领导管理每一件大大小小的事务那么将占用太多时间及精力而且也没必要。那么合理地运用有效的授权，将可以适量分担单位领导的工作任务量并且提高工作效率，也可以调动部属人员的工作积极性，所有参与者均可受惠。授权审批即是单位规定，在处理各项经济业务时，与业务相对应的负责人要对业务过程中的每一个步骤签字以表示授权或批准，为以后可以追溯到相关责任人所以流程必须痕迹化。因此，市总工会应制定有关各级权限设置的文件制度，列明资金审批权限的规定，如在财务支出审批制度里应标明低于 1 万元的业务经费支出需有财务部门负责人审批，1 万元以上 50 万以下的业务经费支出就要报分管财务工作的领导审批执行。

对重点费用要制定严格的审批制度。比如，差旅费的审批权限应该分类管理，市总工会领导出差应由单位主要领导或主持工作的领导审批，各部门负责人出差就要由分管业务的领导审批，其他人员均由本部门负责人审批，审批要由审批人从严控制人数和天数，而且必须实行每次一审批的制度。

3. 加强预算控制力度

首先，为能更好地组织各部门开展预算编制工作，更好地监督检查各部门预算执行工作，工会要赋予财务部在预算管理工作中更大的权力。其次，单位应根据《工会预算管理办法》结合本单位实际，制定预算审批制度。制度里要明确预算部门编制划分情况同时也是确认了各类费用的责任主体，规定好什么费用由什么部门负责编制预算，从而避免各部门与财务部之间产生误会，化解各部门对于预算工作的争端与矛盾，各部门之间也应主动积极沟通，保证预算按照稳定的进度执行，维护预算控制的有效性，进而提高各部门预算执行水平。

4. 完善固定资产管理制度

要对资产的购入、验收、定期盘点、维护保养、资产清查、资产处置等环节作出规定，加强资产管控。固定资产的管理和使用要遵循统一领导、分级管理、责任到人、物尽其用的原则，保证资产账实相符，形成固定资产的制度化、常态化管理，确保资产核算的真实性、准确性。

5. 加强物资采购管理，提高采购透明度

物资采购坚持集中采购，应坚持勤俭节约、货比三家、经济实用的原则，增强采购过程的透明度，批量采购达到规定数额，应当公开招投标。物资采购须按年度预算指标执行，采购前应编制物资采购所需费用计划；采购过程须保证两人以上参与，以便采购人员相互监督，避免舞弊行为发生；对采购来的物品要验收合格后方能入库，确保物品质量合格、数量准确；采购入库后必须及时建立管理台账，确保账实相符，做到采购有计划、有验收，发放有记录、有签收。

6. 注重内部控制内容与实际工作相结合

在《行政事业单位内部控制（试行）》中内部控制的内容非常广泛，包括从预算、核算、组织、决策、分析到考核等各个管理层面，同时还包含了经济活动的所有流程及事前、事中和事后的控制。在学术界研究中，内部控制已成为涵盖管理学、审计学、会计学、经济学等多门学科的复合学科，是各级工会要用心做好的一道必答题。制度的生命力在于执行，但目前部分基层工会的内控制度只是写在纸上、挂在墙上，说起来重要、做起来次要，制度没有真正得到有效落实和执行。同时，制度内容没有与工作实际相对接，制度的针对性、指导性、实用性不强，影响了制度管长远、管全局、管根本作用的发挥。现实中，工会组织的情况千差万别，在设计内部控制框架时，应注重结合自身实际和工会特点，对现有的规章制度进行梳理和完善，加大制度“立、改、废、释”的力度，结合自身规模大小、人员配置、业务内容等情况，对内部控制流程进行重新设计、整合和优化，采取切实可行的措施，建立起有自身特色、管用、实用的内部控制制度，提高工会组织的凝聚力和战斗力。

（五）充分发挥监督作用

1. 充分用好工会财务公开化手段

新时代，职工群众对工会组织建设、财务信息公开、维权服务、提高工会经费整体使用效益有更高的要求。为了适应工会改革发展的新任务、新要求，实行工会财务信息公开是大势所趋、职工所向。各级工会要充分认识财务公开化的重要性和必要性，工会财务信息公开化是实现职工参与工会经济管理和充分享有知情权、参与权、监督权的现实要求，通过财务信息公开，补齐工会经费审查组织监督力度不够的短板，使各级工会在职工监督下工作成为习惯。按照工会组织管理规定，每年年初由工会委员会向委员代表大会或全委会做年度重点工作、财务管理和审查审计监督情况报告。职工对工会年度经费收入和活动经费、业务经费的使用情况等与自身利益相关的信息享有知情权，仅依靠一年一次的公开财务信息方式，公开范围十分有限，大部分普通职工不是委员会代表，即便是委员会代表，只是以会议材料当场审阅的方式予以监督，未能全面有效行使监督权。同时，相关财务材料仅在会议召开时发放给委员，普通职工不能及时获取，普通职工获取相关财务信息的平台未建立、渠道不畅通。

实施工会财务管理信息公开，树牢“开门办会”理念，主动把工会财务各项工作置于职工的严格监督之下，不断完善自身制约监督机制，使职工了解工会组织的运行状况、经费开支的具体内容、工会资产的保值增值情况，规范工会主席和工会干部行政行为，防止消极腐败现象发生，发挥职工监督的优势和积极性，增强工会领导廉洁自律意识。要让工会财务公开成为行之有效的内部控制手段，促进工会财务管理的规范化。

2. 发挥工会内部审计对内部控制建设的推动作用

根据《中国工会审计条例》的规定，各级工会经费审查委员会依照法律和《中国工会章程》规定的职责、权限、程序，对工会经费收支、资产管理等全部经济活动的真实、合法与效益实施审计监督。为延伸工会内部审计的触角，扩大审计监督范围，工会内部审计机构在加强财务收支规定执行及审批程序等审计的同时，要将工会内部控制建设、执行和政策落实作为内部审计的重要内容之一，特别是针对各级工会内控建设、内控制度完善程度和执行落实情况，以及是否定期实施风险评估、建立内控建设机制等进行审计，并强化审计结果的运用，提高各级工会内部控制建设规范化、精细化水平。

3. 引入外部审计监督机制

首先，外部审计监督能够化解工会经费拨缴问题。当前，许多单位并不能及时将经费拨缴给工会，甚至拖欠工会经费。外部审计的引入能解决经费拨缴的问题。其次，外部审计监督能够提高工会经费管理水平。外部审计监督能够发现经费收支管理中存在的问题，帮助工会提高经费管理水平，确保各专项资金落到实处，在管理上做到合规、合理。最后，外部审计监督能够促进廉政建设。市场经济的快速发展，导致一些意志不坚定的工会干部的价值观发生扭曲，挪用、私吞工会经费的现象层出不穷。外部审计的引入能够促进工会的反腐倡廉和党风廉政建设，对防止工会经费被挪用、贪污具有积极意义。

第六章　新工会会计制度下基层工会资产管理

工会资产是工会开展职工活动的重要基础，近年来随着税务代征经费的增加，工会资产的数量也在不断增加，如何合理有效地管理工会资产是各级工会组织面临的共同问题。工会资产有其本身的属性，既不是国有资产，也不是集体所有制资产，更不是由个人所有的资产，它是工会社团所拥有的资产。由于长期受“重购轻管”思想的影响，使工会资产管理存在薄弱环节，加强和完善工会资产管理是工会事业发展要重视和解决的一个重要问题。新制度的实施对工会资产下一步管理提出更高要求，这就需要相关人员在日常工作中合理部署，稳中求进，深化改革，狠抓落实，奋力完成本级工会组织的经营发展任务，推进工会资产合规、合法、合理地管理和使用，不断提高工会资产的使用绩效，促进工会资产管理向科学化、规范化转型。

一、工会资产管理概述

（一）相关概念界定

1. 资产的概念及特征

（1）资产的概念界定

资产是指由某一主体过去的交易或事项形成的、由某一主体拥有或者控制的、预期会给其带来经济利益的资源。不能带来经济利益的资源不能作为资产，是某一主体的权利。资产按照流动性可以划分为流动资产、长期投资、固定资产、无形资产和其他资产。其中，流动资产是指可以在 1 年内或者超过 1 年的 1 个营业周期内变现或者耗用的资产，包括现金、银行存款、短期投资、应收及预付款项、待摊费用、存货等。长期投资是指除短期投资以外的投资，包括持有时间准备超过 1 年（不含 1 年）的各种股权性质的投资、不能变现或不准备变现的债券、其他债权投资和其他长期投资。固定资产是指某一主体使用期限超过 1 年的房屋、建筑物、机器、机械、运输工具，以及其他与生产、经营有关的设备、器具、工具等。无形资产是指某一主体为生产商品或者提供劳务出租给他人，或为管理目的而持有的没有实物形态的非货币性长期资产。其他资产是指除流动资产、长期投资、固定资产、无形资产以外的资产，如固定资产、修理、改建支出等形成的长期待摊费用。

（2）资产的特征

根据概念界定，资产具有以下几个方面的特征。

①资产预期会给主体带来经济利益

资产预期给主体带来的经济利益是指资产直接或间接导致资金或现金等价物流入某一主体的潜力。这种潜力可以来自主体日常的生产经营活动，也可以是非日常活动；带来的经济利益可以是现金或者现金等价物，或者是可以转化为现金或者现金等价物的形式，或者是减少现金或现金等价物流出的形式。

如果某一项目预期不能给主体带来经济利益，就不能将其确认为主体的资产，前期已经确认为资产的项目，如果不能再为主体带来经济利益，也不能再将其确认为某一主体的资产。

②资产应为某一主体拥有或者控制的资源

资产作为一项资源，应为某一主体拥有或者控制，具体是指某一主体享有某项资源的所有权，或者虽然不享有某项资源的所有权，但该资源能被企业控制。

通常在判断资产是否存在时，所有权是考虑的首要因素，但在有些情况下，虽然某些资产不为某一主体所拥有，即某一主体并不享用其所有权，但该主体控制这些资产，同样表明该主体能够从这些资产中获取经济利益。

③资产是由某一主体过去的交易或者事项形成的

只有过去的交易或事项才能产生资产，某一主体预期在未来发生的交易或者事项不形成资产。资产应当由某一主体过去的交易或者事项形成，过去的交易或者事项包括购买、生产、建造行为或者其他交易或者事项，只有过去的交易或者事项才能产生资产，某一主体预期在未来发生的交易或者事项不形成资产。例如，某一主体有购买某项存货的意愿或者计划，但是购买行为尚未发生，就不符合资产的概念界定，不能因此而确认存货资产。

2. 无形资产的概念及特征

无形资产是指不具有实物形态而能为使用者提供某种权利的资产，主要包括专利权、商标权、著作权、土地使用权、非专利技术、商誉等。

无形资产一般具有如下特征。第一，无形资产不具有实物形态。看不见，摸不着，这也正是在资产管理中经常被人们忽视的原因。第二，用于生产商品或提供劳务、出租给他人或为了行政管理而拥有的资产。第三，无形资产可以在一个以上的会计期间为使用者提供某种权利。因此，无形资产被界定为长期资产，而不是流动资产，使用年限超过一年。第四，无形资产只能提供未来经济效益，具有很大的不确定性。比如，企事业单位自创的某项专利权，可能会给企事业带来很大的效益，也可能由于新技术出现，使它立即失去价值。有些无形资产（如商誉）只是在某个特定的企业存在才能发挥作用。第五，无形资产具有独占性。无论从哪一渠道获得的，都在法律的保护下，禁止非持有人无偿使用。第六，有些无形资产，如专利权一旦超过有效期，就不再受法律保护而成为社会的共同财富，尽管它还具有相当旺盛的生命力和相当大的开发利用价值。

3. 固定资产概述

（1）固定资产的概念界定

固定资产是指企业为生产产品、提供劳务、出租或者经营管理而持有的、使用时间超过 12 个月的、价值达到一定标准的非货币性资产，包括房屋、建筑物、机器、机械、运输工具及其他与生产经营活动有关的设备、器具、工具等。固定资产是企业的劳动手段，也是企业赖以生产经营的主要资产。从会计的角度划分，固定资产一般被分为生产用固定资产、非生产用固定资产、租出固定资产、未使用固定资产、不需用固定资产、融资租赁固定资产、接受捐赠固定资产等。

（2）固定资产的实物形态

属于产品生产过程中用来改变或者影响劳动对象的劳动资料，是固定资本的实物形态。固定资产在生产过程中可以长期发挥作用，长期保持原有的实物形态，但其价值则随着企业生产经营活动而逐渐地转移到产品成本中去，并构成产品价值的一个组成部分。根据重要原则，一个企业把劳动资料按照使用年限和原始价值划分固定资产和低值易耗品。对于原始价值较大、使用年限较长的劳动资料，按照固定资产来进行核算；而对于原始价值较小、使用年限较短的劳动资料，按照低值易耗品来进行核算。在中国的会计制度中，固定资产通常是指使用期限超过一年的房屋、建筑物、机器、机械、运输工具及其他与生产经营有关的设备、器具和工具等。

（3）固定资产磨损

固定资产的价值是根据它本身的磨损程度逐渐转移到新产品中去的。它的磨损分有形磨损和无形磨损两种情况。有形磨损又称“物质磨损”，是设备或固定资产在生产过程中使用或因自然力影响而引起的使用价值和价值上的损失。按其损耗的发生分为两类。I 类有形磨损是指设备在使用中，因摩擦、腐蚀、振动、疲劳等原因造成的设备的损坏和变形。针对 I 类有形磨损，应注意在设备使用的同时，降低其磨损速度，减少和消除非正常损耗；要合理使用设备、做好维护保养工作、及时检修。Ⅱ类有形磨损是设备在自然力的作用下，造成设备实体锈蚀、风化、老化等的损耗。这类损耗与设备的闲置时间有密切关系。针对Ⅱ类有形磨损，应注意加强管理，减少设备闲置时间，做好闲置设备的养护工作。

无形磨损又称“精神磨损”，是设备或固定资产由于科学技术的进步而引起的贬值。按其产生的具体原因，同样分为两类。I 类无形磨损是由于设备制造部门的劳动生产率提高，使得具有原技术结构和经济性能的机器设备，再生产费用降低而引起设备贬值。这类磨损不影响其使用性能，也不影响其技术性能。要防止和减少这类损耗，应注意：合理购置设备；提高设备利用率，充分利用设备；合理提取折旧。Ⅱ类无形磨损是由于设备制造部门生产出新的、具有更高生产效率和经济效益的设备，使原有设备相对贬值。此类磨损使设备的技术性能相对落后，从而影响企业的经济效益。防止和减少这类磨损，应注意对设备加强管理，及时更新改造。

（4）固定资产折旧

固定资产在使用过程中因损耗而转移到产品中去的那部分价值的一种补偿方式，叫作“折旧”。折旧的计算方法主要有平均年限法、工作量法、加速折旧法、年限总和法等；固定资产在物质形式上进行替换，在价值形式上进行补偿，就是更新；此外，还有固定资产的维持和修理等。

（5）固定资产的主要特点

固定资产的价值一般比较大，使用时间比较长，能长期地、重复地参加生产过程。

在生产过程中虽然发生磨损，但是并不改变其本身的实物形态，而是根据其磨损程度，逐步地将其价值转移到产品中去，其价值转移部分回收后形成折旧基金。

固定资金作为固定资产的货币表现，也有以下特点。

固定资金的循环期比较长，它不是取决于产品的生产周期，而是取决于固定资产的使用年限。

固定资金的价值补偿和实物更新是分别进行的，前者是随着固定资产折旧逐步完成的，后者是在固定资产不能使用或不宜使用时，用平时积累的折旧基金来实现的。

在购置和建造固定资产时，需要支付相当数量的货币资金，这种投资是一次性的，但投资的回收是通过固定资产折旧分期进行的。

（二）我国工会资产的形成

工会资产是工会依法占有和使用的资产，包括中华全国总工会及地方县以上总工会、产业工会、基层工会对工会企事业单位各种形式的投资金、借出款、拨款所形成的资产和权益，工会利用经费收入与支出权衡后投入固定资产中的投资形成资产和权益。

工会资产形成的主要途径主要有四种：一是党和国家在中华人民共和国成立后，国家通过没收官僚资本，接管和征用帝国主义在华企业，开展大规模经济建设，并投入国有企业和发展社会各项事业，为巩固党的执政地位，保护先进生产力，提高工人阶级的学习、生活、工作条件，各级党和政府无偿划拨大量土地及房产用于工会组织办公和兴建工人文化宫、职工学校、工人疗养院等，这是工会资产形成的重要来源；二是政府对工会拨付的补助资金形成工会资产，《工会法》第四十五条规定，工会办公和开展活动的设施和场所等物质条件，应当由同级政府和企业、事业单位机关解决。因此，同级政府拨付资金用于购置办公和开展活动等购买的固定资产为工会资产；三是工会接受社会各界捐赠、转让形成的工会资产；四是工会会员会费和工会经费购置的工会资产，即同工会权衡收支结余投入资本性支出后形成的固定资产，随着各级工会经费收入的不断增加，提高工会经费使用效能，应合理投资使用工会经费创立工会品牌的工会资产，使工会资产得到保值增值，是工会企业、事业资产发展的研究方向。工会组织区分国有资产和工会资产管理，明确提出凡由工会会员缴纳的会费，工会拨缴的经费和工会所属的企业、事业单位上缴的收入及工会自筹资金等其他收入形成的资产就由工会组织进行财产登记和管理，其资产的终极所有权归中华全国总工会；1998 年以后由政府补助资金所形成的固定资产应划为国有资产管理，接受财政部门监管。[①]

工会企业资产一般为经营性资产，工会出资企业，以资产增值即盈利为目的，依法经营，其产权属于工会所有。工会经营性资产以保护工会产权，实现资产优化配置，确保资产保值与增值，更好地履行工会的社会职能。

工会行政事业资产一般为非经营性资产，工会机关行政资产和工会事业资产，占有资产不以增值为目的，而是为了履行工会社会职能奠定物质基础，打好公益牌，提高利用效率，为广大职工和社会提供最大限度的服务。

（三）我国工会资产管理存在的问题及原因

1. 工会资产管理存在的问题

（1）资产管理制度不健全

资产的购入和处置未按规定程序办理，未登记入册。例如，存在接受捐赠资产时，未及时登记入账，由于资产在接受时未能及时入账，该资产在处置时也无法按正规报废程序处理，该资产归属于哪类资产，使用年限等问题都未能及时登记入册，资产管理部门不能及时掌握，形成账外资产，使用和处置具有随意性。

（2）资产使用效率不高

随着工会经费的增长，工会资产的建设也在不断扩大，用有限的资金合理购置物有所值的资产，更好地服务职工、丰富职工的业余生活、提升

① 中华全国总工会. 工会财务资产工作概论 [M]. 北京：中国工人出版社，2013：72-73.

职工的技能素质和生活质量，是工会人的重要职责。有些工会资产的建设在选择、有效性论证方面不完善，导致资产的使用效率不高，不能充分发挥资产的使用价值。

（3）流动资产管理不规范

一些单位未能严格执行银行存款和现金管理的要求规范使用货币资金，存在银行账户支付款项的财务印章交由一人保管、重大资金支出依据不充分、库存现金过大、超范围使用现金、大额现金支出等安全隐患问题。

（4）对外投资和自办实体风险评估不足

受传统管理观念影响，资产购置时未进行详尽的市场调查和可行性研究，对国有资产和工会资产界限划分不清，导致资产管理不善，产生亏损。对大型资产的建设和经营管理缺乏经验，资产购置或建设时投入大量资金，具体使用管理过程因人员不够专业，使用不合理，造成资源浪费。

（5）对资产的日常管理不到位

有些企事业单位资产不计提折旧，一定程度上影响了资产的更新改造。对工会资产管理的认识不足，不注重资产的日常管理，资产的领用、保管不健全或无台账，资产管理粗放。内部管理的不到位，可能会导致财务账务资产的少记、漏记，固定资产的真实数量无法从账务如实体现，导致固定资产账实不符。

（6）资产的处置不当

工会资产的购置和报废处置时需上级工会的审批。近年来，工会组织的资产被处置的事项时有发生，一方面，工会组织没有利用好《工会法》这个有力武器，没有依法依规对工会资产进行保护和处理；另一方面，部分地方工会也没有熟悉掌握固定资产的有关规章制度，没有按工会资产管理制度规定处理，导致处理固定资产的方式不合规。

（7）工会资产监督管理不到位

目前，各级工会组织的资产监督管理部门大多为财务部门负责，缺乏专业人士管理，不能准确落实相关制度。因为缺少统一规划，工会资产的使用布局也不够合理，使用效率有待进一步提高。例如，工人文化宫的使用和管理方面，一方面，随着职工需求的增加，工人文化宫的扩建和修缮有待进一步加强，是否能得到政府财政部门的支持，资产使用和管理的具体责任单位是否明确；另一方面，工会组织也应进一步改进和完善资产的管理方式，管理监督工会资产的产权登记和配置，使工会资产产权登记工作水平不断提升，为工会资产监管提供良好的环境。

2. 工会资产管理存在问题的原因分析

（1）固定资产管理意识不强

工会资产是开展工人运动事业的物质基础和重要保障，随着工人运动事业的发展，工会资产的形成也有其多样性。一方面，随着工会经费的增长，工会组织会购入资产用于工会工作的开展；另一方面，政府部门也会加大对工会工作的支持，包括工作资金和资产的配置，使工会组织更好地服务职工群众。但是，部分领导干部对哪些属于工会的固定资产，哪些属于向当地政府争取的资产，底数不清、重视不够，影响了资产的使用和管理。

（2）资产的多样性对管理能力提出了更高要求

随着职工工资水平的提高，生活条件的改善，业余生活的丰富，对工会工作提出了更高要求，对工会资产的配置有了更高的标准。工会组织应开动脑筋，购置符合职工需求的相关资产。例如，职工心理咨询室的建设，职工之家、职工书屋的建设，职工疗休养机构的建设，都要求工会组织合理地购置和管理资产，不同的资产形式要求有不同的管理方式，这对工会资产管理也提出了新的要求。

（3）缺乏完善的工会资产管理制度

随着工会服务职工工作的开展，越来越多的职工感受到工会组织的温暖，各种专门的、针对基层职工的基站建设正逐步推广，如爱心驿站、爱心妈妈小屋、职工维权和法律服务中心的建设，这些项目推进过程中会购置部分资产，这些资产的管理、使用大多由基层工会具体负责，如何管理和使用这些资产必须有统一的制度规定，工会组织在开展工作的同时要配合制定好资产管理的相关制度。

（四）新《工会会计制度》关于工会资产管理的变化要点

1. 结合工会会计实际，重新划分固定资产标准

固定资产是工会发展的基石，是工会生产资料的重要组成部分。原制度对固定资产确认标准要求“固定资产使用年限在一年以上，单位价值在

规定标准以上”。这个规定标准是：一般设备单位价值在500元以上，专用设备单位价值在800元以上。随着经济日益发展，物价水平不断提高，在使用过程中基本可以保持原有物质形态的资产价格也逐渐上涨，原制度对固定资产单位价值的确认标准已经不能适应固定资产管理的实际需要。新制度顺应新形势发展，适时提高固定资产单位价值确认标准，将一般设备改为通用设备，其单位价值从原来的500元以上，调整为1 000元以上；专用设备单位价值从800元以上，提高到1 500元以上，使固定资产核算更符合实际，会计信息质量更高。

2. 真实反映长期资产价值，虚拟折旧和摊销

固定资产折旧是指固定资产价值的损耗，是固定资产在使用过程中采用一定方法将价值摊入费用的过程。有人认为只有盈利组织会计才存在固定资产损耗价值，才需将其价值损耗逐渐地、部分地转入成本或费用中。其实不然，在实际工作中，不论是固定资产还是无形资产都存在价值损耗情况，当然也存在贬值、折旧或摊销问题。

新制度借鉴《政府会计制度》虚拟折旧方法，规范对固定资产虚拟折旧，对无形资产虚拟摊销，并确定固定资产折旧年限，明确无形资产摊销年限，从而真实反映工会固定资产和无形资产等长期资产价值。

3. 增加无形资产科目，强化无形资产核算

无形资产是工会控制的没有实物形态的可辨认非货币性资产，包括专利权、商标权、著作权、土地使用权、非专利技术等。实际工作中，工会组织购入或研发的不构成相关硬件，但不可缺少组成部分的会计应用软件、收费软件，为建设办公楼等有偿取得的土地使用权等，均为工会常见的无形资产。为此，在“工会+互联网”新形势下，为有效解决工会组织在信息化网络建设中购置和开发形成的信息软件等无形资产无法核算问题，新制度增加了无形资产科目，用于核算无形资产增减及结存，并对无形资产摊销方法、摊销会计处理及其转让等使用过程中减少的核算提出明确要求。

新制度中增加的无形资产项目内容，主要包括三个部分。一是确认标准，明确无形资产的内涵、工会组织无形资产内容及无形资产确认标准等。比如，“对于非大批量购入、单价小于1 000元的无形资产，工会可以于购买的当期将其成本直接计入支出”，间接说明无形资产的入账价值至少

在 1 000 元以上。二是增设“无形资产”科目，确定无形资产原值核算内容及增减变动核算方法。新制度对各种不同来源的无形资产成本确定标准进行了规范，第四十二条规定：“工会应当定期对无形资产进行清查盘点，每年至少全面盘点一次。工会在资产清查盘点过程中发现的无形资产盘盈、盘亏等，参照本制度固定资产相关规定进行处理。”三是增设“累计摊销”科目，确定无形资产的摊销规范、摊销期限及摊销核算方法。新制度不仅增加了无形资产核算内容，同时也与固定资产虚拟折旧一样，规范虚拟摊销。例如，在规范无形资产摊销方法时，要求与企业一样，当月增加的无形资产当月进行摊销，当月减少的无形资产当月不再进行摊销等。

4. 细化“在建工程”科目，将基建项目纳入大账

多年来，我国行政事业单位会计制度，一般将本单位基本建设项目单独进行核算，不纳入本单位会计核算内容。这样，就出现了基建会计与单位会计核算的两张皮现象。2010 年事业单位会计制度改革后，《医院会计制度》《高等院校会计制度》等有关事业单位会计制度陆续将基建工程由基建部门单独设立会计机构、独立核算基建工程支出改为纳入本单位基建工程核算内容，增设“在建工程”科目，详细核算事业单位基本建设支出情况。

新制度借鉴《政府会计制度》核算方法，细化“在建工程”科目，把基建项目纳入工会大账，将工会资产内容分为固定资产、在建工程和无形资产，并相应细化“第 161 号在建工程”科目，在该科目下设置“建筑安装工程投资”“设备投资”“待摊投资”“其他投资”“待核销基建支出”“基建转出投资”“预付工程款”等明细科目，并按照具体项目进行明细核算，归集基本建设成本，明确单位各项投资及资产形成情况，真实反映工会组织财务状况，进一步提高会计信息质量。

（五）资产管理理论基础

资产管理的理论有很多，但是真正能够运用到工会资产管理方面的理论少之又少，本文主要阐述了资本结构理论、现金流量理论、价值评估理论、EAM 理论、RCM 理论、TPM 理论，以及这些理论在企业资产管理现实中的应用，通过对这些理论的简要介绍，为工会资产管理存在的问题提供详细的理论支持和研究参考。

1. 资本结构理论

资本结构理论包括很多理论，本书中和工会资产管理问题有关的理论主要包括以下四个。

（1）净收益理论

净收益理论是指能够通过利用增减债务的办法减少综合资金成本。作为企业所筹集资金的平均成本，反映企业资金成本总体水平的高低，故而需要降低综合资金成本率，一种办法是降低所有资金的资金成本率；还有一种办法是增加资金成本中较低的那部分资金在全部资金中所占的百分比。由于债务成本一般较低，企业中负债程度提高，综合资金成本就会降低，企业价值就会增加。企业负债比率是企业全部负债与全部资金来源的比率，用以表明企业负债占全部资金的比重。达到解决企业偿还所有债务本金和保障支付债务利息的情形。只有当企业的负债比率达到顶峰 100 % 时，能够将效益提升到最大化。

（2）净营业收益理论

净营业收益理论是指资本结构与企业所创造的价值没有任何关系，企业的净收益最终决定了企业价值最大化的体现，企业的净营业收益决定企业价值多少。尽管企业增加了成本较低的债务资金但同时企业的风险随之增加，提高了资金成本，然而企业的综合资金成本并没有发生改变。净营业收益理论认为，不管企业的财务杠杆怎样变化，企业资金成本始终保持不变，企业的价值多少根本不会影响企业的资本结构，故而不会有最佳资本结构的存在。

（3）MM 理论

MM 理论是美国经济学家莫迪格利安尼（Modigliani）和米勒（Miller）建立的资本结构模型的简称，指在没有所得税的情况下，企业的所有价值，不管负债是多少，都是经营利润除以适用于其风险等级的收益率。当在风险相同的企业，其价值不受有无负债及负债程度的影响；但在考虑所得税的情况下，存在税额的庇佑，负债多，企业价值增加，企业经营者也可获得更多好处。

（4）代理理论

代理理论是指，企业资本结构对企业管理者的工作水平和其他行为进行施加作用，从而改变企业以后的现金实际收入和企业在市场上产生的价值。这种模式能够促使企业管理者更好地参与工作，并且作出准确的经营决策，从而减少由于所有权和经营权分离而产生的代理成本；然而，负债筹资可能形成额外的成本，即企业接受债权人监督而产生的成本。均衡的企业所有权结构是由股权代理成本和债权代理成本之间的平衡关系来决定形成最终的价值。

2. 现金流量理论

现金流量理论作为最基础性的理论，主要包含现金、现金流量和自由现金流量。作为反映企业资产管理中的重要元素之一，现金是计量现金流量和自由现金流量的基本要素。自由现金流量是指真正剩余下的、能够可以让企业管理者自由支配的现金流量。1986 年，美国西北大学拉巴波特（Rappaport）、哈佛大学詹森（Jensen）等学者已经提出了自由现金流量这一概念，在财务报告中利润指标接近完美的优质公司如美国安然、世通等纷纷破产后，自由现金流量为基础的现金流量折现模型，已成为价值评估领域理论不可或缺的最健全、使用最广泛的新型评估模式。然而财务管理学意义上的现金流量与会计学现金流量表的现金流量并不完全一样，其差别就是体现在是否包含现金等价物，而财务管理学现金流量则不包含现金等价物，会计学现金流量表包含现金等价物。

3. 价值评估理论

作为财务管理的一个核心理论，价值评估理论是关于企业内在价值、企业净增价值和企业价值评估模型的研究理论。

观察企业的价值主要包含内在价值、净增价值。项目的价值实质上是指项目的净增现值即净现值。内在价值、净增现值是以现金流量为基础的折现估计值，而非精确值。项目投资者作出相应的经营决策主要是通过估特定项目的净现值，比较净增价值的大小。评估价值除了研究现金流量，还需要确定折现率。资本资产定价模型就是用于估计折现率的一种模型。财务学家威廉（William）创建了资本资产定价模型。20 世纪 60 年代夏普就创建了价值评估。资产投资的风险分为两类：一类是可以通过分散投资来化解的可分散风险（非系统风险）；一类是不可以通过分散投资化解的不可分散风险（系统风险）。在有效市场中，可分散风险得不到市场的补偿，只有不可分散风险能够得到补偿。据此，形成资本资产定价模型。资本资产定价模型解决了股权资本成本的估计问题，为确定加权平均资本成本扫清了障碍，进而使得计算现值和净现值成为可能。

4. EAM 理论

EAM（Enterprise Asset Managment），即企业资产管理，是在计算机辅助资产维护管理系统（Computerized Maintenance Management System,CMMS）基础上发展起来的理论体系。该理论体系突出了信息技术平台的建立和运行，强调了资产管理的协同性，突出了资产管理的风险预测、失效预防和预警管理，强化了大型集成化计算机管理系统的开发和应用，大型数据库的数据存储、数据加工和信息传递。EAM 的目标是通过广泛全面采用信息技术手段，加强对企业资产的跟踪管理，及时对企业高附加值资产的维护和保养，促进企业资产的高效、安全和低成本运行，从而有效保障企业经济效益的实现，打造综合竞争优势，不断提高企业的竞争力。EAM 继承了 CMMS 的全部优点，将 CMMS 发展成为不仅包括资产的维修管理内容，而且涵盖了资产协同管理的价值理念，同时将“大数据”时代的信息积累、流程再造、与企业资产管理的业务进行有效整合，是企业资产管理理念、管理方法和管理手段的创新。

EAM 是一个集成化的资产管理闭环系统，它由多个管理子系统构成，每个子系统都有相应的功能，并通过相应的接口技术实现信息传递，从而保证系统整体功能的实现。一般情况下，EAM 的功能模块可划分为资产管理规划、资产管理处置和资产管理分析。资产管理规划是站在战略高度上进行的长远设计，是以提高企业资产整体适应性的长期谋划。资产管理处置是以资产管理计划的执行和资料收集为基础的管理。资产管理分析是检查资产管理计划执行情况与执行结果偏差的有效手段，它通过偏差分析和结果反馈，为企业资产管理控制提供支持。EAM 是一个封闭的循环提升过程，每一次管理循环都能够得到偏差的有效修正，从而实现资产管理的有效性。

5. RCM 理论

企业资产管理是促进资产有效运行的基本手段，随着企业的规模扩张，企业的资产规模日益扩大，资产管理的复杂性已经成为影响企业资产运行的重要因素。如何在资产日益大型化、复杂化的前提下，促进企业资产的安全、可靠、稳定运行是企业资产管理的重要任务。从 20 世纪 70 年代以前的资产维修和故障排除观念到现在的资产综合可靠性管理理念，促进了企业资产管理方法的改进。从整体性和长远性考虑，企业的资产管理必须以实现资产的可靠性和安全性为基础，必须以提高企业的资产综合利用价值为方向，必须以实现企业的经济效益为目标。

RCM（Reliability Centered Maintenance），是以可靠性为中心的资产管理维护，它的基本思想起源于美国波音公司的飞机维修方式。20 世纪 60 年代，波音公司通过研究发现，以可靠性为中心的维修体系，能够根据可靠性评价结果来确定飞机的维修计划，可以有效避免资产过度维修和维修不足的矛盾，从而降低飞机设备的维修费用，提高飞机设备的安全可靠。RCM 以资产设备的可靠性运行为目标，它可以根据资产的设计特点和故障特性，在故障分析的基础上，通过获取和分析资产的运行数据，确定资产的安全性和可靠性状况，继而提出资产设备的维修计划，并进行相应的评估。RCM 在进行资产维护时，充分考虑了资产管理的经济性和使用性，并将经济性和使用率作为具有使用性和非使用性后果的设备确定维修方式依据。

RCM 的主要特点是根据资产设备的故障后果来进行资产维护性分级，它将资产管理的故障后果划分为四种类型：环境安全后果；故障隐藏后果；资产使用后果；资产闲置后果。RCM 的基本观点包括：资产的安全可靠运行，是保障资产价值创造能力的前提，资产管理的中心思想是用最小的经济成本来保障资产的可靠性和安全性；资产运行故障是影响资产有效运行的主要原因，资产故障的严重程度是开展资产预防性维护的前提，在进行资产的预防性维护时必须综合权衡资产维护的经济成本和安全后果；不同的资产具有不同的故障特点，需要采用不同的维护工作，企业应针对性开展资产故障检修和维护工作；为了有效降低资产的故障率，企业必须采取相应的预防措施，但预防措施只能改变资产故障的次数，不能改变资产故障的后果，为了降低资产的安全故障后果，必须强化资产设计和功能改进。

6. TPM 理论

围绕资产设备的可靠性、有效性和经济性，TPM（Total Productive Management）以追求资产设备的综合使用效率最优为目标，将资产设备的预防性维护、改善性维护和事后维护结合起来，动员资产管理相关部门通过全员参与管理，保障资产管理的有效性、安全性和低成本。TPM 的管理理念包括三个方面内容，即全效率、全系统和全员参与。全效率是从资产运行的整体管理目标出发，突出了资产管理的价值属性，要求资产管理的根本目标必须保障企业整体资产运行的高效率。为了达到这一目标，企业必须建立有效的资产管理机制，将资产管理的范围延伸到资产运行的各个阶段。全系统涵盖了资产管理的整体性特征。资产管理是一个系统化的过程管理，企业在开展资产管理时必须综合考虑影响资产的各种因素，并采取相应措施保障资产的系统化运行。全员参与表明了资产管理的复杂性，必须通过企业全体人员的共同努力才能使企业的资产管理达到最优状态。

在全员参与进行全系统的资产管理时，TPM 的最终目标是落实在资产管理的全效率上，它是以资产设备的零故障停机、零废品产出、零事故运行和零降速损耗为目标，通过 TPM 活动，实现企业资产管理的有效性。TPM 活动主要包括现场 5S 活动和 TPM 小组活动。现场 5S 活动是企业开展资产现场管理的基础，主要包括整理（Seiri）、整顿（Seiton）、清扫（Seiso）、清洁（Seiketsu）和素养（Shitsuke）5 个活动，是搞好企业资产管理的一项重要基础性工作，通过各项专业资产管理职能作用的发挥和提供效率性服务，来有效保障资产的安全运行。TPM 小组活动是推进 TPM 工作的保障，通过企业内部建立的 TPM 小组活动的开展，形成强有力的 TPM 推进机制，保障 TPM 工作的顺利开展。

二、新工会会计制度下基层工会加强资产管理的对策

工会资产是工会赖以生存和发展的物质基础，是工会为职工服务的物质保障，因此必须严格按照“统一领导、分级管理、分工负责、物尽其用”的原则加大工会资产管理力度，切实解决好当前工会资产管理中存在的突出问题。在新制度背景下，要在保证工会资产安全完整和保值增值的同时，做大做强工会资产，充分发挥工会不动产的服务职能和作用，使之真正成为顺应时代发展需要的职工维权、帮扶、教育、活动阵地，更好地为职工群众服务，为经济社会发展服务，为工人运动事业服务。

（一）坚持工会资产管理服务群众的导向

认真学习贯彻党的十九大精神和工会十七大精神，始终坚持工会资产正确使用方向，全面提升工会资产管理的规范化水平。坚持以服务职工为工作导向，以保障工会重点工作为抓手，明确工会资产管理的目标任务，全力构建工会资产管理的新格局。围绕广大职工群众多层次、多元化需求，坚定工会资产服务职工群众的导向，加强工会资产的规范化管理，促进工会资产管理的健康发展。

1. 坚持人民至上理念

党的十八大以来，习近平创新发展了“人民”“群众”“人民群众”的深刻认知，对以人民为中心做出了新论断。习近平全面阐述了新时代践行“人民至上”理念的重要意义，强调“必须坚持人民至上、紧紧依靠人民、不断造福人民、牢牢根植人民，并落实到各项决策部署和实际工作中去”[①]。习近平新时代中国特色社会主义思想的明显特征是始终坚持以人民为中心，以人民为主体。“在前进道路上，我们要始终坚持人民主体地位，充分调动工人阶级和广大劳动群众的积极性、主动性、创造性。人民是历史的创造者，是推动我国经济社会发展的基本力量和基本依靠”[②]，“以人民为中心”理论在工人运动理论及工会工作实践中的具体体现是强调包括工人阶级在内的广大人民群众是历史的主人，高度聚焦新时代我国工人运动的时代主题是实现中华民族伟大复兴中国梦，将保护职工合法权益、为职工提供服务作为工会一切工作的基础和目标所在。

植根人民的价值理念。党执掌政权的底气、根基和命脉都在人民。人民至上这一观念的理论根基是唯物史观“关于现实的人及其历史发展的科学”，它扎根于人的现实生活，并在处理社会生活存在的矛盾问题的实际要求和人民意愿中产生。它重视人民的实际生活需要，注重革新社会关系和实际条件，从人民的角度追寻人类自由解放的途径。它以人们真实的生

① 中国共产党新闻网．习近平在参加内蒙古代表团审议时强调：坚持人民至上 不断造福人民 把以人民为中心的发展思想落实到各项决策部署和实际工作之中[EB/OL]．http：//cpc.people.com.cn/n1/2020/0523/c64094-31720349. html.

② 习近平．在庆祝“五一”国际劳动节暨表彰全国劳动模范和先进工作者大会上的讲话[M]．北京：人民出版社，2015：5-6.

活环境为基础，坚定以人民为中心，以构建幸福生活为价值主体，形成人民至上的价值理念。“人民至上”是工会永葆生机和活力的重要保证，在坚持“人民至上”中做到与时代发展同步伐、同职工群众共命运。坚持“人民至上”，充分尊重和满足人民群众对自身利益的追求，是工会组织不断有所前进、有所创造的决定性因素。新时代见证职工群众的新需要、新诉求，智慧工会加深了工会与职工群众联系，强化基层落实基础，激发基层活力，最大限度上将广大职工组织尤其是不在编制内的职工，如新领域、新形态及灵活就业的职工吸引到工会中来，进一步开展农民工加入工会集中行动，最大限度上将他们纳入工会，使他们成为工人阶级坚实的新生力量，夯实党的群众基础和执政基础，做到职工在哪里，网络就延伸到哪里；职工的需要在哪里，服务就要送到哪里。借助互联网提高工会与职工的“黏性”，在工作中架起“连心桥”，做到服务群众全时、全域、全方位。

造福人民的价值追求。“为中国人民谋幸福，为中华民族谋复兴”是中国共产党人的初心和使命，也是习近平新时代中国特色社会主义思想的核心要义。坚定人民的主体地位，在发展中改善民生，满足人民日益增长的对幸福美好生活的需求，也正是习近平新时代中国特色社会主义思想对“人民至上”这一理念走向的具体体现。习近平总书记指出：“以人民为中心的发展思想，不是一个抽象的、玄奥的概念，不能只停留在口头上、止步于思想环节，而要体现在经济社会发展各个环节。”[①] 对于中国的工会组织，必须坚持以职工为中心，让职工当主角、唱主角，要随时以职工的利益为出发点，时刻关注职工、时刻惦念职工、时刻关爱职工，做到解实情、出妙招、办好事、见成效。解决职工所需、所急、所盼的主要问题，提升广大职工群众的获得感、安全感和幸福感。在热情服务中更好地满足广大职工对美好生活的需要，要分类做好城市困难职工解困脱困工作，实现帮扶送温暖常态化、经常化，随时随地把党和政府的关心关爱，把工会组织给予的温暖送到职工群众身边，切实解决好职工群众的现实问题，让改革发展的硕果公平地惠及更多的职工群众。

依靠人民的价值旨归。一切为了人民、一切依靠人民，是马克思主义

① 习近平在省部级主要领导干部学习贯彻党的十八届五中全会精神专题研讨班上的讲话 [N]. 人民日报，2016-01-18（1）.

政党的价值旨归，也是人民至上理念的基石。毛泽东同志在党的七届二中全会上提出了全心全意依靠工人阶级的根本指导方针。2016年，习近平在国有企业党建工作会议上强调："坚持全心全意依靠工人阶级的方针，是坚持党对国有企业领导的内在要求。"无论时代如何变化，社会如何改变，中国共产党全心全意依靠工人阶级的宗旨都不曾也不能改变，我国工人阶级的重要性和关键性都不曾动摇也不能忽视。坚持和发展中国特色社会主义，要巩固工人阶级领导地位，发挥工人阶级主力军作用。我们党和国家性的根本逻辑起点，都是建立在工人阶级领导这一基础上，要充分发挥工人阶级的关键作用，为广大职工积极参与单位的民管工作，参与社会管理和国家治理开辟新途径。列宁提出："联系群众，也就是联系大多数工人以至全体劳动者，这是工会任何一项工作取得成绩的最重要最基本的条件。"[①] 要保持并增强工会的群众性，就需要进一步践行群众路线，时刻听取广大职工群众的意见和建议，要以职工群众为主体开展好各项工作和活动。习近平要求，工会必须牢记党的重托、不忘工会职责，增强对职工群众的感情，密切同职工群众的联系，努力把工作做到所有职工群众中去，使工会工作更贴近基层、贴近职工群众，更符合职工群众意愿。[②]

工会组织作为以工人阶级为主体，由广大职工自愿结合起来的群团组织，它的性质决定了工会工作要始终坚持以职工为根本，从职工中来，到职工中去，积极打造"以职工需求为基本导向，以职工满意度为目标"的工作机制。工会组织要重视职工群众的多样化需求，坚持从职工切实需要出发，实施精准服务、匹配需求项目。最大限度地重视、关爱、帮助困难职工、农民工等群体，多从娘家人的立场倾听他们的诉求，为他们解决实际困难，让他们感受到党和政府的关爱、工会组织的温暖，用服务职工的实际效果团结职工、凝聚职工。

2. 坚持以问题为导向

习近平明确指出，问题是时代的声音，人心是最大的政治。他强调："问题是事物矛盾的表现形式，我们强调增强问题意识、坚持问题导向，就是

---

① 列宁，斯大林．列宁斯大林论工会 [M]．北京：工人出版社，1981：518.

② 竭诚服务职工群众维护职工群众权益为实现中国梦再创新业绩再建新功勋——习近平同中华全国总工会新一届领导班子集体谈话 [N]．工人日报，2013-10-23（1）.

承认矛盾的普遍性、客观性，就是要善于把认识和化解矛盾作为打开工作局面的突破口。”[①] 在服务型工会建设中，坚持以问题为导向，及时发现问题，勇于破除传统思维的限制和固化工作方式的影响，以首创精神、创新手段及时处理问题和解决矛盾，积极探索，大胆实践。工会服务工作对象庞杂、领域广阔、内容纷繁、形式各异，要善于抓住问题的主要方面，增强工作实效性。

随着时代的发展变迁和职工队伍的变化，拥有3亿多工会会员的中国工会还依靠传统的服务路径去开展工作，根本无法满足职工对服务广度和深度的需求，职工群众很难通过工会服务获得更多幸福体验。延续传统的工作思路和工作方法，工会服务不仅不能很好地凝聚职工，反而只能加剧工会与职工之间的距离。职工期盼在网上找到工会组织和获得工会组织带来的各种服务，有更多培训的机会、交友的平台、展示的舞台。工会必须加大推进力度，建立职工随时随地学习的移动学校，能快速表达诉求、有效解决困难问题的“掌上娘家人”，建立“智慧工会”第一时间满足职工所需所求。

寻根溯源是解决问题的关键。工会服务职工上存在问题的关键在于工会组织的服务“供给”与党委政府、职工群众“需求”之间存在着不平衡、不协调的问题，供需结构不合理和要素配置的低效率，有效和中高端供给少，满足不了需求，但无效和低端供给过多，造成人力、财力、物力的极大浪费。因此，工会要聚焦问题，精准发力，精准施策，才能激发内在动力，增强工会活力，做好服务，做到让党政满意、职工认可。

3. 坚持为广大职工群众服务

工会为广大职工群众提供服务，要以职工的满意度作为检验服务效果的标准，及时解决影响服务效果的各种因素，保证服务效果。例如，在全国工会帮扶系统中建档的困难职工家庭中，因病致贫、因病返贫的人数较多，特别是因为户籍限制，扶贫政策还没有覆盖到长期生活在城市的农民工，他们在因生病导致贫困时，既不是城市低保受益人群，也不是农村低保救助对象。低保边缘户也很难享受救助，原因是城市职工社会救助依据

① 习近平在中共中央政治局第二十次集体学习时强调：坚持运用辩证唯物主义世界观方法论提高解决我国改革发展基本问题本领 [N]. 人民日报，2013-01-25（1）.

主要是贫困家庭的人均收入，但对于收入支出差距大的“支出型贫困”职工，就难以进入救助范围。除了医疗，教育、住房等也是职工关注的问题和致困的主要因素。在困难职工解困脱困进程中还有很多新问题、新情况，工会组织应充分发挥在社会大救助体系中的重要作用。

创新服务方式不断提升服务效果。为给职工群众提供优质高效、供需对路的服务，各级工会组织千方百计地提升服务职工的专业化水平，不仅依法承接政府服务职工群众的工作项目，建立相关职能转接机制，同时对工会自身无法开展或开展质量效率不高的法律援助、心理咨询、文体活动、大型展会等职工服务类项目，采取项目化、市场化的方式委托给具备条件的高等学校、大型企业、社会组织等组织机构和社会力量承办。发挥工会内审机构——经费审查委员会的作用，对购买服务进行规范管理，建立健全相关制度机制，完善其绩效评估体系，从审定服务资质、购买相关流程到经费支出渠道严格把关，让购买服务更好地为职工服务。

（二）加强制度建设完善组织领导

各级工会在开展工会工作的同时应建立财务和资产监督管理制度，明确专人具体负责资产监督管理工作，明确资产管理岗位的具体职责，落实岗位责任到人。省、市工会把直属工会组织资产管理作为做好工会工作的重要保障，作为服务组织、服务广大职工的基础工作，始终重视直属单位工会资产的管理工作，以点带面，全面推进工作资产管理工作。

强化日常管理。将资产的日常盘点、登记与年末清查盘点相结合，每年12月份组织各下级工会对本级工会资产进行盘点清查，提前做好工会资产的统计准备工作，做到不漏记、不重复。针对资产清查盘点中发现的问题，分析原因，查找资产管理过程的薄弱环节，制定切实可行的资产管理方法。

（三）激活工会资产的运转与使用

1. 推进工会资产公益性改革

工会资产是社团资产，是繁荣社会主义文化的主要阵地，也是工会组织贯彻执行中央群团工作要求的主要平台，因此，工会企事业单位在事业单位分类改革中应注重其服务职工的公益性，积极做好公益类划分工作，力争财政负担公用经费支出。按照中华全国总工会出台的《关于工会企事业单位资产监督管理的暂行规定》和《关于推进工会企事业改革与发展的指导意见》，明确了“统一所有、分级管理、单位使用”的工会资产管理原则，并给出了“会企分开、会事分开、会资分开”的原则，在事业单位分类改革划分过程中对公益一类的事业单位，注重强调其公益性和社会效益，发挥其服务职工的作用，努力拓宽经费来源，保证工会事业行政运行成本及资产运营成本，提高服务职工的质量；对于公益二类的事业单位采取公益性和有偿性服务相结合，注重强调工会资产保值和经营可发展质量，工会可以采用购买服务等多种形式提高服务质量，收获更高的社会效益和经济效益；对于实行企业管理的单位，应用现代企业管理模式，会企分开自主经营，不断扩大经营规模，进而提高工会组织的社会影响力。

工会的资产不属于国有资产，各级工会特别是基层工会应加强对工会资产清产核资产权界定工作和对本级工会资产的管理使用，以打破工会组织长期以来重支出轻管理的状况。借工会系统深化改革的春风，理清工会资产总规模，对资产进行统一监管，做到清理整顿常规化、“出资人”地位制度化、实施考核统一化。

2. 盘活存量资金发展工会资产

近年来，随着各级工会存量资金的不断增加，以及职工群众对职工活动需求多样性的不断变化，各省工会按照中华全国总工会对工会资产重点服务职工的领域要求，科学推进工会资产阵地建设。如何建立好职工文化阵地、职工疗休养服务事业及职工互助保障事业是各省工会资产的重点工作。首先，做好财务规划，逐步推进。对于工会资产底子薄、资源差的省份，应将工会经费投入免费或普惠性服务项目上，保证划分到公益性质的工会资产面向职工服务的资金拨付到位。其次，做好资金保证的精算及投资风险防控工作，可以政府购买服务的形式聘任社会第三方机构提供准确的数据分析及计量，科学算出工会资产每一项免费项目及资产日常维护所需经费。最后，结合本省经济发展水平及职工群众的需求做好充分的调研，各级工会应按照经费结余及后备金总量的实际，积极更新资产或谋划投建新的工会资产，促进工会资产流通，提高服务职工的效能。

3. 创立工会品牌事业服务职工

以J省职工服务中心为模板，全省各级工会在强化统一服务管理、强化文化宫、职工疗养院、工会院校等的公益性目标。一是举全省工会之力，整合优势资源，统一布置，实现各市州级、县级工会的直属公益服务类事业服务职工内容一致化，以使工会资产在全省实现整体一致的目标，以达到树立服务品牌的初步目的；二是以职工需求为导向，结合职工需求及地域文化等因素考虑，放手专业事专业做，可以政府购买服务的形式，采购专业服务从立项、规划、功能定位到立项后续运营都能通过专家论证、专业经营的方式进行，以保证资产运营的可持续发展；三是确保工会资产实力的壮大和公益性服务的资金来源，各级工会应积极通过政府联席会议将符合公益性服务的工会事业单位纳入公益一类事业单位，由地方财政负担单位基层行政费用及单位人员经费，由本级工会负担其公益服务专项经费，为工会公益性服务资产的可持续服务提供保证；四是积极选拔有事业心、熟悉工会资产运营、热爱工会事业、懂经营会管理的复合型人才，为创立工会品牌事业提供有力的人才保障。

（四）完善资产管理的相关规定

认真学习新制度，并根据其关于资产管理的变化做出调整，如对土地、房屋等不动产的购买、处置，严格履行审批手续，防止因随意处置资产或改变资产隶属关系造成的工会资产流失。土地、房屋等工会资产的购置，需报上级工会审批并经主席办公会集体决策后方可执行，避免个人决策带来的主观性、随意性。对工人文化宫、工人疗养院、工会系统培训学校等重要资产的管理，要有针对性，按其服务对象和资产类别，做好使用年限的评估和资产减值增值的测算；对器材设施、器具工具等合理划分资产类别，实现资产保值增值，对日常办公使用的办公设备、办公家具针对其金额小、数量多的特点，做好资产的盘点清查，根据其使用年限和具体使用情况分类做好资产的报废清算。

1. 进一步规范流动资产的管理

为保证流动资金运行安全，要严格执行银行结算制度，按要求管理使用银行账户，办理银行结算业务；支付款项所需的全部印章分别由会计和出纳保管，不交由一人保管。要建立重大资金支出集体研究制度，充分发挥集体智慧，提高决策水平和资金使用效益。要严格控制现金流量，明确规定现金使用范围，全面实行公务卡结算，避免大额现金支付。现金专柜存放，要由出纳人员单独保管，不与个人款项混杂，现金收入当时即开收据，并当日入账，及时送存银行，不“坐支”现金或以“白条”抵库，对现金的库存情况随时进行核查，保证现金的安全使用。

2. 加强工会固定资产日常管理

要制定和完善资产采购、验收、保管、使用、登记、处置、清查等管理制度，通过建立资产日常管理制度和定期清查机制，明确资产的管理职责和审批权限，加强工会资产的日常管理，避免资产的流失和浪费。要采取资产记录、实物保管、定期盘点、账实核对等措施，有效避免重采购、轻管理的现象，确保资产安全完整，提高资产的使用效益。资产管理部门（人员）、财务部门（人员）、使用部门（人员）既分工又合作，共同管理固定资产。资产管理部门和财务部门，要分别明确固定资产管理人员，对固定资产进行全面核算监督管理，每年要对固定资产进行一次全面清查盘点，保证账物、账卡、卡物一致。要进一步加强对下级工会的工作指导，提高各级工会依法保护工会资产意识，形成全员对工会资产齐抓共管的管理机制，促进工会资产保值增值。同时加强对县以上工会办公楼、帮扶中心、培训中心、工人俱乐部等不动产的管理，做大做强工会资产。

3. 加强工会无形资产的管理

无形资产根据其来源不同可分为企事业自创、从其他单位购入、其他单位投资转入和接受捐赠等四类。为了正确反映无形资产的价值，就必须对这些无形资产进行合理计价。由于各种无形资产各有其特殊性，加之取得的途径多样化，因而无形资产的计价比较复杂。《工会事业单位会计制度》没做详细规定。一般而言，无形资产应按照取得时的实际成本计价，具体为：外单位作为资本金或合作条件投入的无形资产，应按照合同约定或者评估确认的价值计价；购入的无形资产，要按照实际支付的价值计价；自创的按法定程序申请取得的无形资产，按照开发过程中的实际支出计价；接受捐赠的无形资产，应按照所附单据或评估确认的价值入账。此外，商誉只有在企事业合并、股票上市和向外购入时，按照国家法定的评估机构确认的价值入账。如果是购入的商誉，其价值可以按买者付给卖者价款总额与买进企事业净资产总额之间的差额计算。

（1）树立无形资产产权意识

无形资产同固定资产一样具有使用价值和价值，不仅要合理计价，而且要有效地保护，以防止资产流失。例如商标，一经注册，申请人即获得商标的专用权，其他人不经本人许可不得使用。前几年，一些头脑灵活的人大钻法律的空子，抢先进行注册，这些人专门盯着畅销的名牌商品（当然是厂家未注册的）抢先注册，一但厂家想起要为自己的产品注册时为时已晚。这时厂家面临着两种选择：一是另起名字，重新打开销路；一是不惜重金买回商标权。不论选择哪种做法，都要付出巨大的代价。例如，哈尔滨秋林公司是一家信誉很好的百年老店，当他们欲将自家生产的十分畅销的红肠注册为“秋林”牌商标时，却发现被浙江抢先注册了；再想将其注册为“力道斯”时，又发现已被丹东注册。一晚再晚终于使这家公司猛醒，认识到企业的无形资产必须固守，否则损失巨大。工会企事业一定要吸取这一教训。切记工会的无形资产是企事业的财富，树立强烈的无形资产产权意识，时刻注意采取措施保护无形资产的安全，防止工会无形资产无偿的社会化或私有化。

（2）无形资产摊销的管理

各种无形资产应在其有效期内合理摊销。在我国有关法律、规章中，对无形资产的有效期限，有的有规定，如专利权、商标权；有的没有规定期限，有规定的从其规定，没规定的按照预计使用期限或者不少于 10 年的期限分期摊销。工会企事业单位在摊销无形资产成本时，原制度借记“管理费用”或“经营支出”科目，贷记“无形资产”科目。新制度增加了无形资产科目，用于核算无形资产增减及结存，并对无形资产摊销方法、摊销会计处理及其转让等使用过程中减少的核算提出明确要求。新制度不仅增加了无形资产核算内容，同时也与固定资产虚拟折旧一样，规范虚拟摊销。

（五）推动工会资产高质量发展

第一，要优化资产运营，开源节流成本。在学习中成长，在实践中进步。优化资产的运营模式，学习工会财务规范化管理，按规范化要求规范管理工会资产，节约工会资产、杜绝浪费，提高工作效率和工作质量。

第二，要优化资产结构，激发企业内部发展活力。紧紧围绕本单位主责主业，将资产管理应用于适合为本地区职工服务的方面，坚持有所为有所不为，提高资产使用的活力、影响力。

第二，优化服务，打造“工字号”品牌服务阵地。工会组织是为职工服务的主阵地，做好主阵地的建设对工会工作至关重要。按需购入资产，合理使用资产，依规管理资产，向职工群众提供更多的科学化、多元化、特色化服务，着力打造工会服务品牌。

（六）发挥审计部门的监督管理作用

审计结果应用既是工会审计工作的落脚点也是推进工会审计的出发点，对在审计过程中发现的问题及时予以纠正、及时整改到位，是减少和杜绝违法违规问题再次发生的有效途径。要按照工会资产审计项目的特点和内容，将审计结果应用于资产管理工作，提升工会资产使用和管理的透明度，提高资产管理人员的认知度，从而进一步提高资产管理质量。

1. 完善工会资产监督管理机制

监管工会资产的过程汇总，领导人员需要承担工会资产监管职能，划分各个部门工会资产监管的职责。利用全过程监控的方式，管理监督工会资产产权配置和登记等环节，利用针对性的管理方式，保障关键环节的管理效果。改进工会资产管理方式，顺利开展工会资产管理和监督，维护工会组织资产的安全性。在内部管控当中，要加大力度打击违法乱纪问题，保证工会资产管理机制的合理性。完善工会资产验收和保管流程，加强管理工会资产。定期清查实用资产，完善工会资产的相关资料，工会企事业单位可以依法自主经营，根据规定履行相关职责。工会资产监督管理机构有权监督管理工会企事业单位，这样有利于保障工会资产的安全性和完整性，提升工会资产的价值。

2. 重视队伍建设

工会系统每年至少举办一期工会资产管理人员培训班和继续教育，学习相关法律法规和业务知识，学习资产统计工作的相关规定，将资产清查中容易出现的重点、难点问题，对如何确保资产保值增值问题印制成册发放给管理人员，使资产管理人员明确自己的职责，更易于工作的开展。

在工会资产监管过程中，为了顺利开展相关工作，需要加强建设工会干部队伍，提高现有队伍的专业技能和综合素质，坚持以人为本的服务原则，在工会资产管理过程中，将干部职工的作用体现出来，加强思想宣传工作，完善队伍作风建设，营造出廉洁的工作气氛，将有关的规章制度不断完善。

总之，工会资产管理工作是工会工作的重要组成部分，做好各级工会及企事业单位的资产工作，责任重大、使命光荣。这就需要我们在日常工作中合理部署，稳中求进，深化改革，狠抓落实，奋力完成本级工会组织的经营发展任务，推进工会资产合规、合法、合理的管理和使用，不断提高工会资产的使用绩效，促进工会资产管理向科学化、规范化转型。

第七章　新工会会计制度下基层工会财务信息化管理

工会经费是工会工作的血脉，支撑了工会工作的持续运转。工会经费业务体系庞大，形成多级管理和服务体制，涉及中华全国总工会、市总工会、区总工会、街道工会和地税部门等管理机构，以及企业、银行、国库等相关机构，增加了工会经费收缴工作的难度。大部分企业仍以通过缴费凭证到银行柜台去缴纳工会经费，既浪费了时间，又增加了泄露关键信息的风险。同时，工会经费业务管控难度大、业务环节较多。流程复杂问题日益突出，导致管理工作难度直线上升。大数据时代的到来使会计信息化取得了跨越式的发展，改变了传统的会计工作，财务软件由以往单一的核算功能向管理功能的会计信息系统发展，财务的主要职能也由核算转向核算、管理和监督职能并重。

“工欲善其事，必先利其器”（《论语·卫灵公》），工会财务管理水平的提升始终离不开技术和手段的创新。在大数据背景下，充分运用现代信息技术和新兴媒体，构建起科学高效的服务体系，是时代发展的必然趋势。工会财务工作要时刻紧跟时代前进步伐，积极主动探索和研究财务大数据的应用，形成更广泛的以互联网为基础和以创新为主体的工会财务工作新模式。新制度紧密结合相关会计法规，推进会计信息化建设，一方面，从制度上鼓励工会会计人员学习会计信息化技术，要求各级工会高度重视并不断推进会计信息化应用；另一方面，要求工会会计信息化产品符合《会计法》规定，同时结合《会计档案管理办法》，要求其生成的会计档案符合国家档案管理的质量和标准。可见，实现工会会计信息化，是财政部和中华全国总工会加强工会财务管理和会计核算的目的之一。

一、工会财务信息化管理概述

（一）财务信息化管理的发展阶段

第一阶段，手工会计阶段。手工会计以会计恒等式、会计循环、会计科目、会计分录和会计凭证为中心。这个阶段起源于十三四世纪威尼斯商人的借贷记账法，之后经过意大利数学家、近代会计之父卢卡·帕乔利（Luca Pacioli）6年的调查研究和归纳整理，并在1494年11月10日出版的《数学大全》一书中详细介绍。手工会计至今仍在使用，其特点是主要依靠人工进行会计数据的收集、加工和传递。该模式的最大长处在于手工作业具有良好的适应性、灵活性和可靠性。另外，会计作业不会因为停电等硬件故障受到影响。但是，人工作业的劣势也是明显的，具体体现在效率低下及错误率高。

第二阶段，会计电算化阶段。会计电算化，简单来说就是部分手工会计操作开始利用电子计算机处理，该模式已经渐渐地取代传统手工会计。

第三阶段，准现代财务信息化阶段。在此期间，信息技术发展经历了从人工处理到文件系统再到数据库系统三个过程。在建立数据模型时，仍然依据的是传统会计模式并结合数据库技术对数据进行更多的分类操作，还无法使用高级的数据结构来对会计处理的对象进行描述。

第四阶段，现代财务信息化阶段。随着大数据、“互联网+”的发展，人类社会开始进入了现代财务信息化阶段。

（二）工会财务信息化管理的内涵

1. 工会财务信息化管理概念

工会财务信息化管理本质上就是为了提高财务信息时效性和准确性，运用财务管理、计算机技术等知识，构建一个安全的环境，架立起平稳的信息传输通道，对工会各种财务信息进行采集、分类、整理、保存，并及时提供给信息需求方的活动。

工会财务信息化管理系统主要由四个部分组成，分别是会计账务系统、审批控制系统、决策评估系统、信息传递系统。其中，会计账务系统是整个体系的基础，其作用记录每一笔业务发生的资金流动情况，按时准确地提供各个时点或时段的财务信息；审批控制系统是重要的检验关卡，做到每笔资金的流动都有依据；决策评估系统则是财务信息化管理功能的拓展，其作用是从各个角度来分析、评价财务管理中的计划、提议及决定等问题；信息传递系统是用于工会内外部之间的信息往来输送。这些系统紧密结合、相互衔接，是财务信息化管理成功的体现，能有力推动工会财务信息化管理的发展。

工会财务信息化管理能够在实现业务处理、会计核算的基础上，加强职能管理、审计监管，以各个项目资金之间的和谐关联度为衡量准则，运用预测、评估、控制等手段，实现多种方式资金方案分析，优化资源配置，实现办学效益最大化的目标。

2. 工会财务信息化管理的特征

工会的财务管理紧随着社会发展的脚步，与社会中其他行业利用互联网技术与自身特点结合一样，工会财务管理也充分利用互联网技术，不断提升财务信息化管理水平。

（1）云端化

云计算的迅猛发展加快了工会财务管理信息云端化的发展进程，使工会能够有机会通过在网络上建立财务管理工作平台处理财务管理信息，充分展示了其在工会财务管理中的优势。

（2）管理结构扁平化

工会财务管理结构扁平化主要表现在传统的工会财务管理的一些劣势，可以在管理工会财务工作时把信息技术的思维应用进来，从而得到解决。此外，还可以使财务管理部门与其他部门的联系更加紧密，使得系统一体化，可以让工会建立新的管理结构，新管理结构的建立也使财务部门逐渐变成学校的核心部门。

（3）管理职能的网络化和分散化

工会财务管理工作重要的一项内容就是处理工会的财务信息。结合当下的时代和社会文明的发展进程，互联网技术已经在多个行业中运用得十分熟练。目前，工会同样是受网络技术发展的推动，工会财务管理人员可以很好地利用网络来管理财务信息，记录财务信息，使财务信息形成一种网络网格似的管理系统，这样不仅可以提高效率，还能够使数据更加准确。

将信息技术运用到工会财务管理中，推动工会管理向更高层次发展，财务职能的范围因为其分散化、网络化的特征得到了一定程度的扩展。现在很多工会都在采用管理会计的模式进行财务管理，不仅可以使学校的管理与决策变得高效、合理，还可以提升管理的质量，有利于工会财务管理的转型升级。

（4）准确性和及时性

目前各级工会依托先进的信息技术支持，和软件公司联合开发财务信息系统，重新构架工会财务工作模式，改进财务管理手段，能够为工会提供更加及时、准确、综合的财务数据，给工会的管理、决策提供重要支持。实现财务信息化后，财务数据经历了输入、处理、输出三个环节。数据输入是数据处理和输出的前提和基础，数据在输入环节的准确性是计算机自动进行账务核算及报表编制、数据分析等工作的前提保证。工会要加强对数据输入、数据处理的风险控制，才能保障数据输出的准确性。

（5）集中化与自动化

在财务信息化的环境下，财务数据的处理速度和准确性都发生了很大的变化，财务数据信息的处理、存储实现了集中化和自动化，账务处理程序也日趋简单。现在只需要登录网页就可以实现网上账务的报销工作、签批工作，不再需要多处往返跑。财务人员在核算过程中，计算机自动生成会计凭证、记账、结账，生成财务报表。固定资产计提折旧，无形资产摊销，存货的成本计算等辅助的核算工作都可以自动化完成。计算机全过程的信息处理，减少了手工账务处理方式的诸多流程，提高了财务人员的工作效率。

3. 工会财务信息化管理的发展历程

我国工会财务信息化经历了以下几个阶段。

第一阶段，简单的会计电算化管理阶段。从 20 世纪 90 年代中后期，工会财务开始使用单机版会计电算化软件，作为工会财务信息化的起始阶段，该时期主要是手工账的复制，将传统的手工账录入到单机版财务软件中。

第二阶段，局域网管理财务软件阶段。从 21 世纪初开始，基于 C/S 架构的财务软件在工会财务管理开始应用，将大量的工会财务人员从手工记账当中解放出来。

第三阶段，局域网＋互联网管理阶段。从2010年左右开始，在原有C/S架构的基础上，工会财务开始引入B/S架构的应用，开始了诸如网上查询、网上预约等功能的应用。

第四阶段，"互联网＋"阶段。近几年，随着互联网技术的迅速普及，工会财务信息系统也得以飞快发展，大量新的理念和管理模式得到尝试和应用，如物流管理模式、财务移动办公模式等。

（三）工会财务系统信息化的优势与风险

1. 工会财务系统的重要性

工会财务管理系统是工会管理系统的重要组成部分，不仅直接影响工会工作的开展，同时还影响工会会员的切身利益。随着我国经济社会和工人运动事业的快速发展，工会组织活动的频率逐渐增加，形式日益丰富，工会承担的责任日益繁重，要想保证工会工作的健康发展，更好地实现其目标，就需要依托良好的工会财务管理制度。

目前，我国工会财务管理水平普遍较低，仍然存在许多共性问题亟待解决。尽管如此，部分工会组织仍没有真正重视工会的财务管理工作，导致在经费预算编制和经费支出等方面还有明显的不足，由此引发的问题甚至已经影响到我国工人运动事业的建设与发展。与此同时，我国在经济、社会、科技等方面已逐步进入大数据时代，经济、社会、人民的文化生活都在大数据背景下不断发生变革。利用大数据工具和平台，将信息化、规范化建设融入工会财务管理系统，进而提高工会财务管理的水平以保障工会工作的顺利展开，为工人运动事业提供坚实保障，是大数据背景下建设中国特色社会主义服务型工会的必然要求。

利用大数据平台和工具进行工会财务管理系统的信息化、规范化建设，有利于提高工会工作效率和透明度；有利于调动上下级工会委员会、经费审查委员会等相关部门和工作人员的积极性；有利于完善工会内部管理制度；有利于改善工会受重视程度偏低、广大教职工参与度较低和工会财务管理人员专业素质不高的现状。

2. 信息化的优势

从财务工作者的角度来看，引入信息化可以将财务工作中大多数财务人员的主要工作内容从传统的记账核算改为分析、监控和管控，大大降低了财务工作者的工作强度，实现了时间和人力两方面的节约和集约①。从管理者的角度来看，财务工作信息化有利于帮助管理者及时掌握、了解财务管理部门的实际工作，并形成更为科学的管理理念，使其更加重视财务管理工作②。同时，财务工作信息化也有利于提高企事业单位管理的准确性、及时性和管理者对全局的管控能力③。从风险管理的角度来看，在传统的财务工作处理模式中存在信息时效性不高、风险难以把握、控制过程烦琐且效率低等弊端。在新的技术背景下，将大数据技术引入工会财务系统的内部控制不仅可以提升工会财务系统的信息搜集速度、信息整合效率、信息传递速度及信息覆盖面积，还可以加深财务内部数据分析的深度和繁杂信息的处理能力，有利于减少工会财务内部控制的风险，进而提高工会财务内部控制管理的质量④。显而易见，财务工作信息化从微观上可以减轻财务工作者的工作压力和工作强度，从宏观上不仅有助于管理者把握全局、提高管理能力，还可以加强企事业单位的风险控制能力。可以说，工会财务系统的信息化建设可以助力工会更高质量地履行自身职能，是维护工会的财产安全和财务信息完整的有效手段⑤。

3. 财务信息化带来的风险

工会财务系统的信息化建设在带给工会管理工作极大便利的同时也产生了不可忽视的风险——安全性和局限性。从安全性的角度来看，在推行和普及信息化及计算电子化后，财务管理和业务管理形成一个整体，有可能导致企事业单位的业务开展和财务管理过于依赖互联网系统。因此，财务信息遭受病毒和黑客破坏的风险陡增。一旦发生数据泄露、丢失、被肆意篡改等问题，将严重影响工会财务系统的健康运行，甚至发生不可逆的损害。

从局限性的角度来看，由于财务信息系统的运作都是通过计算机在线

① 蒋紫嫣．“互联网 +”时代管理会计信息化应用 [J]．合作经济与科技，2021（1）：126-128.

② 刘洋．会计信息化对企业财务管理的影响及对策分析 [J]．纳税，2021，15（2）：119-120.

③ 同①。

④ 郭丽锋．大数据下工会财务内部控制问题探讨 [J]．中国工会财会，2018（07）：14-16.

⑤ 同上。

处理完成，因此，一旦电力、网络系统停摆或人员操作失误就可能造成账务数据错误、丢失甚至资料库损坏等事故。同时，如果系统管理员的权限过度集中，也会成为财务信息系统的潜在风险。因此，在工会财务系统的信息化建设过程中，计算机安全、互联网安全、损害管控和信息备份等工作不容忽视。但在实际工作中，工会在这几个方面的工作普遍存在短板，亟待改进和完善。

（四）工会财务信息化管理现状与问题

1. 管理思想上认识不到位

传统的财务管理理念、手段已经不再适应财务信息化管理发展的需要，必须正视财务管理当前的不足。传统的财务管理很难发挥出信息化系统的水平，也无法发挥出应有的优势，因此可以说传统的财务管理与当前财务信息化管理发展的需求不相适应，特别是很多单位的财务人员适应了传统的财务管理方式，单位领导也不愿意对大家习惯的财务管理方式做出改进，因为当运用新的系统管理时工作流程、操作方式等都发生了改变，人们需要一定的适应时间，这些都影响了财务信息化管理工作的推进。

2. 缺乏科学的内部制度

当前很多单位由于处于不同的情况，因此工会的财务管理发展情况也有所不同，这就出现了系统发展与内部财务管理不相适应的情况。总的来说，大部分单位还缺乏内部制度的支撑，工会财务正是在这样一个缺乏制度管理的前提下展开，因此财务信息化建设也无法系统规划，没有一个完善、科学、系统的管理体系，工会财务管理也难以开展。

3. 缺少外部统一规划

现阶段的工会财务信息化建设，大多表现出各单位建设实施的自发特征性和鲜明的个性特色，给财务管理信息的采集和共享带来一定程度的障碍。究其原因，则是上级主管部门规划和指导缺失情况下实施财务信息化管理的直接结果。

4. 缺乏技术监督手段

从工会财务采集充足有效的财务信息来完成对工会财务状况的管理，要获得这些信息，就要依靠一个有效信息系统平台和可靠的制度规范来保障。而现实状况却是在工会的财务信息化管理方面，工会财务信息的上级主管部门没有一个能够控制信息来源的平台，对于来自各个基层工会的财务信息质量也难以把握。

（五）工会财务信息化管理的探索与实践

1. 工会财务信息化管理的目标

在这一时代背景下，S省总工会提出了开展工会财务信息化管理建设这一目标。通过信息化建设，一是提升工作效率。全省所属近50个市（地）产业工会、160个县级工会，之前财务数据传递还处于纸质阶段，调取一个单位的财务数据还要到仓库找报表。二是提升管理水平。信息化管理在会计核算、预算管理、财务监督等方面的作用越来越明显。三是提升决策服务水平。通过综合查询、统计分析或运用科学计算方法和特定模型对财务指标进行合理预测，在服务领导决策方面大有作为。

这一目标的提出是适应工会财务内部发展需要和外部环境变化的必然要求。

首先在工会财务内部发展需要方面：多年来，全省工会财务系统一直停留在单机版阶段，急需建设一个集“集成性、便捷性、高效性”于一体的工会财务规范化管理系统。为此，省总工会抽调专门人员成立了网络办，集中精力进行智慧工会建设。

其次是外部环境变化方面：一是国家层面，网络强国战略、国家大数据战略、“互联网+”行动计划陆续实施；二是中华全国总工会层面，中国工会十七大明确提出，要大力推进工会财务信息化管理建设，构架“制度+科技”的工会财务工作新机制；三是外省层面，一些兄弟省市先行先试，为S省开展工会财务信息化管理建设提供了可借鉴的宝贵经验；四是省内层面，2017年10月S省政府出台了《S省政务信息系统整合共享实施方案》，着手打造省级政务云平台，为工会财务信息化管理建设提供了可靠的平台支撑。

2. 工会财务信息化管理的探索实践过程

基层工会财务管理的迫切需求和强化规范管理的新形势，加快了全省工会财务信息化管理建设的步伐。2018年3月，S省总工会明确了建设工会财务规范化管理系统的年度目标，将工会财务规范化管理系统纳入山东智慧工会建设体系，统筹规划，统一实施。

2019 年 1 月，系统研发完成，5 月在 16 个市级工会全面投入使用，并举办市级工会财务人员工会财务规范化管理系统培训班，对市级工会近 80 名财务人员进行了上线前培训，并推动系统上线试运行。2019 年 12 月底前，系统布点延伸至县级、乡镇（街道）工会，在县级工会布点 170 个，所有县级工会实现全覆盖。目前，全省共有乡镇级工会 1 865 个，对具备独立核算条件的 500 个乡镇级工会先行布点。

总体而言，S 省总工会财务规范化管理系统经过近一年的建设，经过测试运转正常，现已取得阶段性的应用成果。下一步将在完成省、市、县、乡四级布点的基础上，对新增的符合布点条件的单位进行查缺补漏，不断扩大信息化覆盖范围，及时汇集基层工会的建议，对系统进行修改和完善，提高系统的质量和效能。

3. 工会财务规范化管理系统的功能和特点

S 省工会财务规范化管理系统具有预算管理、网上报销、财务处理、报表中心、资产管理、工资管理、综合查询等功能。与过去财务系统相比，基于大数据建设的财务规范化管理系统有三个突出特点。

（1）统一平台

一是信息系统整合，将原来省总工会、市总工会、区县总工会及产业工会、直属企事业单位等单独分隔的信息系统，整合成一个大的网络信息系统平台，打破数据壁垒，实现数据融合。二是业务模块整合，将原来相互独立的预算系统、工资系统、办公系统、资产系统、财务系统等各个业务模块进行统一平台管理，实现模块统一整合。三是数据标准统一，系统涉及省、市、区县、乡镇各级工会的财务管理数据逐级汇交，逐级上报，各级工会执行一个标准数据体系，做到上下级工会联动，贯穿全过程应用。

（2）规范体系

工会财务规范化管理系统可以有效规范工会财务管理体系。一是项目管理。通过建立滚动项目库，以项目贯穿业务全过程，实现精细化预算管理。每项支出自预算编报起关联到具体项目，系统从项目预算执行、项目进度、项目状态、项目支出类别等维度对项目进行全程管理和监控。通过项目跨年度和全过程业务数据分析综合应用，实现项目管理从“静态管理”转向“动态管理和监控”。二是绩效管理。通过建立预算项目库，为全过程项目绩效管理打下坚实基础。三是内控管理。系统统一平台，嵌入了工会财务内控各项管理制度，建立预算—用款—报销—核算—决算的全闭环，对工会经费支出进行规范管控，收到事前预警、事中控制、事后追踪的效果。

（3）数据融合

通过系统的建立，将全省工会财务业务数据进行融合，通过大数据分析应用，实时监管各级工会财务状况，从部门预算、项目预算等多个维度进行预算执行情况分析。通过精细化管理和数据分析，提供多维度的预警。比如，S省总工会对除人员经费支出外，上解经费3 000万元以上的市级工会，项目支出预算200万元以上或单笔支出100万元以上的；上解经费3 000万元以下的市级工会，项目支出预算100万元以上或单笔支出50万元以上的；县（市、区）总工会项目支出预算50万元以上或单笔支出20万元以上的，进行大额支出预警，必须上传相关原始凭证备查，实现了对相关业务的实时预警和监管，同时将其作为各级工会精准决策、计划实施、协调和控制的重要依据。

4. 大数据时代工会财务规范化管理系统的建设和发展

对工会财务工作而言，大数据时代与传统数据时代的实质性区别是数据的海量化。软件的更新换代、网络的逐层铺设、系统的上线运行等，为开启工会财务大数据时代搭建基架，数据处理、存储、获取、应用方式的变革，才是真正改变工会财务传统工作方式的大革命。如何在大数据时代，最大限度挖掘运用海量数据背后所蕴藏的丰富信息资源，才是工会财务人员真正要深入思考和解答的课题。

（1）报销方式的变革

当前，S省工会财务规范化管理系统已经具备了网上报销、网上审批、网上支付等功能，但这些功能还有很大的拓展空间。未来，随着区块链技术与财务管理的深度融合，区块链电子发票将取代纸质发票。区块链电子发票将连接每一个与发票有关的单位，可以追溯发票的来源、真伪和入账等信息，解决发票流转过程中一票多报、虚报虚抵、真假难验等难题。此外，不同单位通过区块链进行信息融合对接，实现各环节电子结算的信息流转，能够实现一键生成报销单、自动验真查重、高效智能审核、审后自动打款的流程闭环，这些功能的实现具有从开票到报销全流程透明可监控的优势，将极大地简化财务报销流程。

（2）记账方式的变革

工会财务规范化管理系统实现了系统内部各功能模块的无缝连接，未来借助大数据技术，进行系统外数据融合也将成为现实。例如，将记账系统与银行结算数据相对接，通过预设对方账户信息及关键词检索，自动登记经费拨缴信息，并按照预设的经费分成比例，每日自动进行经费分成记账。将记账系统与票据管理系统相对接，记账系统的单位上解经费情况能自动传输至票据管理系统，通过提取上解经费单位名称和金额，自动打印工会经费收据。将上下级之间的记账系统相对接，上级工会对于下级工会的回拨补助、专项拨款等，根据双方账户信息及关键词提取实现自动记账。报销和记账方式的日趋智能化，将把广大工会财务人员从繁重的日常账务处理中解放出来。

（3）数据分析的变革

在大数据时代下，工会财务人员可以通过对财务数据的充分挖掘和分析，为领导层决策提供可靠依据。未来大数据时代的数据分析，无论是时间、空间，还是数据形式都会得到进一步延展。一是时间上的延展。未来的工会财务规范化管理系统进行数据分析侧重点将从对现有事实数据总结规律转变为预测未来数据发展动向，特别是运用科学的计算方法和特定模型，实现对工会经费收缴、资金流量情况的合理预测，为工会结余资金的有效利用提供有力支撑。二是空间上的延展。进入大数据时代，数据的共享将得到更大范围的深化，不仅是工会系统内部，还可以与财政、税务等多系统进行有机融合，让会计数据的潜在价值得以充分发挥出来。三是数据形式的延展。大数据背景下的数据挖掘不再仅仅局限于财务数据，财务人员可通过网络来获取网页数据、音频数据、视频数据等多种形式的非结构数据，从中提炼出有价值的数据信息。例如：通过对互联网上职工搜索热点、网络舆情等分析，能更好地了解职工所想所盼和兴趣点所在，以便更有针对性地安排资金开展职工活动；通过对不同地区人均收入情况、困难职工情况及民政部门救助情况等进行配比，能够更加精准地开展困难职工帮扶；

通过与资产管理系统进行数据融合，将事业单位经营结果信息进行导入，可以对资产收益情况进行科学分析；等等。

（4）监督考核的变革

工会财务规范化管理系统与大数据技术相结合，将进一步改变财务监督和绩效评价方式。财务规范化管理系统对工会财务数据统一整合和利用，进一步强化了省总工会对下级工会财务的监管，上级工会可以通过预设时间节点、预设预警指标等对下级工会的经费收缴情况、支出情况等进行横向、纵向比对，并通过关键词检索对招待费、会议费等支出项目进行重点监督。在大数据时代下，数据融合共享为收集评价数据提供了便捷化的渠道，数据收集更为便捷、准确，绩效评价更加科学、客观、全面。例如，对于文化事业补助项目开展绩效评价，可以通过与文化宫管理系统进行数据融合共享，对工人文化宫会员注册情况、职工会员参加活动情况、内部场馆使用情况等进行综合分析，自动生成绩效评价结果，从而更加客观、真实、准确地掌握工会经费的使用效益，制定更加科学的经费使用决策。

（5）素质提升的变革

工会财务规范化管理系统借助大数据技术，将进一步改变人员素质提升的方式。一是借助系统搭建云课堂。大数据背景下的工会财务业务培训，方式将更加灵活、内容更加丰富和更具有针对性，系统可以自动分析每个操作人员的业务范围及需要进一步完善的知识体系，根据实际工作需要定期推送相关业务知识信息及网络视频课程。二是借助系统建立云资料库。通过数据融合与财政、税务、审计等部门实现信息资源共享，建立云端海量政策法规资料库，实现所有资料一键查询，提高学习效率；同时可以建立咨询答疑数据库，同样的问题只要上级工会或相关部门进行过答复，系统就会自动整理入库，避免同样的问题不同下级单位重复咨询。三是借助系统实行云指导。大数据背景下，每一位登录工会财务规范化管理系统的财务人员都不再是孤军作战，都能通过系统与全省各地工会财务人员联系和沟通。例如，记账人员可以根据摘要通过系统内云搜索查询了解相关事项，大部分财务人员都计入了哪个科目，当科目录入错误时系统会根据数据库掌握的大数据记账情况自动提示，从而避免出现记账错误，统一了核算口径，有效提升财务人员的业务技能。

二、新工会会计制度下基层工会财务信息化管理的对策

基于工会财务信息化管理存在的问题和信息化管理的风险，在新制度下，笔者提出基层工会财务信息化管理的建设性策略如下。

（一）提高基层工会财务信息化管理水平的对策

1. 从思想上提高对财务信息化管理重要性的认识

财务信息化管理体现着现代财务管理思想。它已不是某一个单一的IT系统，而是一个综合了现代财务管理理念、现有先进网络信息技术的财务信息化管理平台。其作用不仅仅局限于减轻财务人员的工作量，提高工作效率，更在于它带来了管理观念的更新和变革。推进财务信息化管理建设，就要充分认识到财务信息化管理在单位管理系统中所处的核心地位，以财务信息化管理建设为核心和切入点，明确树立以财务管理为核心的管理理念，通过建立财务信息化管理，强化财务管理与资金监控，加强制度约束，防范资金风险，堵住资产流失漏洞，做到信息共享，避免统计数据和财务信息失真。

大数据时代下，作为工会财务工作者要具备大数据的思维，从传统的思维和固有框框中走出来，接受新生事物，随时考虑从大量的、庞杂的数据中获取有价值的信息，以积极的心态去面对大数据时代带来的机遇与挑战。

2. 健全高效的财务信息沟通机制

当前，基层工会在财务信息化管理方面虽取得了一定的进步，但是财务信息沟通还未被管理者当作一项重要的工程进行开展，未引起足够的重视，信息沟通方式和渠道上未进行改善和创新。所以，要提高基层工会财务信息沟通水平，首先，要创新财务信息服务模式。信息网络时代，各种信息技术的应用遍及各个方面，基层工会财务管理也应运用信息技术及时更新服务模式，如现今非常流行的短信平台、微信平台、云平台，让专人负责微信公众号的运行，各种财务政策的发布、咨询、信息查询的方式都可通过微信公众号进行，不仅高效及时，更是方便广大师生。其次，完善财务信息反馈的及时性。职工进行网上报销单的投递时使用仪器对单据进行扫描，扫描完毕后打印出相应的单据信息反馈给投递者。对网上报销系

统进行更深层次的开发，使报销出现问题或发生信息的改变时，可以在系统中给负责人反馈相应的信息，负责人可以通过网上系统对相应的单据进行查询确认，无须反复到财务处进行核对，同时也对财务处本身的工作效率有较大的提高。最后，财务部门的信息化系统应进行对接，使财务信息在不同的系统上都显示准确的信息，而不是只有财务核算系统才有正确的数据。通过建立健全高效的信息沟通机制才能使财务信息实时有效地传递到广大职工中，才能一定程度上消除信息不对称现象。

3. 构建基于全面精细化的智能预算管理体系

随着《预算法》的颁布及规范工会收支行为，强化预算约束，努力推进工人运动事业的健康发展，工会预算的编制越来越要求精细化。现代信息技术如此发达，工会的预算管理应利用信息化手段进行有机结合，对预算编制、预算下达、预算控制、预算分析、预算监督等进行全面的控制，发挥信息技术的有效作用。以全面精细化的预算管理结合信息技术手段，建立智能化的信息网络平台，构建一体化的预算管理体系，通过开发个性化的预算管理软件针对工会的具体情况，按照收支分类及精细化的要求，进行工会部门预算、经费收支预算等网上申报，降低数据的差错率，有效控制经费支出。工会各部门通过网络进行预算的编报、预算的审批、预算监督，从而可以提高预算编制的效率，加快预算编制进程。发挥计算机的优势，使预算编制高效、高准确度，全面控制预算执行过程，提高预算管理的运行效率，构建高效廉洁、公开透明、全面精细化的智能预算管理体系。根据上述分析，对于预算管理整个流程，基于原有流程的基础上根据流程再造理论提出新流程设想，各部门处理流程均基于数据库和网络进行。预算管理系统提供预算编制、控制、调整、执行与绩效分析等功能，通过财务系统定额对经费管理进行实时控制、计划拨款、对执行情况查询分析，并可通过财务系统控制预算执行，使预算编制、下拨、执行与预算结果得到高度的协调统一，同时增加了预算管理的可控性和透明度，从而使工会领导的战略思想得以细化落实，并最终带来效益的提高。

4. 建立网络与银行实时互联的资金管理模式

目前工会的资金管理模式普遍发生了改变，传统的现金和支票等方式逐渐被网上银行等替代，在这几年的发展中，网上银行结算方式又被更先进的银企互联模式替代，这是一种把财务核算系统与银行的资金结算系统实现实时对接的先进技术，把传统的现金结算转变为无现金的报账模式，对于财务管理模式的改革具有非常重要的意义。银企互联模式更加高效、安全和便捷，减少人工录入工作，提高支付正确率和支付结算效率，有效提高资金流动安全性。这种资金管理模式将加速资金周转，规范财务管理，降低人力成本，减少工作压力，提高工作效率。

但是，在国库资金越来越大的情况下，实现国库集中支付系统与部门预算、财务核算系统相对接，是目前工会努力在推进的一项工作。国库集中支付系统应结合信息化的技术手段，将支付系统、核算系统、预算系统、决算系统结合到内部控制体系中，实行网络互联，使支付、核算与预决算一体化，不需人工将信息重复录入财政支付系统，使国库预算指标直接与支付系统对接，有效解决财政支付手续烦琐、资金支付时间长等问题，大大提高了工作效率。另外，实现银行账户的自动对账，从而使账务对账简化成为全自动工作，可以直接把银行对账单导入系统，让系统自行进行账单的匹配和核对，可以完全取消人工对账工作，大大提高对账效率和准确率。通过把基于 Internet 的网上支付技术引入工会经费收缴领域，实现以手机、计算机等终端智能设备进行缴费的目的，资金数据实时传递，大大减轻了工会经费收缴的工作量，也保证了资金的安全，省去财务部门与银行交换数据的麻烦。

随着工会经费额度的不断增加和管理复杂程度的日益提升，采用信息技术管理成为一种重要趋势。例如，北京市工会经费管理系统从加强数据安全、流程信息化、业务规范化等方面入手，采用网上缴费方式，减少时间和人力资源的浪费。在数据安全性方面，对网络传输中的数据进行加密，保证数据传输安全性，对数据元素细粒度授权，保证数据存取安全性。在流程信息化方面，梳理业务流程，把复杂流程简单化，减少线下操作。在业务规范化方面，统一文档格式及流程规范，线上统一管理。这样可以提高工会管理人员的工作效率和对经费的有效管控，有助于工会经费的有效征收。

5. 完善面向财务信息化的内部控制制度

基层工会财务实现信息化管理，能为职工带来资源共享等便利，但因为与传统的内部控制固有因素存在冲突，约束财务信息化管理的建立，所以为积极推进基层工会财务信息化管理建设的进程，必须完善面向财务信息化的内部控制制度。基层工会财务管理是基层工会正常运行的资金保障，涉及资金的收支，所以在监督资金的运转方面就显得尤为重要。基层财务管理不仅要在部门内部建立内控支付，还应在实现信息化管理后的岗位中设置职责分离、相互制约的岗位，这样才能使内部控制得以奏效，及时避免一些违规操作。对于资金量大的关键财务信息，要做到分级多级审核，且要即时审核。财务管理的信息化建设势必会对传统的业务流程造成改变，应当根据流程的变化来建立适应信息化的内部控制制度，加强控制关键业务，如进行内部审计、岗位责任的重新划分。面向财务信息化的内部控制制度应当遵循系统设计岗与使用岗分离、系统维护岗和系统使用岗分离、凭证录入岗和凭证复核岗分离、不相容岗位分离、互相监督等基本原则，做到内部控制相互控制、相互监督的效果。另外，还应及时解决内部控制中发现的各种问题，对内部控制进行实时监督，以保障财务信息运行的安全性和可靠性。还应对不同部门间的信息制定相同的编制规则，使信息编码方式统一，使不同部门间的数据能够共享提取，以便于监督工作顺利开展。

6. 组建互联互通的财务决策支持系统

随着工会的不断发展和壮大，资金量越来越大，工会财务部门和单位其他职能部门间需要交换的数据信息越来越多，传统的数据统计方式不仅烦琐、工作量大，而且准确率不高。为了提高信息交互的速度和质量，需要建立财务管理信息交互平台，所有的应用模块都统一集中在财务管理信息平台中。在目前已实现的应用基础上，再开发新的功能应用模块，如银行实时代收费、企业信息共享、信息查询、财务反馈短信推送、项目结题网上办理等，不用再进行人工信息交流，节约时间，提高工作效率，提高信息利用率。

同时，通过建立互联互通的网络办公平台，使统一身份认证与企业网门户无缝集成，与企业其他的相关部门建立基于数字化企业应用的系统管理平台，通过企业门户信息网和财务管理平台实现对接，实现各类业务的网上操作，包括部门预算、经费支出预算、设备采购等网上办公，实现财务、办公、资产等信息实时交互，具有高可靠性和安全性，达到资源共享，有效降低企业运转成本，提高企业经济管理水平。财务信息化管理的另外一个重要方面，就是多种手段对职工提供即时、准确的信息服务，包括网上查询、短信提醒、移动终端、电子邮件及电话语音等，极大提高了职工的工作效率，信息利用率也得到进一步提升，在企业领导进行决策时提供一定的依据，实现信息共享，避免工会财务管理中信息孤岛现象。财务决策支持系统以最具科学性、完整性、客观性、时效性的管理模式为企业管理者提供理性的数据，避免了人作为有思想的主体的主观性，使得企业管理决策也更具合理性。

7. 强化工会财务信息系统的安全建设

工会财务管理已经从早期的单纯的电算化发展到现在的互联网管理，财务管理信息系统也不再是简单的计算机操作，而是融入了大量管理的思想。由于工会内部财务软件操作人员众多、数据流动性大、对网络依赖性强，所以工会的网络安全性直接影响着工会的财务系统，那就要求强化财务信息系统的安全建设，加强技术防范。这是工会正常开展财务工作的前提和保障，应从系统安全设置、数据备份及操作安全性三个方面来进行开展。首先，在系统安全设置方面，工会要加大对财务信息系统的资金支持，形成工会财务软件升级改造的后台保障，有了硬件支持，系统才能从根源上杜绝因系统本身漏洞产生的失误。在硬件设施完善的情况下，让系统维护人员对系统进行全程关注，及时更新系统补丁，升级杀毒软件，设置双层访问控制机制，通过防火墙和网闸划分校园网、财务专网、过渡网和银行专网等网段，在跨网络联通基础上，保证了财务专网的信息安全。其次，在数据备份方面，因工会财务信息化进程的加快，工会财务信息将普遍实现数据共享，万一发生数据的丢失或泄密，那么后果将是不可估计的。所以，在备份过程中不仅仅是本地备份、定期备份、手工备份、硬盘备份，还要加入异地备份、定期与不定期备份相结合、自动备份、光盘备份等方式进行数据的保存与归档，并对已备份的数据不定期地进行检查，以保证数据的完整性。最后，在操作安全性方面，应当为财务人员和维护人员设置不同的权限，还应加强财务人员的网络安全意识，开展常规系统维护与升级的培训，提高财务人员的综合素质，掌握基本的网络安全知识。在日常工作中，及时对计算机进行病毒查杀，升级病毒防护软件，做好防病毒工作。

此外，建立科学完善的财务内部控制制度，可以有效减少因财务人员自身素质及病毒等原因造成的财务风险。

（二）基层工会财务信息化管理的保障措施

1. 人才队伍保障

（1）引入人才并建设科学考评体系

在财务信息化管理平台建设中计算机技术的运用十分重要，对计算机技术型人才的需求增加，工会需要引进新型的计算机人才来保障财务信息化管理平台的建设。通过平台将财务人员进行分级分工，分为战略决策层、管理层及执行层三个层级，制定清晰明确的晋升机制。战略决策层由工作时间久、能解决复杂问题、分析能力卓越、格局宏大的人担任；管理层由执行层的小组组长中能力突出者担任；执行层由于其工作内容简单基础，所以由工作经验较浅的工作人员组成。同时，晋升机制要保证科学、全面且公平，给财务工作人员搭建一条和岗位、职称、工资、职务等息息相关的晋升之路，并定期对优秀突出的工作人员进行表扬和奖励，使财务人员拥有更加积极的工作态度，使高校的财务管理工作效率得到最大限度的提升。

（2）加强财务人员的培训学习

新建的财务系统对相关工作人员的综合素质和专业能力的要求，也发生了巨大的变化，要求财务人员具有组织管理能力、分析决策能力、学习与适应能力及前沿的技术思维。工会需要对原有员工进行培训学习以提高其各项能力紧跟信息时代的步伐，对新招聘的人才提高准入标准，使财务人员同时具备核算与信息管理的能力，提升工会财务工作的效率与质量。

2. 健全制度保障

（1）明确信息化需求

要加强单位工会财务管理，必须首先明确财务信息化管理的需求，完善信息化建设，其实就是通过完善的系统简化财务操作流程，节省人力，提升工作效率。因此对于单位来说，各级工会都要对当前工作的实际情况进行仔细总结，做到了解透彻，然后根据当前信息化管理的需求，调整当前工会财务信息化管理的情况，然后详细分析整个管理流程，熟悉操作方式，对于一些存在的问题和不尽合理的地方要及时总结改善，对工会财务管理的流程进行调整。

（2）建立财务信息化管理制度

要健全工会内部的信息化制度，必须对相关配套制度也一行进行调整和改善，纵观整个工会的财务管理信息化情况，可以将整个财务信息化管理系统作为硬件设施，而对于相关的系统制度部分就是软件设施，只有在软件设施与硬件设施相统一的情况下，才能把单位工会内部财务信息化管理制度建立并完善起来，能顺利实现财务管理的信息化。

3. 提供有力的资金和设施保障

笔者认为，在财务信息化管理方面需要投入必要的人、财、物。其效果除可预见的直接经济效益（如经费增收）外，还有一些间接的经济效益，如信息化系统带来的人员上的减员增效、加强财务监管后防范的财产流失等。另外，财务信息化管理系统使工会面向基层、面向社会、面向公众的服务水平和服务质量得到了提升，节约了外部资源，提高了外部效率，所赢得的社会效益也非常有意义，有些方面甚至超出了系统本身的经济效益。

首先，搭建财务信息化管理平台需要庞大的资金支持，工会需要加大对平台建设的资金投入，由于平台的建设不是一蹴而就的，而是一个长期的建立并完善的过程，因而工会还需要设立搭建平台专属的资金库，并且对平台建设过程中资金使用数据的真实性、合理性及规范性进行监督，以免中饱私囊现象的出现，并且系统需要根据实际需求而进行变动和升级，也需要定期维护，所以工会需要提高重视度，并提供有力的资金支持，在编制预算时加以考虑以保障该平台的稳定高效运行。

工会的财务信息化管理平台可以通过与银行加强合作，利用信用额度从银行贷入短期或长期款项，用此资金来投资建设，如此还可以缓解工会的资金困难。

财务信息化平管理台的搭建也可以与银行进行合作获得资金上的支持。雄厚的资金支持可以保障工会财务信息化管理平台的稳步建设与提升。

其次，工会财务信息化管理平台的建立，需要有高性能的软硬件设施，其中系统中所涉及的信息如报销相关信息、预算信息等都需要储存在服务器中，因而大容量的服务器是搭建新平台的必要需求，目前低容量、速度慢的服务器是无法满足新平台运行的需求的，因此，工会需要购置容量大、速度快的新服务器。关于软件设施方面，工会要根据信息平台的需求，进行业务流程重组，增设相关的数据对接口，使信息能够在系统中无缝流通，聘用专业的科研人员或者团队，解决新增预算管理系统，解决预算系统与会计核算系统之间的互联互通，新增网上报账系统，新增网上审批系统等技术性问题。根据新平台的实际需求与情况，确保新平台的兼容与互通性，同时要为了日后系统的进一步信息化的发展做好准备，如预留更多的数据接口，因为随着信息化的发展和实际需求的增加，可能会对接更多的部门，做好系统的定期维护与升级优化的工作，进一步满足工会财务管理的工作需求，提高财务管理的效率。

4. 力求方法务实创新

实行工会财务工作信息化的目标是提高工作效率和规范管理。为实现这两个目标，D省工会在财务信息化管理建设方面做到了六个创新。

一是创新了预算编制和管理的新理念。为了改变传统的预算编制方法，D省工会引进了财政部门编制预算“二上二下”的管理理念，主导开发了“工会预算管理系统”，分别对省总本级和市、县（区）预算编制、执行工作进行规范化管理。县以上工会机关各部门先在系统中进行“一上”预算的编制，部门分管领导签批后在系统中向财务部上传“一上”预算，财务部门审核并经分管财务的领导同意后下达“一下”预算，各部门根据“一下”指标修改后，上报“二上”预算，财务部审核后送分管财务的领导同意后，汇总编制本级经费预算，提交主席办公会讨论通过和经费审查委员会审查通过后向上级工会上报，并同时向各部门下达“二下”指标。各部门的预算执行在系统中申请，财务部门在系统中进行审核后，由各部门打印审批表按制度规定的权限报领导审批。上级审批下级单位送审的预算经过初审、复核、签字、下传四个步骤后自动生成预算批复文件下达下级单位。各级单位获得预算批复之后，可以通过“工会预算管理系统”将批复的预算项目导入财务软件，定期从财务软件中获取项目的实时进展情况，生成分别以科目和项目为统计口径的进度表，供上级单位调阅查询。实现了预算编制和执行的信息化、精细化和规范化管理。

二是创新了工会财务会计规范验收管理的新方法。2018 年以来，D 省工会与财政部门联合开展了工会财务会计基础工作规范化达标活动，目前，全省已有 14 个市、97 个县（区）、1 191 个基层工会达标，市、县达标面已达 100 %，基层工会达标也在逐年增加。为便于考核和管理，D 省工会委托开发了规范化管理系统，根据 D 省制定的《D 省工会财务会计基础工作规范考核验收实施办法》，从 85 个大项、386 个小项对工会财务会计工作进行逐项考评。考核对象自评打分，上级工会组织考核验收，均用软件进行，大大缩短了考核验收的工作时间，提高了工作效率。

三是创新了工会财务实时监控的新途径。D 省工会主导开发实施了财务实时监控系统，依托现有的财务软件和网络，实时将下级工会账务数据上传至上级工会，这样上级工会就可以随时查询到下级工会的账务处理情况，第一时间发现不规范账目并进行处理，从最终数据上监控财务管理的规范化，结合理论知识的考核，可以最大限度地保证 D 省工会财务工作的规范性，费效比也很好。

四是创新了服务基层工会的新路子。根据 D 省地域辽阔，基层工会所在地较分散，工会对不能依法建立独立的会计核算管理体系、不能独立开设银行存款账户的基层工会，提供经费统管、预算控制、拨入经费、日常报销、集中审批、凭证编制、账簿查询、会计报表等会计核算服务。基层工会会计核算服务中心采取“一个总站加多个分站”的模式，即在各区、县总工会设总站，城区、乡镇工会设分站，总站设负责人、会计、出纳岗位，分站设审核员岗位，基层工会设报账员岗位。基层工会报账员把报销单据报到核算中心分站后，分站的审核员审核录入，并将这些数据从系统自动传给上级总站，上级总站会计进行审核，无异议后提交出纳办理付款结算，解决了一些基层工会路途远，来回报账不便的问题，又减少了运行成本，实现了高效服务。

五是创新了经费收缴汇缴清算的新模式。2016 年，D 省工会在财政厅、税务局、人民银行的配合下，对全省税务代收工会经费实行了国库汇缴清算管理的重大改革，做到了工资总额 2 % 工会经费与税款同步申报、同单征收、费随税行，库前分流、足额汇缴，全省集中，先上后下，按月清算，形成建档、征收、入库、催报催缴、清欠、审验、稽查、处罚等较为完善的代收体系，实现了依法高效收费。各级地税机关把代收工作纳入日常工作和绩效考核内容，与税收工作同研究、同布置、同落实、同检查、同稽查、同考核。经过多年的努力，全面实现了代收工作制度化、规范化、精细化管理。这种管理模式做实了企业基层工会账户，也为非税资金直接纳入国库核算管理探索了一条新路，属全国首创，得到了中国人民银行总行的充分肯定。代收工会经费实行国库汇缴清算管理后，D省代收工会经费实现了高速增长，2016—2021年每年均保持两位数增长。2021年，D省工会就财政计拨工会经费实行100％由国库汇缴清算管理，与省财政厅达成一致意见并下发了相关文件，2019年起对省直财政统发工资单位工会经费实行全额汇缴，并逐步向市、县推广，实现了各级工会经费计拨管理及留成使用直通车，做实了行政事业单位基层工会账户，增强了基层工会的活力。

六是搭建了规范工会事业单位财务管理的新平台。D省工会开发了工会事业单位财务管理信息平台，努力实现全区工会对本级各事业单位会计核算、预算管理、资产管理、项目管理、绩效考核、收费管理、出纳管理、远程监督管理、安全管理、协同办公等信息化管理，构建以预算管理为中心，以财务制度为框架，以财务核算为基础，全面覆盖工会事业单位的财务信息化网络管理平台。

通过以上六个创新项目的实施，D省工会利用信息化技术从多个层次对财务管理工作进行了完善，提高了工作效率，实现了规范化管理。今后，D省工会将根据工作需要，进一步完善信息管理平台，构建财务信息管理与工会其他业务部门信息管理共享平台，努力实现数据大集中、信息大共享、资源大利用、经费大增长、水平大提升。

5. 强化内部审计监督

工会财务信息系统的优化与风险控制是一个过程，可以通过建立相关的内控制度，优化改进财务信息系统，将风险控制嵌入各个主要业务系统中，让传统的业务工作控制变为业务系统的一种自动控制。但要使信息系统的风险控制被确切地贯彻执行，适应不断变化的新情况，并达到预期的控制效果，就必须强化内部审计监督，通过日常的、持续的监督来保障财务信息系统的优化与风险控制的落实。

首先，加强工会的内控制度审计监督，可以通过成立工会审计委员会、风险管理委员会等机构，调查工会的风险控制制度是否健全，信息化环境下工会财务信息平台的内部控制是否完善，并对制度执行情况进行评估、检查，找出控制系统的薄弱环节，完善工会的风险控制系统。

其次，加强对财务信息系统的监督，对财务信息平台的各个子业务系统的每一个业务环节进行审查和评估，保证系统程序的合法合规，保证系统输入数据及运行后输出财务数据的真实性与准确性，防止或减少舞弊行为的发生。同时也要根据新的环境变化及时优化财务信息系统，设置新的业务流程和控制措施，保障信息系统能够在新的环境下有效运行。

6. 加强信息安全防范

要强化对海量数据信息的安全防范和维护，在管理层面要完善会计数据信息的内部控制制度，强化财务信息使用人员的纪律意识和保密意识；在技术层面要充分利用现有的数据加密技术，保证数据信息的安全和完整，为实现工会财务规范化管理奠定坚实的技术基础。

财务信息化管理的普及是一个漫长的过程，各个工会都要面临一个严峻的考验，既不能被动地受大环境改变的牵制，也要注意克服自身财务管理中存在的问题，不断适应信息化管理带来的变化，让每一个财务管理人员都能认识信息化管理的重要性，加强人员培训，提升技术操作水平，从而提升工作效率。

第八章　新工会会计制度下基层工会财务管理工作展望

财务管理工作是基层工会管理工作必不可少的内容，对于基层工会的发展有着非常关键的作用。为此，相关人员必须要对财务管理工作形成正确认识，严格地按照要求开展财务管理，使相关工作更加高效。但是，从现实情况进行分析，可以发现基层工会所开展的财务管理工作仍然有较多问题，需要相关人员加大力度进行研究，解决其中出现的不足，使基层工会更好地为人们提供服务。

本章以L省为例，结合工会经费使用的基本情况和财务管理现状，对基层工会财务管理工作进行总结和展望。

一、基层工会财务管理存在的问题

（一）基层工会经费使用基本情况——以L省为例

1. L省工会经费使用的基本情况

（1）工会重点项目支出介绍

L省各级总工会依据L省特点，结合工会维护、建设、参与、教育的四大职能，将经费使用主要用于服务职工、服务劳模、法律维权、普惠服务、扶贫解困、集体协商等专项中。2016年以来，L省经济在“新常态”背景下，L省各级工会组织积极分析当前在供给侧改革经济结构调整的客观因素下，经济持续走低对企业利润增长形成压力，也影响着职工工资收入；经济结构调整客观上导致企业兼并重组，这一过程必将涉及部分行业领域劳动者失业、下岗分流再安置的问题将会引发劳动冲突进入高发期。结合实际情况分析，L省各级工会调动大量工会资金分别用于帮扶困难职工、服务引导就业、法律维权服务等专项资金用于服务基层职工，予以发挥工会职能及服务能力提供有力的资金支持。2016年以来，L省省级工会拨付至下级工会专项资金总额累计达9.5亿元，占五年总支出的68%。2017年，L省各级工会用于帮扶困难职工累计支出达98 565.1万元；困难职工帮扶中心转型升级，投建109家职工服务中心和3 500家职工服务站；为解决基层工会经费1 950万元办公经费及活动经费的短缺问题以职工服务中心及服务站建设情况为依据[①]，采用“以奖代补”形式补基层；以政府购买服务的形式购买132人律师团队为职工提供及时的法律服务；省总本级出资500万元设立L省工会农民工应急欠薪周转金；出资500万元用于对钢铁、煤矿行业职工的帮扶解困；出资500万元设立职工创业贷款贴息补贴，为职工“双创”助力；等等。

L省各级工会也纷纷结合实际情况打出服务职工的特色牌，Z市总工会率先开展了工会会员卡普惠服务，会员卡普惠2018年实际支出37.6万元，2019年实际支出286.6万元，2020年实际支出650.09万元，呈逐年增长势态。会员可享受到各项一卡通式的服务，工会与医保部门进行一次数据交换，检索出季度内患病住院治疗的会员职工信息，将住院补贴款直入患病职工会员卡中。工会将以患病救助为契机，丰富工会会员卡的服务功能。

着眼于工会服务的快捷高效发展，推进服务工作信息化进程，2018年以来L省各级工会积极筹措资金至2019年达435万元，2020年预计再投资235万元投建到维权及职工之家App等的线上服务建设中，使线上线下有机结合，使服务更加立体多维。[②]

（2）工会重点项目资金安排论证

为理顺工会经费分配管理体制，不断深化工会财务改革，规范L省总对下级工会经费补助，提高L省总对经费的管控能力和使用效益，实现L省总对下补助资金的分配、使用和监管达到优化结构、保障重点、服务基层、帮扶困难、细化管理、专款专用、追踪问效、违规追责的目的，对L省级及市州级工会重点工作资金安排进行项目管理。

① 2016—2017年L省总工会工会经费收支决算。

② L省总工会财务部2018—2019年工会经费收支决算资料。

第一要实行补助申报。对下项目补助实行分类申报，市级工会在申报时，应当填报相关对下补助申请表，需报送上年度项目受益对象范围及数量等基本情况和上年度该项目实施的绩效情况。

第二是对补助审核。根据项目类别，由L省总各职能部门联合聘请的第三方专家机构对对下补助项目及资金补助额度的合理性、合规性进行审查，提出对下补助项目化管理的初步方案；财务部门归集汇总后，对符合条件的项目及其资金补助提出建议方案。

第三是对补助批准和补助实施。对下补助项目经L省总主席办公会议批准后，由L省总财务部下拨项目补助资金。各实施项目的责任单位要及时完善项目组织、建设、实施的意见，明确项目实施的时间节点、责任分工，有效推进项目实施。

（3）工会经费使用与职能履行情况分析

自中央实行八项规定以来，各级工会逐步按照地方财政要求规范工会经费在行政经费上的使用，控制“三公经费”使用，将更多资金投入工会事业需要投入的项目中。预算要求省级工会保证对下补助项目占总支出的60％以上，2017—2021年，五年内省总工会安排对下补助项目分别为1.2亿元、1.3亿元、1.4亿元、1.6亿元、1.7亿元，平均达到总支出的68％。随着工会对下重点工作补助的不断增加，工会服务职工群众和对基层资金倾斜也随之增加，广大职工会切实感受到工会组织的社会影响力。仅以非公企业职业化主席薪金专项资金使用为例，2005年，L省以C区发展起来试点项目开展至今，省、市级财政及工会共同配套资金用于聘任社会化工作者专职为基层职工提供优质服务的专业工会人才队伍，2018年，省级工会继续加大对职业化工会主席队伍的建设力度，预全年省级拨付预算为1 145万元，各市州按1∶1配套拨付。L省非公职业化主席通过经费自筹的方式成为独立的第三方，架起企业和职工连接沟通的桥梁。

2. L省工会经费投入企业事业情况

（1）L省工会资产的主要情况

目前，L省工会系统主要企事业单位有109家职工服务中心（下设服务站）、28家工人文化宫、5家工人疗休养院、4家工会院校和职工培训学校、

7家职工互助保障组织等。[1] 这些机构是工会服务职工文化教育体育事业、疗休养事业和互助保障事业的有效手段和载体。但就目前来看，L省的资产总量、规模、数量都不大，由于工会企事业的投入较大，多数文化宫的基础设施老旧，亟须投入大量资金维护、维修及改造，由于上级补助资金和本级经费每年拨付到位的资金有限，没有科学统筹的规划，有12家文化宫处于停业状态。另外，在事业单位分类改革时一些地区在改制时将工会公益类服务单位划为了企业管理，导致一部分单位出现采取简单出租的形式弥补经费的不足，致使工会资产离开了服务性和公益性，也就谈不上政治性、先进性和群众性。为力破工会服务职工的症结，2016年以来，L省各级工会累计投入资金9 865.1万元，新增服务中心面积10 090平方米，全面完成了109家县（市、区）级以上职工服务中心规范化建设，从硬件上看，工作场所、使用设备等硬件全部整齐划一；从运作机制上看，帮扶救助、权益维护、考核查访、流程管理、责任追查的多维服务使工作更加科学高效；从项目资金管理上看，在统一的帮扶资金管理使用制度下，尽量多渠道争到资金加大对基层职工的救助力度。截至2021年1月，L省各级职工服务中心累计接待职工54.2万人次，帮助职工解决各类问题4.9万件，这是工会必须从群众需要出发开展工作，资金资源向下、服务直面基层的一项重要举措，成为工会服务职工群众的一个创新品牌工程。

（2）工会经费保障工会企事业的公益性

近年来，L省工会阵地相对有所发展，但总体来讲，工会阵地不是多了而是少了，工会阵地应随着经济的发展和职工群众的需求而不断完善和发展，发挥服务职工的功能。另外，有的地区工会阵地味变了，有的出租他用，有的停业整顿，工会企业资产理应顺应新时代工会资产工作的总安排，牢牢把握工会资产服务职工的基本属性，不断满足职工群众在精神文化、身心健康、素质提升等方面的迫切需求，首先，要加快工会资产事业单位公益类改革步伐，厘清人员及产权等历史包袱，把工会资产阵地的公益性和服务性放在首位，处理好政治定位与经济效益的统一；其次，要充分运用向党委汇报工作、与政府联席会议和人大、政协提案等途径，把工会公

① 2021年L省总工会资产统计报表。

益性资产事业单位建设纳入财政保障和公益事业单位序列，解决事业单位人员经费负担，将更多工会经费投入普惠活动中提高工会资产阵地服务职工和社会的效能。

（3）创立L省工会品牌

2019年，L省总工会经过在九个市州充分调研、科学的论证后，设立全省职工服务中心建设专项资金。将困难职工帮扶中心转型升级为职工服务中心，拓宽服务项目，延伸服务阵地。举全省工会之力，整合各类优势资源，采取统一建设，规范服务流程，提升服务质量。经过一年半的建设，3 500家服务站建设工作正在全面铺开，四级服务网络逐步完善纵向到底、横向到边的大服务格局。2019—2020年，全省各级工会累计投入资金6 500万元，新增服务中心面积9 390平方米，全面完成了109家县（市、区）级以上职工服务中心规范化建设，形成统一的机构设置、场地标准、标识设计、工作制度、服务流程、窗口设置、业务培训和资金管理制度。L省职工服务中心体系的建设，不仅对工会资产的投资也为工会形成其独特的无形资产提供了有利的平台，以群团工作改革为契机，开创群团工作的新思路和新方法。现阶段，职工群众对工会组织的满意度越来越高，各级党政在场地提供、人员配置等方面的支持力度越来越大，工会服务品牌得以初步确立，工会组织的软实力和资产得到壮大，职工服务中心的特色更加鲜明，群众性特点更加突出，服务职工能力显著提升。创立工会品牌，坚持公益性服务性的工会资产投入使用力度是体现工会组织的明确的政治性、鲜明的群众性的第一要务。

3. L省基层工会经费使用的基本情况

（1）L省基层工会经费规定的沿革

2009年，财政部和中华全国总工会结合我国经济发展的实际情况及工会维护职工权益的突出职能颁布了新《工会会计制度》，大大提高工会会计的知名度。2009年，中华全国总工会发文制定了新的基层工会经费收支管理办法，用于指导基层工会经费用于职工文体活动、宣传教育、劳模工作及职工福利等使用范围、使用标准等；2014年，中华全国总工会下发《关于加强基层工会经费收支管理的通知》结合中央提出的“八项规定”提出了“严格控制工会经费开支”和工会经费“八不准”；新时期，为管好、用好工会经费，使工会经费用得合理，群众满意，更好地为职工群众服务，为发展工人运动事业服务。2017 年财政部正式颁布《政府会计制度》，对工会财务核算理念产生重大影响。2017 年，L 省结合中华全国总工会制定的《基层工会经费收支管理办法》下发了《L 省基层工会经费收支管理实施办法》，该办法就职工关心、群众关心的福利问题作出了规定，具体包括职工集体福利使用、职工教育支出、维权支出、工会业务支出等使用金额上限，为基层单位管理使用经费提供了有力依据。2017—2020 年，中华全国总工会先后发布《基层工会经费收支管理办法》《工会预算管理办法》《工会预算稳定调节基金管理暂行办法》等一系列制度办法，对工会经费收支管理、工会预决算管理等提出了新要求。

（2）L 省基层工会经费的使用范围

基层工会经费使用的重点集中用于组织开展职工教育、文体、宣传等活动所发生的支出和工会组织的职工集体福利支出；用于基层工会职工维权支出；用于基层工会培训工会干部、加强自身建设及开展业务工作发生的各项支出；用于基层工会发放兼职工会干部和专职社会化工会工作者补贴；用于经上级主管工会批准评选表彰的优秀工会干部和积极分子的奖励支出；用于基层工会必要的办公费、差旅费；用于基层工会支付代理记账、中介机构审计等购买服务方面的支出。

其中具有可操作性的使用标准：对于优秀学员的人数不得超过全体学员人数的 20 %，对优秀学员的奖励应以精神鼓励为主、物质激励为辅，给予的物质奖励每人一般不超过 500 元；基层工会逢年过节可向全体会员发放节日慰问品，此项支出每位会员最高年均不超过 2 000 元；文体活动优胜者设置奖项的，奖励范围不得超过参与人数的 2/3，团体奖励人均不得超过 500 元；参加上级工会组织的文体活动，可根据活动要求为参加人员统一购买或定制参赛服装（含鞋），此项支出每人不得超过 1 000 元；等等。

（3）L 省基层工会经费使用的误区

一是基层工会对预算管理的认知不清，基层工会应对其工会经费使用编制详细的预算后经同级经费审查委员会审议通过后报上级工会组织批复，避免了工会经费支出的随意性；二是基层工会过度重视职工福利支出，忽视了工会为完成其社会职能而需要开展的其他工作，很多基层职工认为基层工会就是搞搞福利，盲目把实施办法中规定的基层工会对年节慰问年均不超过 2 000 元过度解读，认为基层工会的全部收入应以职工福利为主，暂不考虑工会其他工作；三是对工会开展活动经费与企业活动经费列支产生分歧。应明确的是行政方面委托工会举办表彰劳模的会议费和奖励费，基层工会为搞好劳动保护工作的费用和职工疗休养活动费用等方面应由行政方面负担。

（二）基层工会财务管理现状分析

1. 预算方面

每年的年底和第二年的年初，工会都会制定第一年的经费收支决算表和第二年的经费收支预算表。经费收支决算表是对前一年度工会财务收支的总结，而经费收支预算表则是对下一年度工会财务收支做出的计划，不仅制定了工会下一年度的整个工作方针，也体现了工会下一年度的整个工作重点。因此，经费收支预算表的意义更加重要，可以通过对经费收支预算表的分析，了解到工会的运作程序，同时也能预测工会未来一年的发展趋势。工会经费预算表的制定关系到未来一年工会工作的总安排，也关系到未来一年工会财务管理的方向与方式。

从基层工会所开展的年度预算编制来进行分析，可以发现大多数工作人员在按照要求对各个流程进行编制时，还存在一些问题，导致工会预算无法落实到位。第一，进行预算时一般会自上而下地开展。导致基层工会仅仅只是根据预算开展工作，在进行操作的过程中只注重预算的花费，将使用完成预算作为工作的唯一重点，这严重浪费了现有资源。第二，在执行预算时，并没有进行全程跟踪。负责进行监督的机构工会委员会、临审委大部分都只是对年中报表或者大会中的决议进行签字，并没有真正进行监督。第三，缺乏对预算进行考核的制度及较为健全的奖惩机制。基层工会人员并不注重对资金利用率的分析，更无法根据员工对资金的应用率进行奖惩。

2. 管理方面

（1）管理意识淡薄

在计划经济时代建立的工会组织，其资产管理更符合计划经济的特点。

近年来，财政部为了适应新时代发展的需要，提出了工会会计制度改革措施，2010年，实施了新制度。然而，长期的计划经济模式的影响使得工会资产的管理思想还比较落后。固定资产管理方面，首先缺乏固定资产必要的登记手续，也缺乏固定资产有效的管理制度，同时也不重视工会资产和国有资产的区分。部分工会干部和行政领导由于缺乏相关的产权知识会把用工会经费购置的物品或房屋设施，当作国有资产登记和管理。同时由于长期计划经济思想的影响，工会工作存在过于重视经费收入而轻视资产管理的现象，这样会增加工会活动经费的隐蔽性，不利于工会财务管理。随着社会的不断发展，社会经济组织和工会组织在近年来都不断发展，一方面，由于工人工资的增加，工会的会费和经费收入也在增加；另一方面，由于“一改三策”经费改革的深入，工会收入范围也在不断扩大，因此各级工会可支配收入也在不断增加。除了工会系统的内部规定，工会经费的管理相对独立，主要靠自律来防止贪污。现在大部分的工会组织监督机制不够健全，有待提高。很多工会的财务人员除财务本职工作外还要承担工会的其他工作，一人身兼多职，容易出现工作疏忽和监守自盗的情况；由于长期对经费审查制度的不重视，经费审查人员大部分都不是专业的审计人员，财务和审计知识有待提高。在我国改革开放初期，工会工作一直不被重视，以致在改革开放很多年后，计划经济思想仍占主导地位，长久以来管理模式都是“重经费收入，轻资产管理”的粗放模式，不利于工会的发展。虽然长期以来，工会组织也在提倡要不断完善、改进和充实工会财务管理制度，但是由于计划经济思想和重钱轻物观念使得先进的管理制度形同虚设。一直以来，工会组织的经费预算基本实行“量入为出、收支平衡、略有结余”的原则，但在2010年前各项支出内容划分都不规范，也不够细致。现今工会各项支出内容都有明确的划分，在预算管理上各项支出也相对易于管理。但工会经费的预算编制和管理范围只限于预算内资金，而大量由各工会组织自行安排的预算外资金、各种基金、各项事业收入等资金，基本上缺乏相应的透明度和有效的监督。

（2）没有合理地配置财务会计

第一，从当前的情况进行分析，可以发现基层工会并没有独立的会计核算部门，再加上经过专业培训的财务管理工作人员比较少，基层工会财务管理工作主要是由行政工作人员开展，这就导致虽然基层工会设置了财务机构，但是缺乏财务人员作为支持，人力资源分配并不科学，无法提升基层财务管理工作的效果。第二，部分基层工会财会人员是由工会成员兼任的，这些财务人员并不了解财务管理工作的各个环节，并且对于工作缺乏责任感，很可能会在工作的过程中出现遗漏。并且，由于这些财务管理人员很难抵抗利益诱惑，很可能会钻基层工会现有财务管理制度的空子谋取私利，随意篡改财务信息，这并不利于保障基层工会资金，很可能造成不必要的资金浪费。

（3）管理效率较低

工会长期在计划经济思想的影响下，资金运营效果很差，资产管理效率很低，如资产闲置、资金管理混乱和资产性质划分模糊等，其中资金管理混乱的情况尤其突出。在工会资金管理中，一直存在"现官不理旧账"思想，工会现任领导对前任甚至是前前任领导遗留下来的资金问题从不过问，因此可能会出现各种应收款项长期无法回收，致使资产管理中存在坏账的问题，同时工会管理属于体制内管理方式，这种管理方式十分落后。在闲置经费投资方面，也存在两种极端现象：第一，有些工会领导和财务部门出于政治考量，希望在任期内没有贡献也不能出错，于是在通货膨胀的情况下，闲置资金就存入银行，这样难以保值增值；第二，有些工会领导为了改变经济现状，将工会经费进行借款和投资等活动，而借款回收措施不力，缺乏科学理财观念和现代企业管理思想，造成工会经费借款难以收获或随意投资，出现了亏损。

（4）会计核算方式落后

虽然财政部对工会会计核算制度有了明确的规定，但工会会计核算方法会因为业务不同而有所变化，财务指标也因业务性质而存在差异。随着工会资金的市场运作，本应该属于事业单位财务管理范畴的工会财务管理也出现了经营性管理，有些工会资产的结构和性质也在发生变化，成为经营性资产。特别是市级总工会下属的一些大中型企事业单位的工会组织，由于长期接触先进的思想观念，会通过增加工会预算外收入等指导思想，将工会经费用于改善职工生活和解决下岗职工再就业等方面。这些工会组织会利用工会闲置资金进行金融投资或开办一些经济实体，一方面，可以增加工会的经费收入，改善职业生活；另一方面，可以解决一部分下岗职工再就业问题，更好地服务职工。由于工会资产参与市场运作，工会的业务也不再是以前单纯的工会业务，还增加了许多金融业务和企业管理业务等。因此，现在的工会财务工作也发生了很大的变化，已不再仅仅是事业单位财务管理相关工作了，而增加了许多金融会计、企业会计的工作。工会原有的会计制度和财务管理制度已经不适应现代管理的需要，新制度出台后，现在要求以收付实现制为基础，以权责发生制为补充，一些较大的工会组织存在事业和企业会计制度并存的核算体制，但小型工会组织的会计人员培训不到位，导致部分会计人员依然只使用收付实现制，核算方式依然是旧的核算方式。由于不同工会采用的核算制度不同，给市级总工会的管理和审计带来了很多问题，不利于市级总工会的统一规划。

（5）工会财务管理制度不健全

基层工会财务管理制度不但能够明确财务管理人员需要负责的内容和责任，降低对于经费使用不合理情况出现概率，还能够使财务管理工作更加规范、标准地进行。但是，从实际情况出发，可以发现基层工会所开展的财务管理制度建设问题较为突出。第一，其会被诸多因素影响，导致财务管理制度存在空白区域，无法进行监督管理，这从某种角度来说，降低了财务管理工作的效果，很可能导致财务管理质量达不到预期。第二，在进行基层工会财务管理制度建设时，所使用的不同规范很可能出现冲突，这不但会对基层工会财务管理工作的开展造成不利影响，还阻碍了财务管理制度的贯彻落实，在一定程度上，阻碍了基层工会的稳定运转。

3. 监管问题

（1）监管法律体系不健全

就整个财政监督而言，我国现在还缺乏一部权威的法律，对财政监督的手段和内容等方面作出明确的规定。第一，我国还没有专门的法律来保护财政监督和检查的地位、职能等；第二，在财政监督检查方面，缺乏刚性法律，目前只有原则性的条款；第三，由于每个地区都有具体的监督条款，使得整个财政法制体系缺乏统一性和协调性。同时，现在有些法律条文开始老化，不能适应新的公共财政管理的要求。有些地方工会大打法律的擦边球，擅自制定一些财务政策，增加财政监督检查的阻力，即使查出问题也会因没有相应的处罚法律，不能进行合理的处理。例如，虽然我国出台了《工会会计制度》《基层工会经费收支管理办法》《工会预算管理办法》《工会预算稳定调节基金管理暂行办法》等一系列制度办法，2021 年 4 月修订颁布《工会会计制度》，但是这些法律法规都有相应的调整对象，也只是从原则性上对财政监督作出了规定，使得财政监督检查中不具备较强的可操作性。因此，为了保证财政监督的权威性，我国就必须单独针对财政监督进行立法，让监督检查过程中有法可依，有利于解决监督中存在的不规范、不认真等情况，也有利于明确各个部门的职责，从而达到提高财政管理效率的目的。目前，我国财政监督法制建设与其他方面的法律相比显得十分滞后，一方面，财政监督检查不仅缺乏专业的、系统的、全面的法律法规，而且已颁布实施的法律法规由于缺乏系统性、前瞻性对财政监督工作的安排，也严重影响到财政监督工作的权威性、严谨性和有效性；另一方面，现行的财政监督检查法律法规不够完善。例如，在财政监督的程序性法规方面，暂时还缺乏相对应的法规和行政规章，根本不能适应现阶段涉及范围如此广、环节如此多的财政监督的现状。

（2）监管体制不健全

工会的经费审查工作很难再没有健全经费审查组织和经费审查工作制度的情况下有效地开展。工会按要求应该设立经费审查组织，但从经费审查组织和制度建设情况来看，有些工会并没有按规定来完善经费审查委员会，也没有按相互制约的原则来配备相应人员。经费审查工作由于缺少组织和人员的保障，很难有效地开展工作；还有一些工会虽然已建立了经费审查委员会，但没有建立健全工会经费审计制度，而且缺乏工会内部监督约束机制，也没有制定相关的经费审查工作计划，使经费审查工作流于形式，不能达到监管工会经费的目的。同时，由于种种原因总工会容易忽视对下面工会的监管和考核，从而导致经费管理不规范的情况出现。同时，在实际监督工作中，我国预算资金使用情况注重事后监督，而对事前审核、事中监控这两种形式相对不那么重视。我国的财政监督主要通过简单的财务报表、报告和检查等方式对预算资金使用情况进行审查，财政部门往往只注重支出预算的下达，而缺乏对预算执行情况的监督。工会经费审查人员的配备缺乏对其业务知识和能力的考虑。非但如此，有些工会的经费审查委员会根本不能按审计要求进行监管，整个经费审查委员会形同虚设。在有些工会不仅平时很少进行内部的经费审查活动，而且经费审查人员很少有机会得到相关业务培训和专业知识学习，因此经费审查委员会监督水平有限，人员业务素质不高；在有些工会是有经费审查组织的，但却缺少懂审计、财会的专业人员，做经费审查工作的人员大都不是专业人员，使得经费审查组织机构成为“空架子”；况且工会并未建立相应的经费审查责任制度，因此缺乏对经费审查人员行为的约束，经费审查人员工作质量的好坏都不会对其工资水平的高低和未来发展的程度有所影响，但工会经济活动的审查审计、预算监督等工作都会受到相应的影响。

（3）监管工作不够完善

第一，对工会监管工作的重视程度不够。由于监管体制的不健全，工会领导往往也会因自身原因而忽视经费审查工作，在工会的工作中，经费审查工作常常处于弱势地位。一些工会领导通过减少经费审查人员的权限或安排亲信在经费审查委员会等方式，将经费审查工作流于形式，从而达到减少经费审查委员会对其监督的目的。从经费审查人员配备情况和业务培训状况来看，工会只是从组织上安排了经费审查人员，不仅缺乏对该经费审查人员会计基础知识或相关经费审查经验的考查，而且不对经费审查人员进行相关业务知识培训。这都使得经费审查人员不知道如何进行经费审查工作，由于经费审查人员业务能力的缺失，造成经费审查委员会形同虚设，从而使得工会经费审查监督职能得不到有效发挥。

第二，工会领导先离任后审计，监管不及时。有关审计部门常常会在工会主席或其他领导干部升迁、换岗或退休等后，才安排对他们进行任职期间经济责任的审计，这是整个工会监督的现状。经常会出现组织人事部门已经做出调岗的决定或被审计人员已经离任，而审计人员才接到离任人员经济责任审计任务或审计结果尚未出来等情况。这种审计模式给审计人员的审计工作带来诸多不便，如需要被审计人员来核实的问题，但被审计人员已经离岗。先离任后审计的审计模式不仅影响了审计人员工作的积极性，也不利于审计人员收集证据和落实结论等，审计质量更不可能得到保障，非审计结论的时效性影响也很大，同时也不能对离任的工会领导给予及时地公正评价。这样的离任审计监管不够及时，这种事后监督手段更是亡羊补牢，根本达不到应有的审计目的和效果。

第三，监管的方法比较单一。由于工会财务管理范围比较广，按照相关监管制度的规定，工会审计的项目内容也是比较多的，主要的审计项目为工会经费预决算审计和财务收支审计、工会领导干部离任审计等。单从工会领导干部离任审计这一审计项目来说，按要求需要审计的内容非常多，要求使用的审计方法也是多种方法相结合，并且在审计过程中也要广泛听取群众意见。在整个审计过程中，要求审计人员采取行政传统的财务审计、财经法纪审计和经济效益审计的方法对工会主席任职期的工会财务收支和财经法纪、工会经费使用效率，以及工会资产保值增值的经济效益等情况进行全面审计，同时还要求召开座谈会，综合职工对离任干部的评价，以对其作出公正的、全面的审计评价。但目前在工会领导干部离任审计实际实施过程中，经常出现只对离任后的财务收支情况进行审计的情况，采用的方法也是单纯的就账查账，只重视账面情况审计，轻视原因分析和群众评议，同时也没有把经济责任审计与财务收支审计和群众评议结合起来，审计的结果相对片面一些。

第四，监管的范围不够全面。当前我国整体财政监督的覆盖面相比发达国家十分狭窄，深度、广度、角度和发达国家相比差距依然很大。我国财政监督甚至没有延伸到公共财政活动的所有领域，更何况公共财政活动的所有环节。在工会监督方面，经费审查委员会经常不能起到内部监督的作用，大都流于形式；而外部监督，特别是社会机构的监督，次数相对更少，即使有监督检查，内容也相对片面，只会针对某一项内容进行监督。在外部监督中，“重收轻支”和“重专项检查轻全面监督”的情况尤为突出。

4. 信息化建设方面

（1）信息化需求不明确

市级总工会在性质上并不属于行政事业单位，但由于我国特殊的体制等因素，因此工会从事财务管理人员的思维方式更接近于行政事业单位。他们长期以来的工作方式使得他们不能够明确财务信息化管理应该具备哪些功能，也搞不清楚财务信息化管理能够解决哪些传统方式不能解决的问题。对于大多数工会的财务管理人员来说，由于之前财务业务相对简单就一直采用纯手工操作形式，这样的工作习惯已经根深蒂固。目前在改为计算机操作后，所有操作都需要运用计算机来完成，工作方式产生了比较大的变化，在思想上也需要一个适应的过程。之后信息化更加发展，运用一些财务软件进行财务管理，对于之前从未有过计算机操作经验的工会财务管理人员来说，这是完全无法想象的。所以，这样的财务管理人员提不出有价值、可操作的需求，也是可以理解的。

（2）信息化管理制度不健全

各地工会由于所处地理位置不同，对外来新鲜事物的接受程度不同，所以关于财务信息化管理工作做的也有所差别。有些地区相对发达一些，工会的财务信息化管理做得早些，也完善些。而市总工会由于各种具体情况，财务信息化管理建设发展较晚，因此在与之相匹配的内部管理及制度建设上还存在一定的缺陷。从总体来看，市总工会财务信息化管理在管理制度建设上还不是很健全，缺乏一定的系统性，现在离建立起科学有效的管理制度体系还有一定的差距。

（3）信息化技术手段相对落后

在现代工会管理领域，已经在大量地应用计算机通信技术，也改变了一些原始的管理方式和管理思想。但在工会的财务管理方面，由于自身运行机制的问题，以及工会财务业务相对简单而对信息化缺乏足够的重视，因此信息化应用的程度相对企业而言是相对低的。

（4）信息化从业人员综合素质不高

要想建设工会财务信息化管理，对财务人员的要求会很高。除了要求财务人员掌握一般会计学的相关专业知识，还需要了解管理学、统计学等方面的基础性知识，更要加强学习一般性的计算机软硬件知识。而对工会而言，这种既了解并能熟练掌握财务业务，又能熟悉信息化技能的综合型人才是少之又少，甚至是几乎没有。在工会里长期从事财务管理的人员一般年纪都偏大，虽然财务方面的工作是经验丰富，但对财务信息化的了解是很少的，一些专业的财务软件并不会操作，从而影响工会财务信息化管理建设的推进。同时，如果要专门针对工会业务开发相应的财务软件，这些财务人员即使对整个工会的运作有深刻的理解，也没办法完全向系统开发商提出具体的要求，从而会导致系统开发商与用户之间的配合效果为零。从另一个角度来说，普通的信息化从业人员缺乏财务管理方面的专业知识，同时在较短时间内也很难掌握这方面的内容。正是知识结构存在这种缺陷，导致工会财务信息化管理人员的综合素质普遍达不到推动财务信息化管理建设的要求，从而影响到整个财务信息化管理的建设。

（5）财务软件的安全性和稳定性较差

财务管理软件是现在处理财务数据最为基础的工具，也是工会财务管理能进一步网络化和信息化的前提。现在随着网络安全出现越来越多的问题，因此对财务软件各方面的要求也越来越高，其中对软件功能、计算能力、操作方法、保密性和网络兼容性的要求是最主要的。因此，能满足这些要求的财务软件不仅能消除在财务信息化管理过程中的多种障碍，如年纪较大的财务人员学习财务软件有难度等，还能加快财务信息化管理的进程。但是，现在市面上的各类财务软件常常会出现一些缺陷，如系统稳定性较差，与各种程序相互兼容时也容易出现错误，甚至可能出现数据丢失等问题，增加了财务管理的困难。同时，相对比较优异的财务软件造价也比较高，会增加工会的财务负担。

二、新工会会计制度下完善基层工会财务管理的几点思考

（一）新《工会会计制度》的主要亮点变化

1. 注重核算与管理科学性，提升会计信息质量

一是明确“国有资产”“工会资产”的区分与核算。相较于原制度中将各级财政补助收入形成的固定资产作为工会资产的一部分统一进行管理，不对资产性质进行区分，新制度要求根据资产形成的资金来源，严格区分国有资产、工会资产，并单独核算，形成国有资产情况表，作为年度财务报表的附表之一。二是增设无形资产科目。随着工会财务管理系统化、信息化水平的不断提高，“互联网 +”内容的不断扩展，工会自行开发或采购了大量的软件系统，新制度要求将专利权、商标权、著作权等没有实物形态的非货币性资产划分到无形资产科目，单独核算。三是增加累计折旧、累计摊销科目。原制度中，对形成的固定资产不计提折旧，根据使用寿命，达到报废处置状态，直接冲减账面原值。新制度下，要求全面核查截至2021 年 12 月 31 日符合新制度确认标准的固定资产预计使用年限、已使用

年限、尚可使用年限等，并于2022年1月1日对前期未计提折旧的固定资产补提折旧，无形资产也是如此。

2．完善核算体系，加强经费管理

一是引入经济分类与功能分类核算。与原制度相比，新制度借鉴了政府会计改革的先进理念，要求在支出科目的核算过程中，对于经费来源为工会经费的需要进行经济分类核算，来源于财政资金的支出既要进行功能分类核算也要进行经济分类核算。二是加强结余结转资金管理。针对县级以上工会，新制度要求按照工会经费和财政拨款资金来源，分别单独核算。来源于工会经费的专项资金收支情况，纳入“工会经费结转”科目，一般资金收支纳入“工会经费结余”科目；来源于财政专项拨款收支情况纳入“财政拨款结转”，非专项财政拨款收支纳入“财政拨款结余”。三是会计报表构成调整。新制度删去了“经费收缴情况表”，并且在附表中增加了“成本费用表”“财政拨款收入支出表”“国有资产情况表”，进一步体现了工会财务管理向制度化、规范化、精细化发展方向。

3．体现经费收缴使用“组织”功能，减轻基层工会负担

一是设置“预算稳定调节基金”科目，体现预算平衡思想。新制度通过设置“预算稳定调节基金”，在县级以上工会引入了总预算会计的概念，在收入、支出及净资产中均有会计科目，用于核算超收的拨缴经费收入相应的资金使用管理情况，用于平滑财务波动，增强预算平衡。二是增加“职工服务支出”等科目，凸显服务职能。新制度在原有支出核算基础上，新增“职工服务支出”科目，用于核算开展职工劳动和技能竞赛活动、职工创新活动、建家活动等支出，强化工会服务职能定位，并在县级以上工会，增设“职工活动组织支出”科目，用于核算工会组织为开展职工教育、文体、宣传、劳模疗休养活动发生的支出，进一步体现工会的组织功能。三是适当简化，提高新制度适用性。新制度将基层工会主要适用的科目从42个精简到24个，例如，将原制度中的“固定基金”“在建工程占用基金”“投资基金”等科目合并为“资产基金”，同时规定基层工会可根据实际需要按照县级以上工会的会计科目进行账务处理。

（二）新制度下完善基层工会财务管理的几点思考

1. 提高对工会经费管理工作的认识

（1）动员省总工会全员提高对预算工作的认识

工会经费预算是工会财务工作的中心环节，预算编制不仅仅是财务部门的一项工作，也是工会全面工作的组成部分，加强全省各级工会、各个部处室对预算工作的重视，强化预算约束，让全体员工都参加到预算编制和执行中来。预算编制要根据省级工会要求和本年度工作计划制定，预算收益的制定应当综合考量该年份各种变化要素，科学、完善、客观、合规的编制；支出的编制要考虑前一年的支出绩效评价情况和支出决算情况，结合省总工会本年工作安排，充分考虑本年工作重点，按照克俭原则，表现工会工作特征，整合资金开支架构，将经费运用的核心确定在保障员工权利、关心员工生活与组织工会活动等项目上，将各项财务预算指标落实到各部门、各单位、各环节、各岗位。并按照《工会预算管理办法》和新制度的要求，仔细考量工委会经过探讨提出的建议与同级经费审查委员会提出的审核要求，提升预算编制的科学合理性，从源头把好预算关。

（2）提高财会人员对工会经费投资风险的认识

①提高财会从业者专业水平

财会从业者一方面要掌握财会方面的理论知识，另一方面还应当了解与掌握有关的法制规章、管理技术与经济、金融知识。在资金管理业务方面，重点掌握投资工具的运用方法、风险预防、获利水平等内容。另外，积极培育主动学习思想，支持且引导财会工作者结合工作实际开展交流讨论，营造优良的学术环境，持续提高财务从业者的专业水准。

②提高财会从业者的职业素养

应当增大宣传力度，通过代表性事件对员工进行热爱工作、照章行事、秘密保守等职业素养教育，构建与职业道德要求相一致的思想观念，提升职业道德素质。财会工作者要增强法律意识和风险防范意识，工作中与资金打交道多，要抵抗经济诱惑，提高职业判断能力。

（3）提高经费审查干部对工会经费审计监督职责的认识

深刻认识新形势下经费审查监督工作的重要性，适应新形势、把握新常态、运用新理论，进一步发挥好经费审查组织对工会全局工作保驾护航的作用。党的十八大以来，中央高度重视审计工作；中华全国总工会、省总工会及市总工会也非常重视工会经费审查工作，在进行工会改革时，经费审查作为一个单独部室独立存在，职能没有减弱反而被加强。

为了使基层工会财务管理工作更加规范、科学，应该加大力度对基层工会经费进行监督审核，严格根据国家标准，运用适宜的生产监督方式，对基层工会进行系统、全面的分析，确保监督审核能够落到实处，如一年开展两次经费会审、对于收支情况进行分析核实、了解年度工会经费预结算执行是否符合要求等。借助经费监督审核工作，可以使工会资金得到有效管理，充分体现出工会资金的价值。在进行现实经费审核监督的过程中，还应该注重下级工会的年度收支情况及所属单位经费收支情况。这可以在较短的时间内，找出其在发展过程中的不足，并提出修改建议，将其和现实工作相关联，增强了资金的应用效果。除此之外，还需要分阶段地公布财务收支情况，这可以使员工对于工会财务状况有所了解，在工会群众的监督下，工会经费使用将会更加合理。

2. 完善工会经费管理制度

（1）完善预算管理制度

①完善预算管理办法

工会预算管理办法必须要明确各项收入、支出全部纳入预算管理，预算编制按照“收支均衡、重心突出、客观合规、集约高效、量入为出”的准则，细化预算内容，基本支出执行定员定额标准，项目支出坚持勤俭高效、科学合理。经费支出遵循先有预算、后有支出的原则，严格执行预算，各项支出在预算范围内，经批准后方可办理。不得先支出后报告，严禁无预算、超预算支出，严禁向下摊派、转嫁支出，严禁虚列支出、转移或者套取预算资金，严禁设立“小金库”，严格控制预算外支出。年初预算确定后，原则上不再追加，如遇特殊情况确需追加预算，原则上经主席办公会批准后，方可执行。对年度不可预见开支，经主席办公会议批准后，在预算内调整或动用预备费。预算支出总额需要增减变动时，按照预算编制审批程序进行调整。实行“双预算”的预算管理制度。年初，各部门按照市总年度重点工作及部门工作计划编制年度预算草案，经财务部审核并报主席办公会和市总经费审查委员会通过，报省总工会批准后方可实施。年中，在开展各项业务活动时，各部门、产业应提前一周编制支出预算报告并经分管主席同意和分管财务主席批准。

②规范审批流程

各个年度的预算均要用正规的书面文件告知下级和同级有关职能组织，依据省总工会的要求，把预算指标进一步细分到各级各部室，预算草案一定要经过工委会的商讨，且通过同级经费审查委员会审核达标后，报省级工会审批或备案。省级工会提出修订预算的意见和要求，L省总工会要根据提出的意见和要求调整预算。

（2）完善收缴考核办法

①制定地税代征工作考核办法

为了使地税代征工作规范化，省或市总工会可以和省或市税务局制定代收工会经费考核办法，在年初按照上年代收经费及费源分布情况，联合下达各县区经费收缴计划，并将收缴目标分解并落实到全省市各个征收点位，层层落实到科所及每一个征收管理员，严格监督计划的执行情况，将此项指标也作为市税务局考核各县区税务局征管任务完成情况的重要指标。

②健全财政划拨法规约束体系

实行财政划拨工会经费是对传统收缴模式的重大突破，因此不能只从一般层面泛泛提要求，必须将其纳入国家法规体系，从源头上进行规范，增强约束力和执行力，确保各级工会财政划拨工作全面落实。建议中华全国总工会提请全国人大在修改《工会法》时，将一改三策的规定写入法律，从法律层面给予明确的法律保障；制定激励机制，建立工会财务专用基金，明确工会可以对在推行财政划拨工会经费工作中表现突出的同级财政部门、工会财务工作人员予以奖励，通过建立健全激励机制促进财政划拨工作的顺利开展。

（3）完善单位层面的内部控制制度

①建立健全决策、执行和监督相互分离的工作机制

一是过程分离，决策过程（授权审批过程）、执行过程和监督过程应相互分离、相互独立、相互影响和相互制约。二是不相容岗位分离，决策审批与执行、执行与监督检查、决策与监督检查等岗位相互分离。三是根据经济活动特点，建立联合工作机制，对专项经济活动成立专门工作组。

②建立健全议事决策机制

通过建立健全议事决策机制使经济活动决策更为科学、民主。一是构建完善议事决策机制，明晰有关章程，明晰企业管理者集体议事的经济事务的范畴。二是集体研究、专家论证和技术咨询相结合。重大经济事项的内部决策，应由单位领导班子集体研究决定；对于过程繁杂、具有较强专业性的经济行为，应当广泛听取专业人士的建议。三是抓好决策纲要的记载、流转与保管工作。四是增强对决策实行的监督力度，建立健全决策问责制度。

③科学合理地进行财务人员分配

随着新时代的到来，相关部门对于基层工会财务管理有了新的标准，基层工会财务管理任务量不断提升。而在这个过程中，构建专门的会计部门，并科学合理地分配财务管理人员可以较为有效地提升财务管理工作效果，使这一工作在较短时间内完成。第一，应该从基层工会的现实情况出发，合理构建会计机制，并明确任务目标和工作的不同环节。第二，在对财务管理人员进行配置时，不仅要确保工作人员掌握最新的法律法规，还应该确保其具有较强的专业知识和素养，工作经验丰富，工作认真负责，愿意主动投入学习，发展自己，掌握最新的专业知识和技巧。这能够较为有效地保障工作人员适应财务管理工作职位的需求，在完成基本工作的基础上，对于工会财会指标进行精确的分析、汇总，并为基层工会决策提供精准的数据信息作为支持，使决策更加科学合理，为基层工会的长期稳定发展提供条件。

④财务信息控制设计

一是按照相关规定建立会计机构，配备具备相应资格和能力的会计人员；二是确保不相容岗位相互分离；三是建立健全各项财务制度规定；四是按照国家统一的会计制度及时进行账务处理、编制财务会计报告确保财务信息真实完整；五是建立财务部与其他业务部门的沟通协调机制。财务部与其他业务部门定期开展必要的信息核对，实现重要经济活动信息共享，形成内部控制合力，提升内部控制效能。

⑤信息化控制设计

加强信息技术的应用设计，实现内部控制体系的系统化和常态化。建立健全内控信息系统归口管理制度、用户管理制度、系统数据定期备份制度、信息系统安全保密和泄密追究制度等措施，保护信息安全，充分发挥信息系统在内部控制中的应用。

3. 加强监管

（1）健全工会经费审查工作

首先，要使工会整体会员对工会经费审查工作有一个全面的认识，对经费审查工作的作用也要进一步明确，将工会经费审查工作的地位提到一定的高度，特别要提高工会领导对经费审查工作的重视程度。在工会职工方面，要让他们明确工会经费审查工作的重要作用，明白广大会员群众主要通过经费审查委员会才能对工会经费的收、管、用情况和整个经济活动实施民主管理和民主监督，这也是维护和保障会员群众合法权益的主要途径。在工会领导方面，要不断提高对经费审查工作的认识，这样工会领导就会主动抓好部署、检查和指导经费审查工作，经费审查人员也会更加努力工作。把经费审查工作列入重要议事日程，也会让职工更多地了解经费审查工作，为以后经费审查工作的展开打下良好的群众基础。当工会领导与职工都支持经费审查委员会依法履行审查监督职责后，经费审查监督中遇到的实际问题也能得到及时解决。这样，经费审查委员会开展各项活动也会相对顺利，最终才能真正地、充分地发挥经费审查委员会的作用。

其次，完善工会经费审查委员会的组织、制度建设，充分发挥经费审查委员会的监督职能。第一，加快完善工会经费审查委员会的组织建设。现阶段工会经费审查组织大都形同虚设，必须提高经费审查委员会的内部凝聚力和监督能力，使经费审查委员会切实履行自身职责，使经费审查工作发挥真正的功能，最终使经费审查组织名副其实。第二，提高工会经费审查工作的规范化。目前，工会经费审查工作中存在许多问题和薄弱环节，而基层工会的问题更为严重，如经费审查工作大都流于形式，操作过程极为不规范等。因此，改进工会财务经费审查工作方式、方法，加快制定经费审查工作规范化标准，提高经费审查工作质量，迫在眉睫。第三，完善经费审查委员会的各项工作制度。由于工会经费审查委员会的某些工作制度不够完善，经费审查工作常常会因无章可循而半途而废。只有建立起全面、严格的经费审查工作制度，才能顺利开展经费审查工作，最终发现经费使用过程中存在的问题，使经费审查工作名副其实、有所作为。只有这样，才能使经费审查委员会组织真正成为工会监督体系的重要组成部分，从而起到加强工会经费管理的作用。

最后，提高经费审查人员的工作积极性和主动性。工会财务经费审查工作的基本职责是要对工会经费收支、财产管理及相关经济活动进行审查监督。但很多经费审查人员并未切实履行这一基本职责，甚至有些经费审查人员都不了解这一职责。为了使经费审查人员对基本职责有更深入的认识，就必须建立健全经费审查责任制度，落实每位经费审查人员的经费审查责任，要求经费审查人员依法履行审查监督职责。仅从思想认识上提高经审人员参与经费审查工作的积极性是不够的，还需要对不认真履行经费审查职责或是查出问题隐瞒不报的经费审查人员追究责任，严肃处理。只有建立起严格的经费审查责任制度，经费审查人员才会在工会经费审查中坚持原则，才能对职工高度负责，从而提高经费审查工作的有效性。

（2）完善社会监督机制

仅仅依靠工会组织自身的内部监督是不够全面的，有时也并不可靠。因此，要不断加强工会外部对工会的监督，完善全面的社会监督机制就显得很有必要。社会监督的方式主要有四种：公众监督、社会团体监督、法律监督和舆论监督等。而健全的监督机制对整个工会组织的健康发展，具有非常重要的作用。

首先，工会应不断向职工介绍工会的基本情况，扩大职工参与监督的范围，保障职工群众的监督权；同时促进社会团体的监督，如与相关审计机构或地方性监督机构合作，这些机构负责设立评估标准，再根据这些标准对工会进行统计、审查和评估，提出改进意见或建议。其次，针对总工会的投资项目或企事业活动，除了工会内部的自我监管，政府相关审计部门也应对工会进行定期或不定期抽查。在抽查过程中，政府相关审计部门对工会投资情况要进行定期审查，对工会企事业运作情况也要进行实地考察。鼓励各种形式的社会监督，如媒体监督、公众监督等，希望能整合各种形式的社会监督力量，并形成制度化的监督模式，从而建立起全方位、多维度的社会监督机制。

4. 加强信息化建设

随着电脑和网络的普及，管理信息化已经成为一种大趋势，几乎所有的企业和组织都在推进信息化建设。在信息化的大环境下，工会资产管理如果还是按照以前的老路子，那么必定会遇到很多问题，也将不利于工会资产管理的推进。从监督的角度来看信息化财务管理，只有建立和完善一个全面的资源共享的系统网络，即能够整合工会各部门、政府事业单位相关部门、银行、监管组织管理信息系统的系统网络，最终形成一个信息资源共享的平台，这样才能对工会财务进行全面而有效的监管。但是目前都是各自为政的信息管理系统，连各工会之间都无法实现网络互联，更不用说全国工会组织能够实现统一管理、顺畅沟通、信息共享的情况了。

从近期来看，工会可以以各自单位为基础建立小型的资产管理系统；从长远来看，工会通过整合各个小型的管理系统，构建起全国性的工会资产管理系统，并在此基础上与国家其他管理系统对接，最终形成国家资产管理系统。这样的信息化建设不但可以提高相关监管体系的有效性，还可以为宏观决策体系的科学性提高数据支持。

5. 完善组织建设，加强业务学习

（1）加强财会人员对理财与投资业务的学习

健全组织机构，在地税代征方面，市工会与市地市局联合组建代收工会经费工作领导小组，制定工作职责，负责监督、检查和指导全市各级地税机关代收工会经费和建会筹备金工作，协调解决代收工作中出现的问题。

合理使用理财工具让闲置资金实现收益，联系业务工作时期性特征与资本闲置因素、闲置程度等现实状况，依照有关推动工会财产升值的法制规章和有关要求，在保证安全稳定的基础上，科学运用与有关规定相一致的投资工具，提升财产的回报水平。同时，提高财务人员及工会领导对理财风险的认识，了解有关法制规章，基于现实情况构建风险管控机制，避免由于冲动导致的财产受损。

①可选择的金融工具

针对结余经费，可选择的金融工具有通知存款、大额存单、定期存款、国债、银行理财产品等。将闲置资金存成不同期限的定期存款，合理分配通知存款和定期存款的比例及定期存款的存期，既能保证资金的流动性、取得高于活期存款几倍的利息收益，又能避免因临时资金需求提前支取造成利息损失。国债投资回报比较稳健，通常比同时期银行储蓄高，另外还能够提早支取、按照约定核算利息，流动性与回报率均比较显著。银行理财产品可选取收益稳健、风险较低的品种，其收入大多比同期银行储蓄高，并且风险可管控在能接受的水平。

②可选择的运营模式

经营性资产以保值为基础、增值为目的，直接投入生产经营过程中，可以通过对经营性资产的运用，创造出新的价值和剩余价值。省或市总工会可以根据其所有或依法占有、使用的财产对企事业单位进行投资，依法对所出资企业享受资产收益、重大决策和选择经营者等权利。

（2）完善经费审查组织建设

①加强组织领导

动员领导班子把经费审查工作放到工会工作全局中部署，在组织上加强建设、制度上不断健全、工作上大力支持，为开展经费审查监督工作创造良好环境。工会领导班子要经常听取经费审查工作汇报，支持经费审查委员会依法履行审查监督的职责，并及时研究解决工作中的重点问题和难点问题，凡是涉及工会经费、工会资产、专项资金及其他经济活动的事项，在提交领导班子集体研究之前，要征求同级经费审查委员会的意见。将经费审查工作纳入年度目标责任书考核和工会先进工作者创建工作中，把经费审查工作和工会工作同时部署、同时检查、同时考核。

②健全组织建设

适当提高基层企业工会主席所占人员比例，这样才能接收到来自基层代表的声音，有助于了解基层会员的心声；提高专业人员占经费审查委员的比例，形成合理的年龄梯次，实现不同年龄段人员的有机组合，这样有利于委员间的优势互补，更好地形成工作合力，保证新老交替良性有序。

6. 建立支出绩效评价体系

开展绩效评价工作可以科学评价各项支出的经费使用情况和支出项目完成情况，保质保量完成市总工会年度工作计划中制定的工作任务，提高年度预算执行率和执行质量；提高工会经费使用效益和效率，充分发挥工会职能，最大限度地扩大工会影响力，提高职工凝聚力。

（1）制订绩效评价工作方案

在充分调研的基础上，对项目概况、评价指标思路、评价指标体系、社会调查问卷等内容进行明确的设计。

①制定绩效考评目标

构建高效、完善的预算开支绩效考评管控机制，增强对工会预算绩效管控，增强预算开支监督，提升经费运用成效。通过对项目支出整体的评价，完善经费支出管理流程，总结经验做法，通过对支出的合理性分析及对支出过程的管理研究，提供解决问题的建议，以探索如何更加全面化、规范化开展工作。

②确定绩效评价原则、方法

工会经费由预算的各部门、处室、产业等为单位，在年初制定预算的过程中同步制定绩效考评方法，确定考评方案，确定考评工具，明确考评方式、考评指标。绩效评价原则要坚持科学规范、公正公开、分级分类和绩效相关的原则。设计评价指标时特别强调将支出结构设置为一项考评指标，为以后年度工会经费支出预算编制提供参考数据，引导工会资源和工会经费支出优化配置，用科学有效的数据为工会工作发展指引方向。

（2）实施绩效评价

通过进行基础数据采集、分析性复核、撰写报告等流程，实施前期制订的绩效评价方案。

首先，对基础数据进行采集。对相关人员开展访谈调研、问卷调研，将基础信息进行采集、登记。

其次，对数据进行分析性复核。对采集到的基础数据进行分析性复核，对数据信息进行比率或趋势性的分析，包括调查异常变动及一些重要比率与预期数额相关信息的差异。

最后，编写绩效考评报告。对预算资金的使用状况加以绩效考评，着重考评预算资金使用的实效性、经济性。

（3）对评价结论进行绩效分析

预算实行执行部室应当对预算实施状况加以自评，上交预算绩效考评结果，要把真正得到的绩效和预期目标加以比较，深入剖析探究考评结果所暴露的问题，积极找出经费运用与管控工作的不足，编制改良与提升绩效的举措。工会财务部门对预算企业的绩效考评工作加以指引、监管，且对其上交的绩效考评结果加以审查，提出有效改良预算管控结果、提升预算开支绩效的科学化建议。逐渐构建“预算编定目标明确、预算实施全面监督、预算结束客观评定、评定成果真实反馈、反馈结果有效运用”的预算绩效管控与追责机制。

7. 提升工会财务干部素质

（1）坚定明确政治方向

中国工会的产生、性质、地位、职能、组织体制等方面都有自身的特点，与西方国家工会有着本质的区别和不同，必须充分认识中国工会的特点，正确把握中国工会与西方工会的本质区别，“理直气壮地”坚持我们的特色、坚持自己的性质，坚定不移地走自己的道路，坚定明确的把握政治方向。[①]

坚持正确的政治方向，自觉用习近平新时代中国特色社会主义思想武装头脑，把深入学习贯彻党的十九大对工人阶级和工会工作提出的新要求，全面分析不平衡、不充分的发展在职工队伍、劳动关系和工会工作中的特征表现，找准工会财务工作贯彻落实党的十九大精神的有效切入点。有了坚定明确的政治方向和理想信念作为坚强后盾，不论做什么工作都有坚实的基础；有了明确的政治方向，用党的创新理论武装头脑，研究分析新情况，推动工会财务工作改革创新发展。工会组织自觉接受中国共产党的领导，在党领导下开展的群团工作，因此在思想政治上与党中央保持高度一致，这是工会自身政治性的唯一体现，没有党的领导，工会就谈不上具有社会职能，谈不上正确维护职工群众的合法权益。坚定的政治方向，明确工会工作的重心，将有效的资金安全高效地应用到工会重点工作的安排当中，是工会财务干部的总目标。

（2）加强财务部门党建工作

作为党的群团组织，落实新时代党的建设总要求，以党的政治建设为统领导，抓好财务部门党支部建设，加强基层工会“以党建带工建”“以工建带党建”的经费支持力度。[②] 省工会各级财务部门应认真开展“三会一课”制度，丰富“三会一课”的形式，将理论知识与业务知识相结合，积

① 中华全国总工会研究室．把握时代主题服务职工群众[M]．北京：中国工人出版社，2017：89.

② 《荆门市城乡建设志》编纂委员会．荆门市城乡建设志：1979—2007[M]．北京：中华工商联合出版社，2013：597.

极推进资金安全教育及资金风险防控教育，加强学习教育常态化、制度化。认真查找“四风”突出问题，特别是在缺乏忧患意识和创新精神方面坚决加以整改。以加强部门内部管理制度建设和反腐倡廉教育为契机，建立内部科学管理体系，按照“一岗双责”要求，落实全面从严治党的主体责任。

（3）优化专业队伍建设

“人才是第一生产力”，做好工会财务工作，提高工会经费使用效能，就要建设一支政治立场坚定、理论水平突出的和专业技术过硬的工会财务干部队伍，首先要打破传统理念，可以引导聘用包括财务人员在内的专兼职社会化工作者或以政府购买服务的形式引入“活水”，从而提升财务人员的专业性。通过设计富有竞争力的激励方案，吸引有能力的专业人才加入工会财务队伍，进而优化财务体制建设。

在理论学习交流方面，利用好中国工会会计学会交流平台的作用，带动财务人员投入工会财务工作的理论研究和实践探索中去，努力为工会财务工作的理论创新、改革创新、制度创新提供新想法，探索新路子。

在培训教育方面，除了要完成相关的业务知识和继续教育工作，一级总工会应尽可能地提供机会鼓励财务人员完成专业技术考试及计算机资格考试，为工会财务工作信息化的推进奠定人才基础。另外，县以上总工会每年应开展业务骨干培训班，以培训业务精英带动其他会计人员，带动基层工会经费使用的科学规范；以“传帮带”形式共同进步，传承财务工作的职业道德及个人品格修养。

在资产经营管理方面，工会企事业单位需要复合型的管理人才，提出创新理念，经营管理好工会资产使其达到服务职工目的和资产保值增值的收益目标。工会企事业健康发展、体制机制创新等都要依靠创新人才的带动，打造一支分工明确、行动力强、凝聚力强的团队才是提高工会企事业在社会中有力竞争的第一资源。

参 考 文 献

[1] 史太璞. 我国工会法之研究[M]. 北京：商务印书馆，1943.

[2] 韦伯夫妇. 英国工会运动史[M]. 北京：商务印书馆，1959.

[3] 尉健行. 以贯彻实施《劳动法》为契机推动工会改革和建设在改革发展稳定中更好地发挥作用——在全国总工会十二届二次执委会上的讲话[J].中国工运，1995（01）.

[4] 罗锐韧. 哈佛管理全集[M]. 北京：企业管理出版社，1999.

[5] 王金秀. 政府预算机制研究［M］. 北京：中国财政经济出版社，2000.

[6] 张五常. 佃农理论. 北京：中信出版社：2000.

[7] 全总组织部编写. 工会干部培训教程[M]. 北京：中国工人出版社，2002.

[8] 奥利弗・E.威廉姆森，西德尼・G.温特编. 企业的性质——起源、演变和发展[M]. 姚海鑫，邢源源，译. 上海：商务印书馆，2007.

[9] 张长胜. 企业全面预算管理[M]. 北京：北京大学出版社，2007.

[10] 高爱娣. 改革开放30年来工会工作方针的发展演进[J]. 中国劳动关系学院学报，2008（05）.

[11] 查道林，马晓霞，朱明. 我国高校教育成本核算方法探讨[J]. 财会月刊，2008（08）.

[12] 安林. 高校财务管理存在的问题与对策研究[D]. 哈尔滨：哈尔滨理工大学，2009.

[13] 李海波，刘学华. 新编预算会计[M]. 上海：立信会计出版社，2011.

[14] 财政部事业单位财务规则讲座编写组. 事业单位财务规则讲座[M]. 北京：测绘出版社，2011.

[15] 张朝华. S公司绩效管理问题与对策[D]. 西安：西北农林科技大学，

2012.
[16] 赵勤. 高校教育成本计量探讨[J]. 财会通信·理财，2012（01）.
[17] 中华全国总工会. 工会财务资产工作概论[M]. 北京：中国工人出版社，2013.
[18] 李建国. 高举旗帜改革创新团结动员亿万职工在实现中国梦历史进程中充分发挥主力军作用——在中国工会第十六次全国代表大会上的报告[J]. 中国工运，2013（11）.
[19] 杨浩. ZK公司绩效管理体系研究[D]. 南京：南京大学，2016.
[20] 许岗. 大数据管理与国企绩效考核[J]. 财经界，2016（04）.
[21] 中华全国总工会研究室. 把握时代主题服务职工群众[M]. 北京：中国工人出版社，2017.
[22] 齐芳. 简析行政事业单位基建项目支出预算管理中存在的问题及对策[J]. 会计师，2017（07）.
[23] 曾雄旺，朱敏迪，杨亦民. 上市农业产业化龙头企业财务绩效评价[J]. 会计之友，2017（10）.
[24] 李少男，裴江波，张谦等. 探讨国企人力资源考核中的常见问题与对策[J]. 智富时代，2018（05）.
[25] 郭丽锋. 大数据下工会财务内部控制问题探讨[J]. 中国工会财会，2018（07）.
[26] 李玉赋. 新编中国工人运动史（上卷）[M]. 北京：工人出版社，2020.
[27] 胡红菊. 基于财务精细化下对饲料企业财务绩效管理研究[J]. 中国饲料，2021（01）.
[28] 蒋紫嫣. “互联网+”时代管理会计信息化应用[J]. 合作经济与科技，2021（01）.
[29] 刘洋. 会计信息化对企业财务管理的影响及对策分析[J]. 纳税，2021（02）.